문학적 인간학

문학에서 인간을 새롭게 발견하다

알렉산더 코세니나 지음 | 서유정 옮김

Literarische Anthropologie

문학적 인간학

문학에서 인간을 새롭게 발견하다

알렉산더 코세니나 지음

서유정 옮김

HUEBOOKs

일러두기

- 본문 중 (→ 숫자)는 본서의 장을 표시한 것임.
- 『』 표시는 단행본 및 작품명을 나타냄.
- 〈 〉 표시는 잡지, 시, 그림, 논문, 단편글, 영화를 나타냄.
- 본문에 삽입된 주는 부록의 참고문헌에 명시되어 있음.
- 모든 각주는 역자주임.

역자 서문

인간이란 무엇인가에 대한 인간의 질문은 제반 학문의 목적을 관통하는 보편적이고 본질적인 연구대상으로 오늘날까지 모든 학문의 근본적인 추동력이 되어 온 물음이다. 그리하여 인간학은 철학적 인간학, 역사적 인간학, 윤리적 인간학, 미학적 인간학, 의학적 인간학, 문화적 인간학, 신학적 인간학 등 다양한 학제 간 혹은 융복합적 성격을 띤 인간학으로 분화되면서 연구되고 있다. 문학에서도, 특히 독일에서는 1980년대 이후 '문학적 인간학Literarische Anthropologie'이라는 명명하에 연구가 수행되고 있다. 인간은 그 어떤 분야에서보다 문학에서 중심적인 역할을 하기에 문학은 그 자체로 인간학이기도 하다. 문학적 인간학은 특정 방법론 내지는 확립된 이론이라기보다는 유동적이고 역동적인 삶을 현상학적으로 바라보는 태도이다. 따라서 경험하는 인간에 대한 중립적 시선과 삶의 모든 측면을 향해 열려 있는 시선이 필요하다.

문학을 통해 인간의 본질을 탐색하려는 인간학은 특히 18세기 후반 독일의 철학적 인간학에 기초를 두고 있다. 17세기 데카르트의 합리주의가 인간의 두 가지 본성인 정신과 육체 중에서 정신을 인간의 본질로 규정하면서 육체와 정신 간의 비대칭이 생겨났다. 18세기 후반 독일의 지성계는 계몽주의의 철학적 인간학에 힘입어 비로소 인간의 육체 및 물질성에 대해 새롭게 주목하는 '인간학적 전환'을 맞이하게 된다. 이는 육체와 정신 간의 비대칭 관계를 대칭적 관계로 복구하면서 두 본성이 영향을 주고받으며 상호작용하는 심신상관의 원리에 따라 '전인der ganze Mensch'의 이상을 추구하도록 이끌었다. 이러한 담론은 당대에 인간에 관한 다채롭고 흥미로운 다양한 연구를 창출해 내면서 근대 학문의 초석이 되었으며, 그 무엇보다도 문학의 장에서 광기, 질병, 범죄, 성, 교육, 여성, 심리, 타문화권에 대한 관심 등으로 활발하게 논의되었다. 문학적 인간학의 프리즘을 통해 18세기, 19세기의 문학이 오늘날의 시각에서도 얼마나 흥미롭게 인간의 면모를 드러내고 있는지를 볼 수 있다. 나아가 20세기 이후 현재에 이르기까지 모든 문학에도 적용해볼 수 있는 포괄적인 시선을 제공한다. 바야흐로 포스트휴머니즘 및 인공지능의 시대로 접어들며 인간과 기계의 공진화, 인간과 인간을 둘러싼 환경과의 변화된 관계 양상 등 이미 현실이 된 문제들은 인간은 무엇인가라는 원론적이며 자기성찰적인 질문으로 우리를 더욱 이끈다. 인간의 신체성/동물성/물질성을 전적으로 수용하고 이를 인간 발달에 필연적인 시작점으로 두면서 육체와 정신의 조화를 추구한 18세기 독일의 인간학적 전환은 과거 근대의 인간 이해와 현재 우리의 인간 이해의 연속성과 단절성을 비교, 통찰할 수 있는 값진 자료가 될 것이다.

독일의 독문학자인 알렉산더 코세니나 교수가 쓴 문학적 인간학의 입문서이자 강의교재로 활용할 수 있는 본서는 역자가 수년간 대학원 및 학부 강의에서 부분적으로 활용하고 참고한 책이며, 문학적 인간학을 다룬 독일어로 쓴 단행본으로는 국내에서는 처음으로 번역 소개되는 책이다. 이 책을 통해 문학적 인간학의 개념과 구체적인 주제들, 각 주제의 학문적 배경과 이와 관련된 18세기 이후의 문학작품과 참고문헌들을 풍부한 그림 자료와 함께 참조할 수 있다. 목차만 보더라도 한눈에 문학적 인간학의 스펙트럼을 조망해 볼 수 있다. 특히 각 장의 끝마다 질문과 쟁점이 제시되어 강의 및 토론 수업에서 유용하게 활용할 수 있으며, 해당 주제에 대한 주요 추천 문헌을, 필요한 경우 간략한 해설과 함께 제공하고 있는 점도 심도 있는 연구를 하려는 연구자들에게 유용하다.

근대 이후 독일 문학에서 인간을 새롭게 발견한 흔적을 추적하는 본서는 독일 문학 전공자뿐만 아니라 인간학에 관심이 있는 타학문 연구자에게도 흥미로운 안내서가 될 것이다. 나아가 일반 독자를 위한 수준 높은 교양서로도 손색이 없다. 본서는 주제별로 구성되어 있어 필요와 흥미에 따라 독립적으로 읽어도 무방하다. 본 역서를 통해 독일 문학 연구가 시대적 이슈와 보다 밀접하게 조우하면서 국내에서 더욱 흥미롭게 수용되기를 바라며 시의에 맞는 창의적인 연구들이 더욱 많이 창출되기를 바란다.

마지막으로 본 역서가 발간될 수 있도록 지원해주신 한국외국어대학교와 출간 작업을 무사히 완료해주신 한국외국어대학교 지식출판콘텐츠원 편집부에 깊은 감사를 드린다.

2021년 12월 이문동에서

역자 서유정

목차

제1장

전인(全人):
핵심학문으로서의 인간학

1.1 인간에 대한 새로운 발견
1.2 연구관점으로서의 문학적 인간학

제1장

전인(全人): 핵심학문으로서의 인간학

〈그림 1〉 페터 하스, 채색동판화(1794), 칼 필립 모리츠의 『새 알파벳 교재』에서

이 그림에는 "인간 안에 있는 인간의 정신이 생각한다"라든가 "손과 발을 조종하는 것은 정신이다"라는 인간학의 중심사상이 나타나 있다. 칼 필립 모리츠Karl Philipp Moritz, 1756-1793의 아동용 학습교재인 『새 알파벳 교재Neues A. B. C. Buch』(1790/1794)는 인간의 이중 본성을 설명하는 책으로, "정신"과 "육체"는 심신상관적으로psycho-physisch 연결되어 있음을 보여준다. 또한 쓰기 및 알파벳 교재이자 어린이를 위한 사고훈련 지침서이기도 한 이 책에서는 "전인der ganze Mensch"이라는 개념이 뚜렷하게 반영되어 있다. 교육자이자 경험심리학자Erfahrungsseelenkundler인 모리츠는 이 책의 3~8권에서는 심신상관의 문제와 인간의 오감에 대해서, 13~17권에서는 간략한 문화사를 추가해서 설명하고 있다. 이 문화사에서는 원초적 본능의 존재에서 교육받은 인간으로 이행된 종(種)으로서의 존재이자 사회적 존재인 인간의 발달과정을 구체적으로 보여주고 있다. 동시에 문화와 문명의 오류도 빼놓지 않았다.

모리츠의 『새 알파벳 교재』는 새로운 학문분과인 인간학이 다루는 주제분야를 간단명료하게 스케치하고 있다. 계몽주의 시대의 철학, 의학, 신학, 교육학, 사회정치학의 주된 관심은 인간이었다. 이후 심리학은 개인 연구에 몰두한 반면, 민족학Ethnologie은 역사 및 지리적으로 다양하게 변형되는 종으로서의 인간 연구에 몰두했다. 18세기에는 이러한 광범위한 연구대상이 인간학Anthropologie(그리스어 'anthropos': 인간, 'logos': 언술)이라는 개념으로 각인되었고 대학의 새로운 학문분과로 확립되었다. 수많은 책이 '인간'이라는 말이 들어가는 복합어를 제목으로 사용했다. 문학도 이러한 경향에서 예외는 아니었다. 사랑, 성, 꿈, 범죄, 광기와 같은 인간에 관한 주제들이 그 어느 때보다도 '순수'

문학을 장악했다. 이 주제들은 문학의 주된 모티브로 등장했고, 분석을 통해 알고 싶은 호기심을 채워주는 인식의 장이 되었다. 이는 서술방식에도 영향을 끼쳤다. 이 광범위한 주제들에 대해 약 30년 전부터 "문학적 인간학Literarische Anthropologie"이라는 개념이 통용되었다. 다음의 장들은 이 영역으로 독자들을 안내하면서 다양한 문학 장르에서 나타나는 문학적 인간학의 표본적인 양상들에 대해 조명하려고 한다. 각각의 장들은 따로 떼어 읽어도 되고, 제안한 텍스트를 가지고 심화연구를 할 수도 있으며, 다른 텍스트의 예와 질문을 통해 보완될 수도 있다.

1.1 인간에 대한 새로운 발견

"너 자신을 알라!" 델피의 아폴론 신전 어느 벽에 쓰여 있는 이 지혜의 말은 유럽 계몽주의의 가장 중요한 원칙이자 학문의 주요 지침이 되었다. 이와 함께 모든 관심은 인간을 향해 쏠리게 되었다. 바로크 시대만 해도 인간은 여전히 태양왕의 지배를 받고 있었고, 감정은 비웃음거리가 되었으며, 개인성과 주체성에 대해서는 아직 제대로 알지 못했다. 인간은 스스로가 프랑스 정원처럼 재단되기를 바랐고, 질서와 규율에 따라 기능하는 존재가 되어야 했다. 즉, 신하의 신분으로, 전략적인 궁신으로, 시키는 대로 하는 배우로, 또는 스토아의 영웅처럼 기능해야 했다. 계몽주의는 이러한 꼭두각시 문화에 맞서 선두에 서서 대항했다. 본서의 〈그림 19〉에서 보이는 남자의 팔과 다리만 해도 아직은 행성과 천체에 상징적으로 연결되어 있었다. 아직은 인간과 우주가 비밀스러운 조화를 이루고 있는 것이다. 하지만 계몽주의 시대에는 이 같은 초자연적이며 모호한 근거를 갖는 표상들을 현실적인 잣대로 면밀하게 검토하고자 했다. 이제 이성이 철학과 신학 체계에서만이 아니라 정치적 질서 체계에서도 권위라든가 기존의 학설보다 더 높이 평가되는 시대가 도래한 것이다.

1784년, 칸트는 급부상한 시민계급을 향해 계몽주의를 촉구하며 "자신의 이성을 사용하고" "자신이 책임져야 할 [온갖] 미숙함"에서 벗어나려는 결연한 용기를 갖도록 촉구했다(Kant in Aufklärung 1974, 9쪽). 시민계급의 급부상은 사회적이거나 정치적인 사건만은 아니었다. 계몽주의란 도처에서 일어난 혁명과 같은 것이었다. 연극과 문학에서는 무능한 귀족에게 시민계급의 처녀들이 유혹당하는 것을 비판하는 동시에 계몽주의 제1세대 아버지들은 자신의 딸들이 자유롭게 파트너를 선택할 수 있도록 허락했다. 서로 반목하는 형제들은 혈육지정의 모든 법칙에 대항하며 반란을 일으켰고, 흉악한 악당들은 범죄자의 내면을 관객들에게 드러내 보였다. 또한 몽유하는 왕자들은 전쟁터에서 즉흥적인 감정에 휩쓸리기도 했다(→8.1, 11.1, 12.2, 12.3). 미술에서도 기존과는 완전히 다른 주제를 다루었는데, 고야Francisco de Goya, 1746–1828와 퓌슬리Johann Heinrich Füssli, 1741-1825 같은 18세기 화가들은 꿈, 환상, 광기와 같은 기괴한 세계를 연구하고 이를 마음껏 묘사했다. 특히 윌리엄 호가스William Hogarth, 1697-1764는 그림을 감상하는 이들을 정신병원, 도박장, 사창가로 안내했고, 〈전Before〉과 〈후After〉라는 제목을 붙인 여러 그림에서 심지어 자연 속에 있는 두 연인들의 "전과 후"의 상태를 그리기도 했다(→3.1, 12.1, 12.2).

그런데 이러한 정신과 감정과 성과 예술의 해방이 인간학과 관계가 있을까? 그렇다. 아주 깊은 관계가 있다. 왜냐하면 18세기의 개혁 의사들은 강단 의학을 배운 동료들과는 아주 다르게 인간학을 이해하고 있었기 때문이다. 이들에게 중요한 것은 철학, 신학, 교육학과의 밀접한 연관 속에서 인간을 정치적이고 사회적이며 생산하는 존재 대신 인간 그 자체로서 새롭게 규정하는 일이었다. 이 새로운 인간학Menschenkunde은 의학이 전문의 분야로 분화되기 직전에 부상했기 때문에 아직은 (의학, 신학, 법학 외의 모든 학문분과가 속해 있는) '하위' 철학부에서 분리되지 못한 상태였다. "인간이 인간을 위해" 쓴 "여러 시대와 민족들에게 나타나는 인간의 마음의 [포괄적인] 역사!"(Herder 1985-, 9.2권, 34쪽)를 꿈꾼 것은 인문주의자인 헤르더Johann Gottfried Herder, 1744-1803만이 아니었다. 그에게는 "우리가 하는 철학이 모두 인간학"이 되기 위해서는 "철학의 중심에 인간을" 놓는 것이 전제가 되어야 했다(Herder 1985-, 1권, 134, 125쪽). 영국과 프랑스에서는 이러한 요구가 이미 오래전부터 있었다. 즉, 영국 작가 포프Alexander Pope, 1688-1744는 1733년 "인간은 학문의 최우선 목표"(Pope 1993, 39쪽)라는 적절한 제목을 사용한 바 있다(→7.1). 그리고 프랑스의 철학자 디드로Denis Diderot, 1713-1784는 자신의 〈백과사전Prospekt der Encyclopédie〉(1750)을 지식 다이어그램인 거대한 수형도Wissensbaum로 장식했는데, 수형도의 줄기는 "인간에 대한 학문la Science de l'Homme"이며 자연과학과 철학은 단지 가지들일 뿐이다(D'APRILE/SIEBERS, 그림 1).

감정과 인식, 육체와 마음, 감각과 이성, 자연과 문화, 결정과 자유가 나누어질 수 없는 통일체인 전인(全人)은 오랫동안 휴직상태였다. 이미 1729년 전인에 대해 말했던 작가이자 의사였던 알브레히트 폰 할러Albrecht von Haller, 1708-1777처럼 1780년 프리드리히 실러Friedrich

Schiller, 1759-1805는 전인을 “동물과 천사 사이에 놓인 불행한 중간 존재unseeliges Mittelding von Vieh und Engel”(Schiller 1992–, 8권, 130쪽)로 간단명료하게 명명했고, 이 명제를 주제로 한 박사논문 〈인간의 동물적 본성과 정신적 본성의 관계에 대한 시론Versuch über den Zusammenhang der tierischen Natur des Menschen mit seiner geistigen〉(1780)으로 의학 박사 학위를 받았다(그림 2, 청년 실러의 인간학에 대하여, Riedel 1985 참조).

이 제목은 새롭게 등장한 ‘철학의사Philosophische Ärzte’의 강령을 한

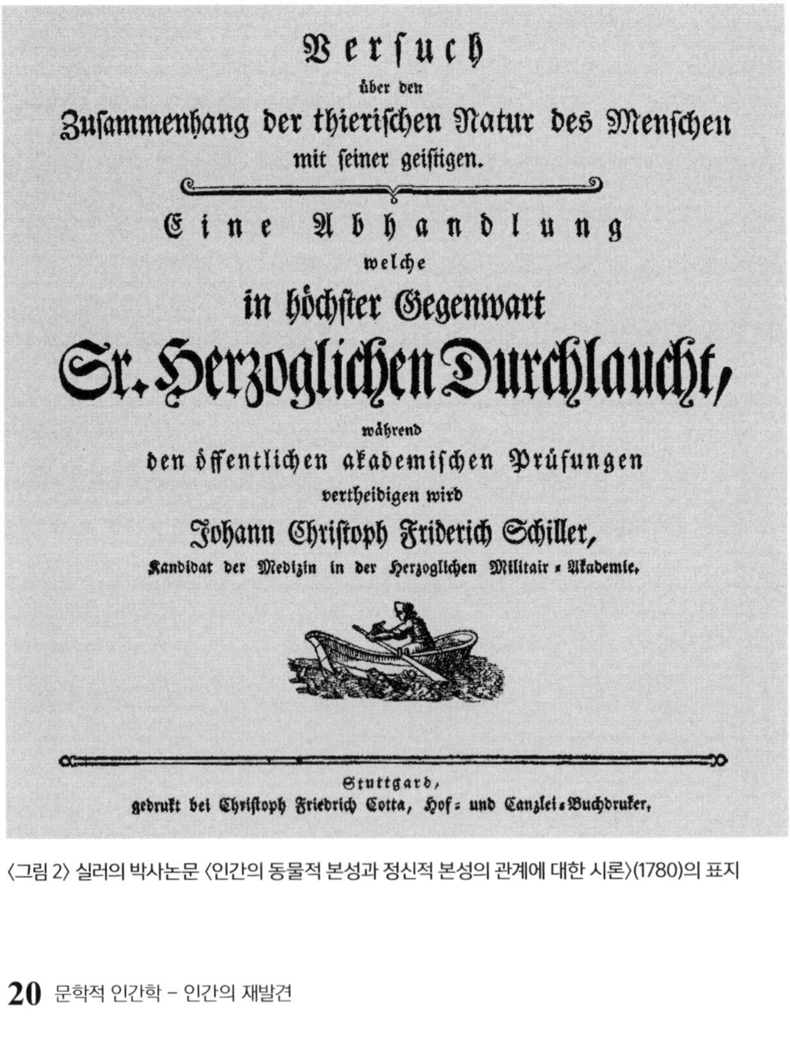
Versuch
über den
Zusammenhang der thierischen Natur des Menschen
mit seiner geistigen.
Eine Abhandlung
welche
in höchster Gegenwart
Sr. Herzoglichen Durchlaucht,
während
den öffentlichen akademischen Prüfungen
vertheidigen wird
Johann Christoph Friderich Schiller,
Kandidat der Medizin in der Herzoglichen Militair-Akademie.
Stuttgard,
gedrukt bei Christoph Friedrich Cotta, Hof- und Canzlei-Buchdruker,

〈그림 2〉 실러의 박사논문 〈인간의 동물적 본성과 정신적 본성의 관계에 대한 시론〉(1780)의 표지

마디로 표현하고 있다. 즉, 육체와 정신(마음)이 서로 활발한 상호작용을 한다는 심신상관적psychosomatisch 주장이 들어 있는 한편, 창조의 위계질서에서 인간의 위치를 말해주기도 한다. 즉, 동물과 식물은 사슬 혹은 사다리라고 생각된 자연 질서에서 하위영역에 속해 있고 상위영역으로 갈수록 영들과 천사 그리고 신에게 이르는 길이 열려 있다. 그리고 인간의 목표는 완성과 형성Bildung, 즉, 상승이지만, 동시에 인간에게는 도덕적, 문화적 타락, 즉 하강의 위험도 도사리고 있다(→7.1, 7.2).

이러한 생각과 연결된 것이 계몽주의 인간학의 또 다른 가지인데, 그것은 바로 여러 민족을 체계적으로 비교하는 일이다. 배를 타고 세계를 일주하면서 낯선 문화를 발견하던 이 시대에 인간의 본성이 단 한 가지만 있는 것이 아님을 인식하게 된 것이다. 먼 나라의 원주민들과 피부색이 다른 사람들은 아주 다양한 기후조건하에서 살고 있었으며, 그들은 다양한 재능과 문화적 능력을 형성하고 있었다. 이는 유럽에 국한된 인간종족의 역사에 점차 의문을 갖게 만들었다. 계몽주의 시대에 인류사Menschheitsgeschichte 혹은 자연지리학physische Geografie이라고 불린 학문분과는 나중에 민족학Völkerkunde 혹은 인종학Ethnologie으로 발전된다(→2).

실러가 살던 시대는 '철학의사' 운동이 정점에 다다른 시대였다. 인간학에 대한 관심은 분명 전문가들에게만 국한되지 않았는데, 이는 도덕, 처세술, 인간에 대한 지식과 마찬가지로 건강에 대한 주제가 새로운 관심을 불러일으켰기 때문이다. 당시에는 〈인간Der Mensch〉(1751–55), 〈철학의사Der philosophische Arzt〉(1775–82) 혹은 〈의사Der Arzt〉(1759–64)와 같은 제목의 대중잡지들이 출간되었다. 건강잡지인 〈의사〉는 알토나 출신 의사인 운처Johann August Unzer, 1727-1799가 편집한 잡지로 지극히 인간적인 조언으로 재밌게 구성되어 있다(Reiber 1999 참조). 운처는 이런 방식으로 할레Halle 대학교(1750년경에는 심신상관 의학의 아성이었다)에서 배운 전문지식을 널리 알렸다. 할레 대학교에서는 꿈, 기분의 움직임, 유령, 경험심리학, 이성의 혼란 혹은 동물의 영혼에 관한 책들이 발간되었다. 중요한 것은 이러한 심신상관 의학이라는 새로운 학파의 정신이 감각생리학에서 미학을 끌어낸 철학자 바움가르텐Alexander Gottlieb Baumgarten, 1714-1762과 연결되어 있다는 점이다(Zelle 2002, 5–24쪽 참조).

예술론을 '하위 인식능력die unteren Erkenntnisvermögen'의 논리로 확립시킨 것, 그러니까 감정의 체계를 이성과 유사한 것으로 발전시킨 것은 18세기의 가장 중요한 혁신 가운데 하나이다. 이러한 체계가 의미하는 바는 감각에 '상위 인식능력die oberen Erkenntnisvermögen'인 이성과 견줄 만한 위상을 부여하는 것이기 때문이다. 이러한 예는 계몽주의를 전적인 지성의 프로그램으로만 보았던 과거 학설의 근거가 잘못되었다는 것을 매우 분명히 보여주고 있다. 의학 없는 미학은 힘의 심리학을 고려하지 않는 연극의 연민시학Mitleidspoetik이나 혹은 어두운 "영혼의 기체(基體)Fundus animae/Grund der Seele"로 하강하지 않고 꿈이나 실수를 설명하는 것만큼이나 생각할 수 없는 것이다(→11.1, 12). 영혼의 기체에 각인된 인상들(부드러운 뇌수에 남겨진 흔적)은 연상 작용을 통해 서로 연결되어 상상력에 불을 지핀다. 프로이트보다 훨씬 이전인 18세기 중엽 할레에서 인간학적 소양을 잘 다진 작가 장 파울Jean Paul, 1763-1825(Lütkehaus 1989, 77쪽)이 그의 사후에(1827) 출간된 소설에서 했던 말대로 "무시무시한 무의식의 제국인 이 진정한 내면의 아프리카das ungeheure Reich des Unbewussten, dieses wahre innere Afrika"로 떠나는 탐구 여행과 함께 학문으로서의 심리학은 시작되었다.

이러한 노력은 한 세대가 지난 후 대학에 새로운 학과가 설립되면서 절정에 이른다. 바로 인간학이다(HWPh 1971-, 1권, 362-376쪽). 라이프치히 대학의 의학 및 철학 교수였던 에른스트 플라트너Ernst Platner, 1744-1818는 이 학과를 가장 성공적으로 변호했던 학자였다. 그는 『의사와 철학자를 위한 인간학Anthropologie für Aerzte und Weltweise』(1772)이라는 저서에서 의학과 철학을 통합시키고 있다. 말하자면, 해부학과 생리학을 심리학 및 도덕철학과 분리해서 연구하는 대신 "육체와 마음을 상호관계 속에서 제한시켜 함께 관찰"하고자 했다(Platner 1772, XVII쪽). 그는 『인간기계론L'homme machine』(1748; 독역본: 기계인간Der Mensch eine Maschine, 1875)의 쥘리앵 오프루아 드 라 메트리Julien Offray de La Mettrie, 1709-1751처럼 인간을 영혼 없는 자동기계로 이해한 철학적 유물론자들을 정신과 영혼을 현실과 동떨어진 추상의 세계에 두었던 사변적인 형이상학자들과 마찬가지로 거부했다.

의학과 철학을 연결하고 있는 플라트너와 철학의사들의 이러한 이해는 또 다른 중요한 초석을 마련하게 되는데, 바로 생리학적이고 삶에 실제적인 모든 현상 즉, 땅에 굳건히 발을 디딘, 말하자면 사실주의(→14)에 대한 강한 관심이었다. 이들은 결국 나중에 칸트와 관념 철학으로부터 확실하게 등을 돌리게 된다. 칸트는 1770년 이후부터 정기적으로 했던 인간학 강의에서 계몽주의의 삶의 철학이 지향하는 실천성은 전적으로 공유한다고 밝히고 있지만, 오늘날에서야 학생들의 필기노트 편집본에서 드러났듯이(Kant 1997 참조), 그의 저서 『실용적 관점에서 본 인간학Anthropologie in pragmatischer Hinsicht』(1798)에서는 자연적으로 규정된 인간상과는 거리를 둔다.

> 생리학적인 인간 이해의 목표는 자연이 인간을 가지고 무엇을 만들었는지를 탐구하는 것을 목표로 한다. 그러나 실용주의적인 인간 이해는 자유롭게 행동하는 존재로서의 인간이 자기 자신을 가지고 무엇을 만들어 내는지 혹은 만들어낼 수 있으며 만들어내야 하는지를 탐구한다. (Kant 1983, 6권, 399쪽)

칸트와는 달리 철학의사들은 "자연이 인간을 가지고 무엇을 만들어 내는지", 특히 육체와 정신의 관계라는 오래된 질문에 집중한다(HWPh 1971-, 제5권, 185-206쪽). 철학은 데카르트가 인간을 구성하는 요소로서 엄격하게 나눈 연장적 본체res extensa와 사유하는 본체res cogitans를 연결하기 위해 특히 두 가지 제안을 내놓고 있었다. 하나는 신에 의해 예정된 조화라는 아이디어이며, 다른 하나는 외적인 원인(신)이 때에 따라 개입한다는 구상이었다. 철학의사들은 형이상학이나 신학에서 주장하는 운동의 원칙 대신 자연에 토대를 둔다. 그들은 '상호영향관계influxus physicus'에서 논의를 시작하는데, 이는 마음이 육체에 작용하거나influxus animae 혹은 반대로 육체가 마음에 작용하는influxus corporis 것을 말한다. 첫 번째 경우는, 자의적인 움직임이나 무절제한 감정표현에서 관찰될 수 있다. 두 번째 경우는 반대로 감각의 지각이나 고통을 느끼는 경우에서 나타난다(HWPh 1971-, 제4권, 354-356쪽). 실러는 이러한 "법칙"을 자신의 박사논문에서 다음과 같이 파악했다.

육체의 활동은 정신의 활동과 일치한다. [...] 정신의 쾌감에는 언제나 동물적인 쾌감이 따르며, 정신의 불쾌감은 언제나 동물적인 불쾌감을 동반한다. (Schiller 1992-, 제8권, 141쪽 이하)

철학의사들은 모든 것을 경험과 체험에 토대를 둔다. 이 운동의 중심에 있던 베를린의 계몽주의자 칼 필립 모리츠는 자신이 펴낸 10권의 〈경험심리학 잡지Magazin zur Erfahrungsseelenkunde〉(1783-93) 서문에서 "도덕적인 요설이 아닌 사실"을 요구한다(그림 3).

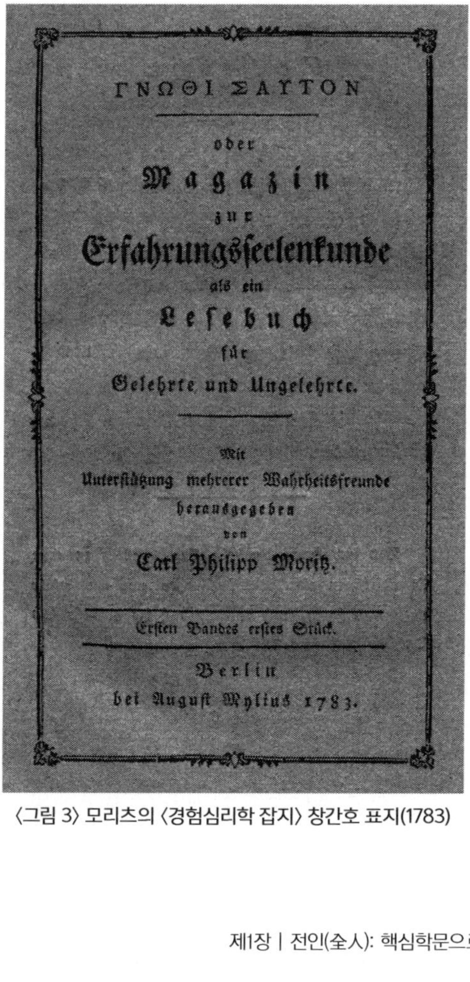
ΓΝΩΘΙ ΣΑΥΤΟΝ

oder

Magazin

zur

Erfahrungsseelenkunde

als ein

Lesebuch

für

Gelehrte und Ungelehrte.

Mit

Unterstützung mehrerer Wahrheitsfreunde

herausgegeben

von

Carl Philipp Moritz.

Ersten Bandes erstes Stück.

Berlin

bei August Mylius 1783.

〈그림 3〉 모리츠의 〈경험심리학 잡지〉 창간호 표지(1783)

이 최초의 경험심리학 전문잡지의 대제목이 고대 그리스 격언인 'Gnothi s[e]auton'(너 자신을 알라!)인 것에는 그만한 이유가 있었다. "심리소설psychologischer Roman"이라는 적절한 부제가 붙은 모리츠의 자전적 소설 『안톤 라이저Anton Reiser』(1785–90)는 마찬가지로 (자기)관찰 방식을 취하고 있으며, 결말을 짓지 않은 미완성 소설이다(→5.3). 헤르더가 데카르트의 철학적 모토인 "나는 생각한다. 그러므로 나는 존재한다Cogito, ergo sum"를 "나는 나를 느낀다! 나는 존재한다Ich fühle mich! Ich bin!"(Herder 1985–, 제4권, 236쪽)로 영리하게 바꾼 것도 같은 맥락에서다. 이제부터는 결론을 내리는 "그러므로ergo"라는 말을 쓰지 않고도 '하위 정신능력'이 파헤쳐지기 시작했다는 의미이다. 지성의 불꽃만 번뜩인 게 아닌 실험물리학자 리히텐베르크Georg Christoph Lichtenberg, 1742-1799의 기지는 1790년대에 조금도 뒤처지지 않았다. 그는 다음과 같은 말을 했다. "'번개가 친다es blitzt'라고 말하는 것처럼 '생각이 된다es denkt'라고 말해야 할 것이다. 'cogito'라고 말하는 것은 너무 지나치므로 이를 '나는 생각한다Ich denke'라고 번역하면 안 된다."(Lichtenberg 1968–, 제2권, 412쪽) 언어비판적인 이러한 재치 있는 표현으로 리히텐베르크는 주어(주체)가 스스로 통제할 수 없는 저 마음의 심연으로 진입하고 있다.

혹은 오히려 좀처럼 진입하지 못했다고 말하는 것이 낫겠다. 1770년경에는 소위 무의식적인 것을 가지고 자극적인 유희를 하는 일도 유행했기 때문이다. 최면술의 초기형태로서 메스머Franz Anton Mesmer, 1734-1815가 주창한 "메스머리즘Mesmerismus"이 있다. 그것은 치료사가 자석이나 혹은 전기장치를 사용하기도 하면서 신체 안에 흐르는 자기력의 흐름을 바꿀 수 있다는 생각이다(그림 34). 메스머는 여러 실험을 통해 환자에게 최면을 걸거나 몽유증Somnambulismus과 같은 놀라운 상태에 빠지게 만들었는데, 이 상태에 빠진, 특히 여자 환자들은 자신들의 가장 깊은 속마음을 드러냈다(Barkhoff 1995 참조). 실은 클라이스트Heinrich von Kleist, 1777-1811의 동명의 드라마(1810)에 등장하는 케트헨 폰 하일브론Käthchen von Heilbronn도 이를 증언하는 '한 명의' 문학적 증인일 뿐이다. 이 시기의 예술에 등장하는 많은 인물들처럼 그녀는 여러 의학적 사례를 통해 가공된 인물이다(→4).

자력 치료사 때문에 혹은 도처에서 읽지 말라고 경고하는 음란서적 때문에 물론 마음의 균형이 깨질 수도 있었지만, 다른 한편으로는 마음의 심연을 통제하는 것이 억압을 의미할 수도 있었다. 즉, 토마스 만Thomas Mann, 1875-1955이 1896년에 했던 말대로, "지하실의 개들Hunde im Souterrain"은 다시 쇠사슬로 묶어야 한다는 것이다(Mann 2002, 72쪽). 이러한 규율에서 가장 민감한 부분은 당연히 성충동이다. 리히텐베르크는 1777년, 감상적인 사람을 "마음에 고환이 있는 사람ein Herz mit Testikeln"(Lichtenberg 1968-, 제1권, 508쪽)이라고 조롱했는데, 아마도 특히 괴테가 창작한 베르테르와 같은 인물을 염두에 둔 것으로 보인다(→5.2). 계몽주의 시대의 의사들은 자위행위의 위험성에 대해 특히 많이 언급했다. 그러나 또한 성욕 과다Nymphomanie / Satyriasis, 즉 이성에 대한 병적인 과다 충동, 또는 몽정도 전문적인 의학 논쟁의 대상이 되었다. 본래 자유주의 교육은 인간에 대해 그리고 인간의 대담한 자기해방에 대해 금기 없는 계몽을 선전했는데, 바로 이러한 교육이 소위 마음과 건강을 해치는 위험을 막아내기 위해 어린 학생들에게 새로운 두려움을 심어주게 된 것이다(→6.2).

이런 식으로 다양한 분야에 대한 의학적 호기심은 점점 더 인간의 깊은 내면으로 진입하게 된다. 이제 해부하는 칼이 닿지 않는 영역은 그 어디에도 없게 되었다. 윌리엄 호가스의 그림 〈잔인함의 네 단계The Four Stages of Cruelty〉(1751)의 마지막 그림에서 볼 수 있듯이 처형당한 범죄자들의 최종도착지는 바로 해부극장Anatomisches Theater이다(그림 13). 이 그림은 동물 학대자이자 강도 살인자인 톰 네로Tom Nero를 해부하는 장면을 묘사하고 있다. 사실주의적인 가차 없는 묘사이지만, 아주 과장된 묘사라고 할 수는 없다. 실제로 시신을 푹 삶아 발골해서 해골의 표본을 만들었기 때문이다. 뒤처리는 개들이 담당했다. 특히 흥미로운 것은 무지막지한 나사로 두개골을 뚫어 안에 들어있는 안구를 밖으로 끄집어내는 장면이다. 이런 식으로 새롭고 획기적인 수술 실습이 이루어졌다. 마취도 하지 않은 매우 고통스럽고 힘든 수술이었다. 시력을 갖고 태어나지 못한 사람이나 유명세가 있는 환자들에게는 캄캄한 무지의 동굴에서 계몽의 빛으로 인도하는 수술이었다. 그러나 이러한 엄청난 장면은 양가성을 갖는다. 제대로 보고 싶은 욕구에는 눈부심 현상이나 시력을 완전히 상실할 수도 있다는 강력한 두려움이 뒤따랐기 때문이다. 보나벤투라Bonaventura라는 필명으로 알려진 작가 클링에만Ernst August Friedrich Klingemann, 1777-1831의 소설 『야경Nachtwachen』(1804)(→13.2)에서는 날 때부터 시각장애인인 주인공이 안구 수술을 받은 후 다음과 같이 외치는 장면이 나온다. "오 밤이여, 밤이여, 돌아오라! 이 모든 빛과 사랑을 더 이상 견딜 수가 없구나!"(Bonaventura 2003, 98쪽)

자연과학을 통해 이룬 수많은 발견은 문학적 비유와 미학 이론에 반영되었다. 실러가 계획한 "가장 은밀하게 마음을 수술하는 동시에 사로잡는 극적인 방법"이란, 1781년에는 악덕과 감정의 "해골을 드러내는 것"(Schiller 1992-, 제2권, 15쪽 이하)이었으며, 1801년에는 "피할 수 없는 운명의 예방접종Inokulation"(Schiller 1992-, 제8권, 837쪽)을 통해 관객들이 삶을 진지하게 대하도록 마음을 다지게 하는 것이었다. 이 시기에 "예방접종"은 영국에서 우유를 짜는 여자들은 우두에 반응하지 않는다는 것을 발견한 후 유행하게 되었다. 병원균과 끊임없이 접촉하다 보니 이들에게는 면역이 생긴 것이다. 다른 글에서 실러는 사랑이라는 거부할 수 없는 자연의 위력을 중력(뉴턴Isaac Newton이 1686년에 주창함), 자력(쿨롱Charles Coulomb이 1785년에 발견함), 혈액의 순환(1618년 윌리엄 하비William Harvey의 연구), 심리생리적 교감psychophysische Sympathie(특히 1772년 플라트너의 연구)과 비교했다(→7.2). 괴테는 이러한 사랑의 철학에 덧붙여 스웨덴 학자인 베리만Torbern Bergmann, 1735-1784이 〈선택적 끌림에 대하여De attractionibus electivis〉(1775; 독역본: 친화력Wahlverwandtschaften, 1785)라는 연구를 통해 발견한 화학적 친화력의 개념을 가져와 자신의 소설 『친화력Die Wahlverwandtschaften』(1809)의 제목으로 사용했다. 베리만이 밝혀낸 사실은 기존의 화학적 결합은 더 강력히 끌어당기는 힘을 가진 성분이 나타나면 그 즉시 분리되어 새로운 결합을 만들어낼 수 있다는 것이다.

이러한 예들이 보여주는 것은 인간탐구의 시대인 18세기에 감정은 본래의 시적인 순진무구함을 상실하게 되었다는 점이다. 감정은 측정되고, 관찰되고, 해부되고, 실험을 위해 자극받고, 병력으로 기록되어 최종적으로는 분석의 대상이 된다. 의학에서는 냉정하게 분석되지만, 문학에서는 신중한 비유를 통해, 미술에서는 새로운 표현형식을 통해, 연극에서는 심리학적 진실을 드러내는 신체언어를 통해 분석된다. 이들은 오늘날에는 서로 매우 다른 분과의 학문들이지만 후기 계몽주의 및 모든 것의 연합을 추구했던 초기 낭만주의만 해도 매우 밀접하게 연결되어 있었다. 이 때문에 아마도 1796년 리히텐베르크는 자신의 『메모노트Sudelbuch』에 "보편–의학, 보편–철학"(Lichtenberg 1968–, 제1권, 911쪽)이라는 말을 적어 놓은 것 같다.

1.2 연구관점으로서의 문학적 인간학

본서에서 '문학적' 인간학을 다루는 것은 문학 텍스트를 좀 더 잘 이해하기 위해 "인간탐구Menschenkunde"의 결과로 얻어진 연구내용 및 방법론들을 활용하고자 함이다. 문예학Literaturwissenschaft은 문학을 위해 있는 것이지 문학이 문예학을 위해 존재하는 것이 아니라는 확신에 따라 이론을 위한 이론이라는 입장을 세우고 방어하기보다는 오히려 해석의 여러 모델을 제공하는 것이 중요하다고 생각된다. 독문학자 볼프강 리델Wolfgang Riedel은 이러한 의미에서 문예학자들이 흔히 체계가 확립된 이론들과 입장들, 여러 연구 동기로 인해 서로 경쟁하는 것에 반대한다. 그는 경쟁의 자세보다는 오히려 열린 자세로 문학적 인간학이란 '하나의' 가능한 방법론 혹은 '옵션'이라고 말하고 있다.

> 이러한 의미에서 나는 텍스트와 전통에 접근하는 다양한 방식들을 선택의 문제로 이해한다. 이 접근방식들이 반드시 대단한 이론적 토대를 갖고 있는 것은 아니다. 그럼에도 불구하고 (어쩌면 바로 그렇기 때문에) 이 방식들은 실용적인 것으로 입증되고 있다. 그것은 전승되어온 문학적 자료들을 그때그때 선택한 양상('관점')에 따라 추론하고, 필요

> 하다면 (반드시 그런 것은 아니지만) '새롭게' 읽고, 어쨌든 그 자료를 더 깊이 이해하고, 오늘날의 독자들이 (예를 들면 학생들이) 그 문학을 접할 수 있게 하는 데에, 말하자면 이 방식들이 적절하기 때문이다 [...]. (Riedel 2004, 355쪽 이하)

문학해석에 대한 이 힘찬 고백은 어떤 논쟁에 대한 답변이다. 이 답변은 문학적 인간학 연구가 여러 분과학문을 아우르는 출처 자료와 이념사Ideengeschichte (특히 영국의 '관념사History of Ideas' 전통의 정신사)를 강하게 지향하고 있음을 보여준다. 독문학 분야에서는 한스-위르겐 쉉스Hans-Jürgen Schings의 저작인 『멜랑콜리와 계몽주의Melancholie und Aufklärung』(1977)가 이에 대한 기초를 닦은 연구로서 문학적 인간학의 방향을 제시했다. 이 책을 보면 18세기 문학은 포괄적으로는 먼저 의학사와 과학사의 정신에서 발달한 것이었다. 이러한 '문학사적인' 연구 방향에 대해 문화인류학Kulturanthropologie과 그 뒤를 이은 문화학Kulturwissenschaft 쪽에서는 다음과 같이 다양한 이의를 제기했다.

1) 문화인류학의 관점에서 보면, 허구적인 자료와 사실적인 자료를 구분하는 것은 의미가 없으며, 전통적 의미의 문학은 특별하게 취급할 만한 것이 아니다. 이런 의미에서 문화 그 자체가 온갖 형태로 나타나면서 인간의 '텍스트'로 읽힐 수 있다. 그렇게 되면 문예학자란 장Feld을 연구하는 민속학자이거나 역사가, 특히 인간을 탐구하기 위해 책을 읽는 역사가일 것이다. 하지만 이와 같은 일반적인 의미로 본다면 양식화된 지식의 단순한 자료가 아닌 "지식문화에 대한 '코멘트'로서의 문학"(Riedel 2004, 351쪽)이 갖는 독자적이고, 위엄 있는, 미학적 위상

은 좀처럼 부각되지 않는다.

2) '문학'에 묘사된 특정한 의학적 혹은 심리학적 주제나 모티브, 지식을 증명하는 일에만 관심을 기울이는 독문학의 협소한 태도는 '텍스트로서의 문화Kultur als Text'라는 광의적인 개념이 비난받는 것과 똑같은 비난을 받을 수 있다. 즉, 문학이 단순한 증거자료로 오용되고 있다는 비난이다. 이 점은 독문학자들이 그저 과학사가와 비슷한 모습으로 연구하고, "'전인'(全人)에 대한 관심이 오히려 이론사나 과학사 자료에 대한 미시적인 연구로 전도되어 '순수'문학은 오히려 주변적으로" 다루는 경우에 특히 그러하다(Erhart 1999, 109쪽). 이에 대한 대안으로서 "특수하고 독특한 인간학적 지식형태"(Benthien 2002, 70쪽), 특별한 "기술들Technologien"(Pethes 2007, 23쪽), 그리고 결국에는 "인간학의 문학적 성격"(Pfotenhauer, Schings 1994, 557쪽 재인용)을 부각시키는 방법이 있다. 따라서 본서에서는 여행 문학과 산문, 시, 드라마와 연극의 인간학적인 묘사방식과 영향전략에 대해서 다루게 될 것이다(→2, 4, 5, 7, 10, 11, 14).

3) 독문학자들이 좋아하는 프랑스 철학자 미셸 푸코Michel Foucault, 1926-1984의 전문가들이 아쉬워하는 것은 역사적 현상 및 문학에서 묘사되는 개별적인 사건들이 으레 연관되기 마련인 하나의 이념사에는 광범위한 이론적 결론이 없다는 점이다. 그러나 독창적인 사상가이자 문화비평가인 푸코는 다양한 (대부분은 프랑스 문헌) 참고자료를 이용해서 '고고학적' 방식을 통해 숨겨진 권력구조를 발견하려고 했다. 푸코는 계몽주의에 대한 비판적인 진단을 통해 외견상 보이는 인본주의화/인간화Humanisierung의 이면에는, 범죄자와 광인을 다루는 예에서 볼 수 있듯이(→3, 4, 13), 은폐된 규율화 및 감시, 억압의 메커니즘이

계속해서 증가했다는 냄새를 맡았다. 이와 같은 생각은 아마도 본서의 연구 결과들과 일치할 것이다. 그러나 본서 자체는 서술된 현상에 대해 일부러 강요된 평가를 내리지는 않을 것이다.

본서에서 선호하는 문학적 인간학의 현상학적인 유희 방식에 대해서 이론에 대한 소극적 태도라는 비난이 종종 주어지는데, 그 이유는 무엇보다도 대상 자체가 갖고 있는 성격 때문이다. 인간학은 단지 18세기의 철학과 의학의 교집합에서 생겨난 것이 아니다. 그것은 17세기 프랑스 윤리학의 사고형태로서(Cantarutti 1990 참조) 스코틀랜드와 영국에서 영감을 받은 대중철학Popularphilosophie(Böhr 2003 참조)과 새롭게 탄생한 생철학Lebensphilosophie(Košenina 2006, 15-36쪽 참조)과 매우 유사하다. 이 세 가지 정신의 흐름들을 한데 묶어주는 것은 바로 체계적 사고와 추상화에 대해 반대한다는 고백이며, 문학 형식들을 가지고 유희하는 것과 인간의 삶의 모든 측면들에 대한 열린 시각이다. 철학 의사들이 펴낸 인간학 관련 전문서적들 또한 유희하는 사고를 다양하게 보여주고 있으며, 아포리즘이나 대화, 에세이, 편지, 독백이라는 새로운 양식을 통해 구시대 강단 철학의 엄격한 형식과 융통성 없는 체계와는 거리를 두었다.

그러나 인간학과 문학 간의 유사성은 여전히 계속될 것이다. 그것은 인간이 그 어떤 다른 문화의 장에서도 문학에서만큼 중심적인 역할을 하는 장은 없기 때문이다. "이런 의미에서 문학은 인간학'이다'"라고 리델은 강조한다.

> 철학과 달리 [...] 문예학은 그 자체로 인간학과 유사하다. 비록 문예

> 학이 철학과 같은 정신과학일지라도 문예학은 정신의 한 형태와 관계가 있다. 이 형태는 선험적 주체의 순수이성과는 다르게 경험적인 인간 개체들과 이들의 우발적이고 위험한 본성, 감정, 충동, 꿈에서 벗어날 수 없으며 또한 벗어나려고 하지도 않는 것이다. [...] 문학사가 아니면 언어로 전승된 자료 그 어디에서 상상력의 역사나 감정의 역사가 파악될 수 있겠는가? 단적으로 말해, 문학은 이성의 타자의 담론인 것이다. (Riedel 1994, 101쪽)

이 외에도 더 많은 설명들을 덧붙일 수 있겠지만, 이 정도면 충분히 문학적 인간학의 논제가 파악되어 본서를 읽으면서 이를 기억하고 재검토할 수 있으리라 본다. 이미 18세기 말 헤르더에서부터 20세기 초 프로이트에 이르는 하나의 맥락이 암시되었다. 프로이트가 정신분석학적 고찰을 위해 자주 문학, 예를 들면, 빌헬름 옌젠Wilhelm Jensen, 1837-1911의 소설 『그라디바Gradiva』(1903)와 소포클레스의 『오이디푸스』 등과 같은 신화에 나오는 사건들에서 단서를 찾았던 것은 반드시 우연만은 아니다. 헤르더는 1774년 인간학으로 가는 다음의 세 가지 원칙적인 길을 알려준 바 있다.

- "삶을 서술한 글": 자서전 및 전기(Pfotenhauer 1987 참조)
- "의사들과 친구들의 증언": 관찰과 병력
- "작가들의 예지": 셰익스피어나 다른 위대한 작가들이 창조해 낸 인물 안에는 "종종 전인의 삶"이 들어 있다(Herder 1985–, 제4권, 340–343쪽).

이에 따라 본서에서는 문학, 사례이야기Fallgeschichten, 연극, 그림 그리고 물론 인간학에 관한 전문서적에서 묘사된 크고 작은 인간의 삶들을 다루게 될 것이다.

질문과 쟁점들

- 18세기에 감각의 위상이 높아진 예들을 제시해 보자.
- 몸과 마음의 문제Leib-Seele-Problem란 무엇이며, 이에 대해 어떤 해결책이 제안되었는가?
- 실러의 박사논문 제목인 〈인간의 동물적 본성과 정신적 본성의 관계에 대한 시론〉은 어느 정도로 철학의사들의 강령을 반영하고 있는가?
- 문학적 인간학이 방법론적으로 추구하는 몇 가지 목표를 열거해 보자.
- 인간학과 문학의 상호작용에 대해 설명해 보자.
- 문학은 결국 인간학이라는 볼프강 리델의 명제에 대해 토론해 보자.

추천문헌

- Johann Gottfried Herder: Vom Erkennen und Empfinden der menschlichen Seele [1773], in: Werke in zehn Bänden, Bd. 4, hg. v. Jürgen Brummack und Martin Bollacher, Frankfurt a. M. 1994, 327–393쪽.

☞ 이 논문은 자극, 감각, 인식과 의도, 심신상관 문제와 같은 인간학의 가장 중요한 문제들을 다루고 있으며, 감정이 없는 인식은 인식이 없는 감정만큼이나 가능하지 않다는 논제를 피력하고 있다.

- Der sympathetische Arzt. Texte zur Medizin im 18. Jahrhundert, hg. v. Heinz Schott, München 1998.

☞ 인간학의 여러 주제에 대해 발췌한 이 짧은 글들을 통해 흥미를 가지고 인간학에 입문할 수 있다.

- Claudia Benthien: Historische Anthropologie: Neuere deutsche Literatur, in: dies./Hans Rudolf Velten(Hg.), Germanistik als Kulturwissenschaft. Eine Einführung in neue Theoriekonzepte, Reinbek bei Hamburg 2002, 56–82쪽.

☞ 역사적 인간학과 문학적 인간학을 문화학 이론으로서 간략히 다루고 있다.

- Wolfgang Riedel: Anthropologie und Literatur in der deutschen Spätaufklärung. Skizze einer Forschungslandschaft, in: Internationales Archiv für Sozialgeschichte der deutschen Literatur, Sonderheft 6, 1994, 93-157쪽.

☞ 문학적 인간학 전 분야에 관한 연구 현황을 소개한 중요한 논문이다.

- Wolfgang Riedel: Literarische Anthropologie. Eine Unterscheidung, in: Wolfgang Braungart/Klaus Ridder/Friedmar Apel(Hg.), Wahrnehmen und Handeln. Perspektiven einer Literaturanthropologie, Bielefeld 2004, 337-366쪽.

☞ 문학적 인간학을 이념사 및 해석학적 관점의 문학 연구로 자리매김한 강령적인 논문이다.

- Wolfgang Riedel: Nach der Achsendrehung. Literarische Anthropologie im 20. Jahrhundert, Würzburg 2014.

☞ 근대 고전주의(고트프리트 벤, 알프레드 되블린, 후고 폰 호프만스탈, 토마스 만, 로베르트 무질 등)부터 전후문학(막스 프리쉬, 볼프강 쾨펜)을 지나 현대문학(한스 마그누스 엔첸스베르거, 로베르트 게른하르트, 두어스 그륀바인, 하이너 뮐러)에 이르는 '문학적 인간학'의 현재성을 보여주는 논문들이다.

- Hans-Jürgen Schings(Hg.): Der ganze Mensch. Anthropologie und Literatur im 18. Jahrhundert. DFG Symposion 1992, Stuttgart/Weimar 1994.

☞ 인간학 관련 주제들에 대한 높은 수준의 학술 논문집이다.

- Carsten Zelle: „Vernünftige Ärzte". Hallesche Psychomediziner und die Anfänge der Anthropologie in der deutschsprachigen Frühaufklärung, Tübingen 2002.

☞ 이 연구서로 인해 1770년부터 라이프치히를 본거지로 한 인간학에서 1750년경 할레에서 활동한 인간학의 선구자들에게로 연구의 관심이 옮겨지게 되었다.

- Carsten Zelle: Anthropologie: Literatur – Wissen – Wissenschaft. Aussichten einer ‚literarischen Anthropologie' der Aufklärung, in: Stefanie Stockkorst(Hg.), Epoche und Projekt. Perspektiven der Aufklärungsforschung, Göttingen 2013, 285-302쪽.

☞ 특히 요한 고틀롭 크뤼거 연구와 함께 최신 연구에 대한 결산과 같은 논문이다.

제2장

기원으로 떠나는 여행: 늑대아이와 고귀한 야만인

2.1 루소와 늑대아이
2.2 게오르그 포르스터의 남해탐험
2.3 알렉산더 폰 훔볼트의 아메리카 원주민 탐험

제2장

기원으로 떠나는 여행: 늑대아이와 고귀한 야만인

〈그림 4〉 고트프리트 가이슬러: 여행 중인 학자들, 펜 앤 워시드로잉.

고트프리트 가이슬러Gottfried Geissler, 1770-1844의 캐리커처인 〈여행 중인 학자들Die Gelehrten auf Reisen〉에서는 유럽에서 온 세 명의 탐험가들이 야자수가 무성한 어느 섬에 도착한 모습이 그려져 있다. 이 탐험의 목적은 손에 들려 있는 쪽지에 적힌 글씨를 통해 알 수 있다. 바로 "잃어버린 유토피아 왕국 발견 프로젝트"이다. 그림 앞쪽에 있는 십자가를 보면 이미 유럽인들이 예전에 이 섬을 다녀갔다는 사실을 알 수 있다. 그러나 계몽주의 시대에는 여행 목적이 단지 신대륙과 신해상로를 탐험하거나 유토피아라는 이상 국가에 대한 동경심을 충족시키기 위해서만은 아니었다. 자연 탐구에 대한 관심 또한 중요했다. 새롭게 발견한 식물과 동물들을 정의하고 분류하거나(이 그림에서는 식물채집 상자를 맨 남자가 담당하고 있는 일), "광물", "화석", "진귀한 물건" 그리고 "골동품"을 수집하는 일들이었다. 이들이 가져온 박물관 표본 상자 위에 쓰여 있는 글자들에서 이를 알 수 있다. 그림 한가운데 서 있는 뚱뚱한 학자는 "여행일지"를 기록하고 그 내용을 팔 아래에 끼고 있는 이전의 기록들과 비교하고 있다. 그런데 이상하게도 이들은 당대 가장 흥미를 불러일으켰던 연구대상에는 관심을 두지 않는다. 바로 그들이 친 천막 앞에 보이는 원주민들이다. 당시로서는 신학문인 인종학과 인류사를 연구하는 인간학은 바로 이 원주민들을 연구하는 학문이었다.

15세기에 크리스토퍼 콜럼버스Christopher Columbus, 1451-1506가 아메리카에 도착한 것부터 18세기 제임스 쿡James Cook, 1728-1779이 범선으로 세계 일주를 한 것에 이르기까지 위대한 발견의 여행과 함께 인간학의 발전은 신속하게 진행되었다. 계몽주의 시대에는 인간의 본성과 언어의 기원, 그리고 다양한 민족들에 대해 큰 관심을 가졌다. 1775

년 루소Jean-Jacques Rousseau, 1712-1778가 철학자로서 아직은 자연과학의 연구 결과들에 대해서는 상당히 무심한 채 '인간 간의 불평등'이라는 논제를 전개한 이래 인간의 자연 상태를 '역사적'이고 '경험적으로' 재구성하는 문제는 더욱더 시급해졌다. 독일의 작가 마르틴 빌란트Christoph Martin Wieland, 1773-1813는 루소에 반대하며 완전한 고립 상태를 겨냥한 인간실험을 기획했다. 그는 체계적인 교육을 시도하기 위해 야생의 '자연의 아이들'을 실험대상으로 이용했다. 게오르그 포르스터Georg Forster, 1754-1794와 알렉산더 폰 훔볼트Alexander von Humboldt, 1769-1859와 같은 탐험 여행가들은 민족학에서 거둔 다양한 연구 결과물에 힘입어 철학 이론을 수정하고 글로벌한 비교문화학의 기초를 다졌다.

2.1 루소와 늑대아이

"내가 볼 때, 우리가 가지고 있는 모든 지식 중에서 가장 필요함에도 불구하고 가장 발전하지 못한 것은 인간에 대한 지식인 것 같다."(루소 1983, 63쪽) 장-자크 루소는 이 인간학을 위한 변론으로 자신의 논문 〈인간 불평등의 기원과 기초에 관한 논문Discours sur l'Origine et les Fondemens de l'Inégalité parmi de Hommes〉(1755, 독일어 번역본: Abhandlungen über den Ursprung und die Grundlagen der Ungleichheit unter den Menschen, 1756)의 서두를 시작한다. 그는 이 논문에서 인간은 자연 상태로부터 점점 더 멀어지면서 본래의 자유를 상실했으며 자연적인 불평등이자 정치적인 불평등 상태에 놓이게 되었다는 문화비판적인 논제를 전개한다. 이 글은 그 시대 전체의 도화선이 되었다. 그렇다면 인간의 본성에서 본래적인 것은 무엇이며 인위적인 것은 무엇인가? 루소는 이 문제의 해결을 위해 여러 가지 가능한 실험expériences을 해보지만, 당장 처음부터 자연 상태란 역사적인 사실이 아니라 가설로 구성된 것으로 다루기로 한다.

루소는 "모든 시대의 인간은 오늘날의 내가 보는 인간의 모습과 똑같았다고 가정"하고자 한다. 그러나 자유롭고 '고귀한 야만인'은 사회적으로 획득된 모든 특성이 결여된 사고실험의 환영으로 나타난다.

> 나는 그것이[장비를 잘 갖춘 이 동물이: 필자주] 떡갈나무 열매로 배를 맘껏 채우고, 최초의 가장 맑은 시냇물로 갈증을 해소하고, 양식을 제공한 나무 발치에서 누울 곳을 발견하는 모습을 상상해본다. (Rousseau 1983, 85쪽)

루소는 "자연 탐구가들의 관찰" 혹은 "비교해부학"의 결과들은 "확고한 생각의 토대"가 되기에는 아무 쓸모가 없다고 여긴다(Rousseau 1983, 83쪽). 그러나 때로는 각주를 사용해 이 분야의 지식들을 언급하기도 한다.

빌란트의 견해는 루소하고는 완전히 달랐다. 그는 1770년에 발간된 두 개의 논문에서 철학자 루소를 비웃고 있다. 첫 번째 논문 〈루소가 말한 인간의 최초의 상태에 대한 고찰Betrachtungen über J.J. Rousseaus ursprünglichen Zustand des Menschen〉에서 빌란트는 우리가 문명의 악에서 빠져나오기 위해, 예를 들어 "그[루소]의 책 표지 판화에 나오는 젊은 호텐토트인과 같이" 벌거벗은 채로 네 발 달린 우리의 조상들이 있는 숲속으로 돌아가야 하는가? 라고 묻는다. 두 번째 논문 〈프로메테우스와의 꿈의 대화 외에 루소가 제안한 인간 본성의 참된 상태를 발견하려는 시도에 대하여Über die von J.J. Rousseau vorgeschlagenen Versuche den wahren Stand der Natur des Menschen zu entdecken nebst einem Traumgespräch mit Prometheus〉에서 빌란트는 인간실험이라는 아이디어를 끌어다가 하나의 사고실험을 기획한다. 말하자면 그에게는 철학이 아니라 "경험이 인간 본성의 비밀을 파헤치는 가장 신속하고 확실한 방법"인 것이다. 그러므로 그는 "본성 자체를 질문하고"(Wieland 1794, 제14권, 185쪽) 싶었던 것이다.

고귀한 야만인에 대한 루소의 감상적인 생각에 반대하며 빌란트는, 물론 논쟁의 의도를 가지고, 신생아들을 20년간 완전히 고립시킨 상태에서 눈을 가리운 채 성장시켜 보자는 제안을 한다. 아기들이 루소의 떡갈나무로도 잘 클 수 있는지를 시험하는 철학의 유모들은 절대 말을 해서도 안 된다. 이 사고실험에서 보이는 실험을 토대로 한 자연과학의 진보정신은 매우 놀라웠다. 피실험자들의 선별과정은 매우 신중했고, 이들은 고립된 상태에서 관찰되었다. 관찰 결과를 기록하고 평가하기 위해 그 어떤 자극도 엄격히 규제되었다. 빌란트는 심지어 네 개 지역에 비교집단군이 있다고 상상한다. 성별이 같은 신생아들, 성별이 다른 신생아들, 남아와 여아의 수를 똑같이 구성하기도 하고, 아주 다르게 구성하기도 한다.

인간을 비하하는 이 실험의 결과는 비교적 분명했다. 이 아이들 중 누구도 살아남지 못할 것이라는 예상이었다. 빌란트의 이 풍자는 이것이 황당무계한 실험임을 그대로 보여준다. 왜냐하면 "수백 년간 쌓아온 인간의 경험은" "인간의 본성이 우리에게 의도하고 있는 것이 무엇인지"를 보여주고 있기 때문이다. 루소가 생각했던 고독이 아니라 다양한 세대와의 공동생활이 인간을 인간답게 만드는 것이다. 그러나 빌란트는 루소에 대한 조소를 문학적 방향으로 더욱 몰고 가는데, 실험에 대한 생각뿐만 아니라 판타지에서도 루소에게 필적하기 위해서였다. 일인칭 화자는 꿈에서 프로메테우스를 만난다. 꿈속에서 그는 신화에 나오는 인간의 창조자 프로메테우스에게 "자연의 상태로 돌아가라는" 철학적 권유에 대해 이야기한다. 그리고 이 말의 의미는 바로 다음과 같다는 대답을 듣게 된다.

> 벌거벗은 채로 혹은 곰 가죽을 뒤집어쓰고 나무 아래 누워 (...) 도토리나 나무뿌리를 먹고, 시냇물이나 웅덩이의 물을 마시고, 우연히 만난 첫 번째의 최상의 젊은 여자와 동침하고, 이 여자와 그녀가 낳은 애들이 어떻게 될지는 염려하지 않는다. 삶의 대부분을 잠으로 보내고, 아무것도 생각하지 않고, 아무것도 바라지 않으며, 아무것도 하지 않으며, 다른 사람들, 적어도 자기 자신에 대해서라도 아무 생각이 없으며, 미래에 대해서는 더욱이 아무 생각이 없다. (Wieland 1794, 제14권, 212쪽)

프로메테우스의 대답은 호탕한 폭소다. 그러나 빌란트가 이 생각실험 내지는 꿈에서 상상한 일이 현실에서 아주 일어나지 않는 것은 아니다. 이미 카스파 하우저Kaspar Hauser, 1812-1833보다 훨씬 이전에 소위 말해 늑대가 기른 아이들 혹은 곰이 기른 아이들 사건이 있었고, 이는 18세기에 특히 격렬하게 논의되고 탐구되었다. 심지어 스웨덴의 자연탐구가가 정리한 광범위한 식물 및 동물 분류체계인 〈자연의 체계Systema naturae〉(1735, 독일어판: System der Natur, 1740)에서조차 이들은 언급된다. 루소 역시 이들을 주해에서 언급하긴 하지만, 그렇다고 해서 자연인에 대한 자신의 사상을 수정하지는 않는다. 이와 같은 야생의 존재들은 고향의 숲에서만 발견되는 것이 아니라 예술가들의 판타지를 자극하기도 하여 허구의 대상이 되기도 한다. 타의에 의해 야생의 존재가 되기도 하고 유토피아적인 자연의 장소에서 이상적인 교육을 받기도 하고, 혹은 난파된 유럽인들이 이국적인 섬에서 생존하는 이야기이기도 하고 독일과 같은 위도의 지역으로 이주한 이들이기도 하다(Pethes 2007, 62-121쪽 참조). 이와 직결되는 독특한 주제가 바로 계몽주의 시대의 인간학자들이 벌인 인간과 유인원을 구별하는 문제에 대한 논의일 것이다. 이러한 논의가 문학에 남긴 뚜렷한 흔적은 교육을 받아 인간에게 거의 완전히 "동화된" 유인원들이 유럽사회를 풍자적으로 반영하는 모습에서 나타난다(Košenina 2003, 25-54쪽 참조). 특히 호프만E. T. A. Hoffmann,1776-1822의 『어느 교육받은 젊은이에 관한 소식Nachricht von einem gebildeten jungen Mann』(1814), 빌헬름 하우프Wilhelm Hauff, 1802-1827의 『인간 유인원Der Affe als Mensch』(1827), 레오폴트 폰 자허-마조흐Leopold von Sacher-Masoch, 1836-1895의 『페터스부르크의 디드로Diderot in Petersburg』(1873), 그리고 물론 프란츠 카프카Franz Kafka, 1883-1924의 『어느 학술원을 위한 보고Bericht für eine Akademie』(1917)가 그 예들이다.

이참에서 늑대 아이들에 관해 잘 기록된 예들 가운데 1800년 프랑스 남부지방의 아베이론Aveyron 지역에서 발견된 야생 소년 빅토르Victor를 소개할 필요가 있겠다(Blumenthal 2005, 162-180쪽 참조).

말하자면 이 사건은 자연사에서 빌란트의 사고실험에서 암시된 근

Der Wilde von Aveyron.

〈그림 5〉 빅토르 폰 아베이론 (년도미상)

대적 의미의 실험적 자연과학으로 이행하는 과정을 기록하고 있다. 먼저 11세가량의 야생 소년 빅토르를 입양한 한 주교는 이 아이가 언어와 지식, 소원, 기억, 윤리적 감정이 전혀 없다고 하면서 전체적으로 인간이라기보다는 동물에 가깝다고 이야기한다. 빅토르의 사례이야기는 '인간 관찰자 협회Societé des Observateurs de l'homme'에 전달되었고, 이 협회에 소속된 청각장애 및 언어장애 연구가들이 빅토르를 조사하기 위해 파리로 소환되었다. 그러나 자신을 향한 사람들의 엄청난 호기심에 빅토르는 점점 더 공격적으로 반응한다. 프랑스의 유명한 정신의학자인 필립 피넬Philippe Pinel, 1745-1826은 결국 이 야생 소년을 '백치'로 격하시킨다. 소년의 상태가 자신의 정신병원에 있는 광인들과 수감자들의 모습과 매우 유사했기 때문이었다.

이러한 견해에 대해 의학자인 장 이따르Jean Itard, 1774-1838는 동의할 수 없었다. 그는 이 소년을 6년간 교육시키면서 "지금까지 통틀어 가장 긴 체계적인 교육 실험 중 하나를 실행"(Pethes 2007, 83쪽)한다. 결과는 루소의 의견을 완전히 뒤엎었다. 빅토르의 경우 사실상 인간이 자연적인 고립 상태에서 특히 잘 발달한다는 것은 전혀 맞는 말이 아니었기 때문이다. 감각주의자인 이따르는 자신의 스승인 콩디약Etienne Bonnet de Condillac, 1715-1780과 같이 인간의 지성은 감각적 지각의 기초 위에서 형성된다고 믿었다. 그는 수개월 동안 의도적으로 여러 자극을 주면서 빅토르가 춥거나 덥거나, 딱딱하거나 부드럽거나, 매끄럽거나 거친 것을 지각할 수 있는 기본 능력을 기르게 하려고 시도했다. 그러자 그에게는 점차 자신을 돌봐주는 가정부와 의사에 대한 인간적인 애착이 생겨나기 시작했고, 동정심과 후회의 모습들이 나타났으며, 심지어 수화 이외에도 언어와 유사한 몇 마디의 소리도 내기 시작했다. 그러나 이 실험은 결국 실패했다. 온갖 노력에도 불구하고 빅토르는 결코 말을 배울 수가 없었다. 그는 자폐 상태로 사람들과 전혀 어울리지 못한 채 약 40세의 나이에 죽음을 맞이했다.

아무리 교육을 받는다 해도 때가 늦으면 별 소용이 없는 것 같다. 이것은 인간이 태생적인 성향의 결과물인지(피넬), 교육의 결과물인지(콩디약), 아니면 이 두 가지가 혼합된 결과물(루소)인지를 놓고 벌인 당대의 논쟁에서 얻은 중요한 통찰이다. 과학적 신빙성을 갖는 비교연구를 위해서는 다수의 늑대 아이들을 조사할 필요가 있었을 것이다. 그러나 낯선 문화권에서 사는 '야만인'을 인류사의 발달단계에서 일종의 유아 단계로 보는 관점은 인접한 연구 분야의 새로운 관찰들을 필요로 했다(Goldmann 1985 참조). 이로써 계몽주의 시대의 여행 문학은 문화인류학에 매우 중요한 의미를 갖게 되었다(D'APRILE/SIEBERS, 8.3). 바로 게오르그 포르스터Georg Forster, 1754-1794의 『세계일주여행Reise um die Welt』(1778-80)은 이러한 여행 문학의 가장 중요한 한 예가 된다.

2.2 게오르그 포르스터의 남해 탐험

포르스터는 신동이었다. 12세에 아버지 요한 라인홀트Johann Reinhold와 볼가강 탐험을 한 후 런던에 바로 도착해서 러시아 역사책 한 권을 러시아어에서 영어로 번역했고, 이는 곧장 출간되었다. 러시아어와 영어를 이제 막 배운 상태에서 말이다. 얼마 후에는 루이 앙투앙느 부갱빌Louis-Antoine de Bougainville, 1729-1811이 쓴 프랑스어로 된 타히티 섬 여행기를 번역했다. 런던 '고대 연구가 협회'는 그 대가로 언어에 재능이 있는 이 젊은 신사를 명예 회원으로 받아들였다(Uhlig 2004, 28쪽 참조). 17세에 아버지와 함께 제임스 쿡의 두 번째 세계 범선 일주 여행(1772-75)에 초대받았을 때 그는 이미 많은 학식을 갖춘 세계시민이었다. 1,111일간의 모험 여행에서 돌아온 후 그는 수려한 영어로 『세계일주항해A Voyage round the World』(1777)를 펴냈고 이 방대한 책을 뮌히하우젠 출신 작가인 루돌프 에리히 라스페Rudolf Erich Raspe와 함께 독일어로 번역한 책이 『세계일주여행』이었다.

이 책은 당시로서는 막 생겨난 신생 학문인 '자연지리학Physische Geografie' 혹은 '인류사Menschheitsgeschichte'라고 칭한 '인종학Völkerkunde' 혹은 '민족학Ethnologie'의 기초가 되는 자료이다. 이 여행 기획의 성공은 배를 타고 간 섬과 그 섬에서 수집된 광물들의 숫자보다는 자연에 대한 새로운 질적 탐구라는 점이었다. 여행기에는 270가지의 동식물이 소개되는데, 이는 린네Carl von Linne, 1707~1778의 『자연의 체계System der Natur』(1735)를 보완해주는 것으로 게오르그 포르스터가 연필과 수채물감으로 직접 그린 572점의 그림이 자료로 확보되었다. 그러나 『세계일주여행』이 1778년 잡지 〈도이처 메르쿠어Teutscher Merkur〉에 먼저 실렸을 때, 빌란트는 아쉬움을 드러냈는데, "그러한 여행을 준비하면서, 그곳에서 만나게 될 처음 보는 '사람들'을 연구하고 그들을 실물 그대로 그리는 일만 담당하는 인력을 단 한 명도 고용하지 않았다는" 이유에서였다. 이들이야말로 "어쩌면 진귀한 광물일 수도" 있기 때문이었다(Wieland 1778.4, 143쪽). 빌란트는 『세계일주여행』에서 얻은 가장 중요한 수확은 인간에 대한 지식을 얻은 것이라고 재차 말했다. 실제로 "처음 보는 사람들"과 종족들이 이 책의 주요 대상이었으며, 이 책은 19세기 중반 찰스 다윈Charles Darwin, 1809-1882의 진화론이 나오기까지 수십 년간 인류학 논쟁에 가장 중요한 기초자료를 제공했다. 이는 유인원과는 구분되는 다양한 인종들과 인류사에도 중요한 책이었다.

『세계일주여행』에서 포르스터는 이러한 모든 주제에 대해 유일무이한 자료들을 확보했을 뿐만 아니라 이 주제들을 방법론적으로도, 문학적으로도 놀라우리만치 높은 수준으로 샅샅이 다루었다. 강령적인 서문에서 그는 이 책을 "철학적인 여행 이야기"라고 선언하면서, 이 책에는 "그 어떤 식의 체계들을 염두에 두지 않은 채 [...] 인간의 역사에서 발견한 것들"이 들어 있다고 말한다. 그는 "인간의 본성을 가능한 한 많이 드러나게 하는 것"이 자신의 최종 목표라고 말한다(Forster 1967, 11쪽 이하, 17쪽). 먼저 그는 사실을 모아둔 고문서들과는 거리를 둔다. 거기에는 "자질구레한 것들을 수집하는 사람들"이 그저 "개개의 사지들이 따로따로 뒤섞인 더미"만 제시하고 있다는 것이다. 이와 반대로 그는 관찰자의 주관성과 입장의 영향력을 강조하면서 "같은 종류의 사물들이 다양한 시각에서 관찰되고 있음을" 성찰한다. 그러므로 "내가 쓴 안경이 어떤 색인지를" 반드시 알아야 한다는 것이다(Forster 1967, 15–17쪽).

포르스터는 대단히 현대적인 '장연구Feldforschung' 방법을 사용하면서 남해에 거주하는 종족들에게 신중하게 접근하는 문제라든가 선물을 통해 접촉이 이루어지는 모습, 몸짓 언어의 체계적인 비교 혹은 해석, 심지어는 언어학적 연구까지도 다루고 있다. 또한 잘못된 해석을 비로소 바로 잡아준 원주민 정보제공자나 안내자가 아니었으면 이 낯선 세계는 발견될 수 없었을 것이라고 했다(Bödeker 2006 참조). 마침내 그는 언어 형태에 대해서도 사유하게 된다. "대상들의 다채로움뿐만 아니라 문체의 순수함과 우아함도 문학작품의 판단과 만족의 기준이 된다." 전체적으로 포르스터의 글이 "명확하고 이해하기 쉽게" 써 있기도 하지만, 그의 글은 과장된 장식이 없음에도 "무미하고 지루한" 이야기가 될 위험에서 완전히 벗어나 있다(Forster 1967, 18쪽).

이 책은 인간학 분야에서 이해심 많고 신중한 관찰자가 처음으로 등장하는 책인데, 관찰자는 탐구의 대상이 되는 종족들과의 복잡한 상호작용과 탐험으로 인해 이들이 당하게 되는 여러 가지 위험에 대해서 숙고한다. 포르스터는 유럽 중심적인 학문에 대해 다음과 같은 경고를 끊임없이 하고 있다.

> 그렇다! 몇 사람의 학문과 학식을 위해 모든 민족의 행복이 희생되어야 한다면 차라리 불안정한 유럽인들에게 남해가 영원히 알려지지 않는 것이 발견자들과 발견된 자들에게 더 나을지도 모른다! (Forster 1967,

332쪽)

반복해서 그는 자신의 동료 탐험가들의 파괴와 "잔인함", 남해 원주민들을 "형제"라기보다는 "야만인"이나 "비이성적인 동물"로 보는 "선입견과 속단"에 사로잡힌 동료의 모습에 대해 한탄한다(Forster 1967, 520쪽). 전체적으로 볼 때 여기에서 이미 인류학자 클로드 레비-스트로스Claude Levi-Strauss, 1908-2009가 자신의 민족학적 상대성이론의 핵심으로 삼은 『슬픈 열대Tristes Tropiques』(1955)에 대해 보였던 놀라운 민감성이 드러난다.

이런 의미에서 특히 다루기 미묘한 주제는 성적 행태에 대한 포르스터의 관찰이다. 덕망 높은 목사의 아들인 그는 남해에서 역겨운 매음과 성적인 방종, 정박한 탐험가들의 배와 원주민들이 교류하면서 성병이 확산되는 것을 어쩔 수 없이 목격하게 된다. 포르스터는 도구와 무기를 미녀들과 교환하는 원시적인 방식을 혐오했지만 이를 막을 수는 없었다. 예를 들어, 쿡 선장의 범선 "레절루션Resolution"호가 두 차례 장기간 계류하던 타히티섬 마타바이만(灣)에서는 영국 선원 한 명이 섬을 방문한다는 것은 "산호, 못, 도끼 혹은 셔츠 등 그에게서 모든 것을 얻어낼 수 있는 최대의 기회임을" 원주민 소녀들이 얼마나 정확하게 알고 있는지를 포르스터는 서술한다. 그러나 유럽인들로 인해 유발된 원주민들의 탐욕과 타락에 대해서 포르스터는 이를 즉시 상대화시키는 태도로 다음과 같은 이의를 제기한다.

> 그러나 우리의 관습에 의하면 비난받을만한 일의 대부분이 이곳에서는 교육과 복식의 단순함 때문에 그야말로 무고한 것일 수 있다는 점

을 생각하면 타히티의 탕녀들은 근본적으로 유럽의 문명화된 창녀들보다 덜 뻔뻔하고 덜 방탕하다고 할 수 있다. (Forster 1967, 307쪽)

문화비교를 위해 특히 중요한 정보를 제공하는 것은 포르스터가 선박화가인 윌리암 호지스William Hodges, 1744-1797의 그림과 아주 유사하게 자주 그린 개인의 초상화들이다. '늑대아이' 논쟁과 거의 유사한 연구대상이 바로 『세계일주여행』 서문과 이 책에서 상세하게 그 공적이 평가된 타히티 원주민 오마이O-Maï일 것이다. 탐험대는 그를 영국으로 데려왔고, 그는 1776년 쿡 선장과 함께 다시 남해로 돌아갔다. 그에 대한 평가는 입장에 따라 다르다. 즉, "영국에서 오마이는 평가하는 사람들 자체의 성향에 따라 아주 바보이거나 아니면 아주 무서운 존재로 여겨졌다."(Forster 1967, 19쪽) 이와 달리 상세하게 서술된 소시에테 제도의 무희 타이나마이Teinamai(그림 6)에 대해서는 포르스터조차도 거리를 두는 입장을 포기하고 열광한다. 그가 볼 때 그림은 그녀의 아름다움을 담아내지 못하고 있다.

그녀의 자르지 않은 긴 머리카락은 하얀 천으로 된 얇은 끈으로 느슨하게 매어져 자연스럽게 곱슬거린다. 이제까지 어떤 화가의 판타지도 이보다 더 아름다운 그림을 그리지는 못했다. 열정과 표정으로 가득 찬 그녀의 눈은 둥근 얼굴에서 솟아나 빛났으며, 얼굴 위로는 편안한 미소가 퍼져 나갔다. 호지스 씨는 이 기회에 그녀를 그리려고 했다. 그러나 그녀의 생기와 분주함 때문에 그녀를 그리는 것은 굉장히 힘들었다. [...] 그래서 그림의 완성도는 다소 떨어졌다. 아무리 셔윈John Keyes Sherwin, 1751-1790 씨가 장인다운 솜씨로 이 그림을 동판화로 만들

었다 해도 매혹적인 원본의 아름다움에는 한참 못 미친다. (Forster 1967, 358쪽)

〈그림 6〉 존 키스 셔윈, 티나이-마이(무희 타이나마이), 윌리엄 호지스가 빨간 색연필로 그린 스케치(1773)를 모방한 동판화(1777)

전체적으로 포르스터는 관조와 실험이라는 도구를 사용하고 속단하지 않는다. 그는 기존의 이론들을 새로운 경험을 통해 반박했다. 루소가 품었던 '고귀한 야만인edle Wilden'이라는 감상적인 상은 그에게는 소위 기후이론과 마찬가지로 사실에 그다지 부합한 것이 아니었다. 기후이론에 따르면 유럽이 열대 혹은 한대 지역보다 더 높은 수준으로 발달하게 된 이유는 위도상 온대 지역이기 때문이라는 것이다. 그러나 하얀색 피부를 가진 폴리네시아인과 검은 피부의 멜라네시아 군도의 주민들은 유럽과 비슷한 온대기후 지역에서 살지만 신체적으로나 문화적으로 현저한 차이를 보인다. 이와 비슷한 경험주의적 방식으로 포르스터는 나중에 칸트로 대표되는 모든 인간의 공통적인 기원(단일조상설)에 대한 기독교적 도그마에 대해 다양한 인류가계(다계조상설)라는 논제를 가지고 격렬하게 반대하게 된다. 이 주장은 『세계일주여행』을 토대로 작성한 두 편의 짧은 논문인 〈인종에 대해서Noch etwas über Menschenraßen〉(1786)와 〈인류의 미래사에 대한 안내Leitfaden zu einer künftigen Geschichte der Menschheit〉(1789)에서 계속 전개된다(Forster 2004, van Hoorn 2004 참조). 이 두 논문에서 공통적으로 증명되고 있는 것은 민족학적 인류학은 연구실의 '탁상 여행가Armchair Travellor'가 연역적으로 연구할 수 없다는 점이다.

2.3 알렉산더 폰 훔볼트의 아메리카 원주민 탐험

포르스터의 여행은 네덜란드를 지나 영국과 프랑스로 이어지는데, 이 여행은 『니더라인 관광Ansichten vom Niederrhein』(1791–94)이라는 제목의 탁월한 독일 기행문학 작품이 되었다. 1790년, 이 여행에 20세의 알렉산더 폰 훔볼트Alexander von Humboldt, 1769-1859가 동행한다. 나중에 그는 포르스터의 여행인류학Reiseanthropologie을 이어가는데, 방법에서도 그렇고 여행의 규모에서도 그러하다. 훔볼트가 한 여행의 의미는 현대에 와서야 주목받게 되었다. 빌헬름 뮐만Wilhelm Mühlmann의 고전인 『인류학의 역사Geschichte der Anthropologie』(1948년 초판)만 해도 훔볼트는 아직 거의 등장조차 하지 않는다(Mühlmann 1986). 그 이유는 1799–1804년까지 5년에 걸친 남아메리카와 중앙아메리카 여행에 대한 평가는 1805–39년에서야 30권의 분량으로 프랑스어로 출간되었기 때문이다. 게다가 『코르디예라스 산맥 경관과 아메리카 원주민들의 기념물Vues des Cordillères et Monumens des Peuples Indigènes de l'Amérique』(1810–13)은 2004년에서야 독일어로 완역되었기 때문이다(Ansichten der Kordilleren und Monumente der eingeborenen Völker Amerikas). 이 대작과 『자연의 경관Ansichten der Natur』(1808)을 집필하기 전인 1805년, 훔볼트는 베를린에서 〈아메리카 대륙 원주민들과 그들이 남긴 기념물들에 대해Über die Urvölker von Amerika, und die Denkmähler welche von ihnen übrig geblieben sind〉라는 강연을 한 바 있다. 〈신 베를린 월간지Neue Berlinische Monatsschrift〉(1806년 3월)에 실린 이 짧은 강연문은 이후 훔볼트의 인류학을 통찰할 수 있는 표본이 되었다고 할 수 있다. 이밖에도 『자연의 경관』에 실린 〈원시림에 사는 동물의 야행생활Das nächtliche Tierleben im Urwalde〉의 일부 내용이 몇 차례 소개되기도 했다.

훔볼트의 탐험은 오리노코 강(베네수엘라, 1799–1800), 안데스 산맥(콜롬비아, 에콰도르, 페루, 1800–02), 멕시코(1803–04) 여행으로 구성된다. 『코르디예라스 산맥 경관과 아메리카 원주민들의 기념물』은 비연대기적으로(1803년 멕시코에서 시작해서 1799년 스페인의 테네리페 섬에 도착하면서 끝난다) 편집되었을 뿐만 아니라, 관찰한 모든 것을 끊임없이 보편역사와 지리, 언어의 관점에서 역사화하고 유추한다. "알렉산더 폰 훔볼트는 고도로 발달한 문화를 비교연구함으로써 글로벌한 문화비교학kulturwissenschaftliche Komparatistik을 창시했다."(에필로그, Humboldt 2004, 414쪽) "먼 나라와 먼 시대들 간의 비교"(Humboldt 1806, 189쪽)

라는 이러한 태도는 1806년 베를린 강연에서도 특징적으로 나타난다. 먼저 훔볼트는 그야말로 끝없이 펼쳐진 자연, 아무도 살지 않으며 문명의 흔적이 없는 자연에 대한 인상을 통해 인간에게만 고정된 유럽인들의 태도와 대면하려고 시도한다. 인간에 대한 감탄과 경외에 대해 주로 인용되는 칸트의 말인 "내 위에는 별이 총총 박힌 하늘이 있고, 내 안에는 도덕법칙이 있다Der bestirnte Himmel über mir, und das moralische Gesetz in mir"(Kant 1983, 제4권, 300쪽)와 정면으로 대치하면서 훔볼트는 다음과 같이 선포한다.

> 인간이 거주하는 지역에서는 별이 총총 박힌 하늘을 보면서 인간이 살고 있는 여러 세계의 모습들로 판타지를 가득 채운다면, 반대로 카시키아레 강가와 아타바포 강가의 인적 없는 삼림 지역에서는 창조하면서 인간의 형상으로 상승하지는 않지만 수많은 종류의 식물들 속에서만 비로소 그 생명력이 피어나는 그런 자연의 이념이 깨어난다. (Humboldt 1906, 180쪽)

이와 같은 생각은 당시 유럽에서는 새로운 것이었다. 마찬가지로 훔볼트는 열대림의 동물 소리에 대한 논문에서도 "원시림"에 대한 잘못된 가정들을 수정한다. 며칠 동안 밤에 들려오는 동물들의 특이한 소리에 대해 인디언들은 "동물들이 보름달을 맞이하는"(Humboldt 1969, 63쪽) 것이라고 설명하는데, 이는 방에 틀어박혀 지내던 학자 칸트의 생각과는 아주 다른 생각이었다. 칸트에 따르면, 고상한 유럽인들은 별이 총총 박힌 하늘을 보며 자신을 도덕적으로 순화시키는 반면, 열대의 야생동물들은 달을 향해 거친 소리를 내며 짖는다는 것이다. 훔볼트는 베를린 연설에서 이전의 학자들이 "원주민들의 역사"를 소홀히 다루었음을 비판한다. 왜냐하면 대부분은 "무비판적인 정신으로 작성한 소식들"이기 때문이다(Humboldt 1806, 181쪽). 하지만 그중에서 한 이탈리아 학자가 수집한 아즈텍 상형문자만은 중요한 것으로 단연코 예외로 인정하고 있다.

홈볼트에게는 무엇보다도 "언어가 인간이 만든 문화 중에서 가장 오래되고 지속적인 기념물로서 역사연구의 중요한 자료"(Humboldt 1806, 185쪽)이다. 신화의 전승 기록과는 반대로 언어는 아메리카 대륙에 원주민이 있었는지 혹은 나중에서야 다른 지역에서 이주해온 이주민들이 이 대륙에 거주하게 된 것인지와 같은 논쟁적인 문제에 있어서 역사적인 지표로 유용하다. 훔볼트는 노르만인과 아이슬란드인이 그린란드로 간 사실을 지적하고 에스키모인과 아시아의 극지방에 사는 라프족과 사모예드족의 유사한 모습을 지적한다. 그러나 이 북방 종족과 중앙아메리카와 남아메리카 종족들 간에는 외모나 언어 그 어디에도 연관성이 없었다.

> 아메리카 대륙의 언어들은 아시아 최북단 주변에 있는 쿠릴열도의 언어들과 축치족, 코랴크족, 캄차달족 혹은 유럽의 라플란드인의 언어와 유사성이 희박하다. (Humboldt 1806, 198쪽)

혈통과 이동에 대해 추측하는 것보다 훨씬 더 중요한 것은 경험적인 발견이다. 예를 들면, 훔볼트가 사람이 들어갈 수 없는 오늘날의 베네수엘라에 있는 오리노코강의 숲과 초지에서 상형문자를 발견한 것과 같은 것이다. 그러니까 1800년 "인간으로서는 가장 낮은 발달단계에서 옷을 입지 않은 채 동물과 같은 삶을 영위하는 유목민들만 [살고 있는]" 그곳에서 한때 "현세대의 문화를 훨씬 뛰어넘는 고도의 문화를 갖고 있던" 민족들이 살았던 것이다(Humboldt 1806, 201쪽).

이와 같은 짧은 기고문에는 분류와 도표를 이용해 작동하는 고정된 학문과는 뚜렷하게 반대되는, 역동적으로 역사화하는 훔볼트의 사고의 단초가 이미 드러나 있다. 그는 유비관계Analogien를 사용하며 그 어느 때보다도 전 세계의 여행보고서와 박물학적인 조사결과를 참작할 수 있는 비교인류학Vergleichende Anthropologie의 구상을 발전시켰다. 훔볼트의 짧은 베를린 강연은 이미 훔볼트의 대(大)전집을 대신할 수 있는 내용을 암시하고 있다. 즉, 문화는 예측 가능한 법칙성 없이 발생하고 소멸한다는 것, 서로 영향을 주고받지 않았는데도 멀리 떨어져 있는 다른 지역에서 일정한 발달이 나타난다는 것, 그리고 세심한 관찰과 포괄적인 비교를 통해 얻은 지식만이 인류학을 진전시킨다는 것이다. 루소의 늑대아이를 둘러싼 논쟁이 '이상적인 자연 상태'라는 감상적인 구상의 토대를 허문 것처럼 포르스터와 훔볼트의 남태평양과 중남미대륙 학술 여행은 유럽의 문화적 우월성에 대한 믿음을 상대화시켰다. 훔볼트의 글은 나폴레옹 전쟁 중 예나-아우어슈테트에서 프로이센이 패전하기 반년 전에 출간되었다. 훔볼트는 패전이라는 사건을 통해 유럽의 우월감이 땅에 떨어진 것에 대해 다음과 같은 비유를 하지 않을 수가 없었다.

> 현재 신대륙에는 물리적인 불안[당시의 화산활동; 필자 주]과 정치적인 고요가 지배하고 있는 반면, 구대륙에서 벌어지고 있는 민족 간의 싸움으로 인한 황폐화는 자연의 고요를 향유하는 것을 방해하고 있다.

어쩌면 물리적인 힘과 도덕적인 힘 간의 이 이상한 대조 속에서 세계의 한 부분이 다른 역할을 넘겨받는 시대가 올지도 모른다. 화산이 다시 끓어오르기까지 적어도 수백 년 동안은 고요가 지배할 것이다. 그러므로 구대륙에서 자연이 어떤 식으로든 계속 평화로울 것이라는 생각은 그저 우리의 상상력의 유희에 근거한 것일 뿐이다. (Humboldt 1806, 192쪽)

질문과 쟁점

- 늑대아이들을 가지고 한 교육실험에 대해 설명하고 이와 관련된 문제점에 대해 설명해 보자.
- 게오르그 포르스터의 신중한 관찰이라는 방법론을 분석하고 『세계일주여행』에서 직접 발췌한 구절을 가지고 그의 서술방식을 분석해 보자.
- 알렉산더 폰 훔볼트는 어떤 의미에서 비교인류학을 연구하는가?
- 1806년에 했던 훔볼트의 베를린 강연을 가지고 그가 아메리카 대륙의 원주민들과 유럽, 이집트, 아시아의 문화를 비교한 내용을 설명해 보자.
- 소개한 작가들을 예로 들어 경험에서 이론으로 가는 귀납적 학문방식과 가설을 경험에 응용하는 연역적 방식 간의 방법적 차이에 대해 토론해 보자.
- 원시민족에 대한 탐험은 오늘날까지 어떤 위험을 여전히 초래하고 있는가? 이 위험은 근본적으로 제거될 수 있을까?

추천문헌

- Georg Forster: Reise um die Welt, hg. v. Gerhard Steiner, Frankfurt a. M. 1967, Vorrede, 11–22쪽.
  비평본: Ders.: Sämtliche Schriften, Tagebücher, Briefe, hg. v. Gerhard Steiner, Bd. 2/3, Berlin 1965/66.

- Georg Forster: Über Leckereyen und andere Essays, hg. v. Tanja van Hoorn, Hannover 2004.
  여행 출발에 관한 부분: 7–37쪽, 117–126쪽.

- Alexander von Humboldt: Ansichten von der Natur, hg. v. Adolf Meyer–Abich, Stuttgart 1969 (RUB 2948), 55–65쪽.

- Alexander von Humboldt: Ueber die Urvölker von Amerika, und die Denkmähler welche von ihnen übrig geblieben sind, in: Neue Berlinische Monatsschrift 1806

(1. Halbjahr), 177–208쪽.
웹주소: http://www.ub.uni–bielefeld.de/diglib/aufkl/berlmon/berlmon.htm.
신판본: „Ueber die Urvölker von Amerika und die Denkmähler welche von ihnen übrig geblieben sind". Anthropologische und ethnographische Schriften, hg. v. Oliver Lubrich, Hannover 2009, 7–24쪽.

- Christoph Martin Wieland: Sämtliche Werke, Bd. 14, Leipzig 1795 (재판: Hamburg 1984), 177–235쪽.

- Jörn Garber/Tanja van Hoorn(Hg.): Natur – Mensch – Kultur. Georg Forster im Wissenschaftsfeld seiner Zeit, Hannover 2006.

☞ 특히 포르스터의 인간학에 대한 이해와 문화인류학에 관한 실제 경험, 유인원 문제 및 애호가로서 자연사를 연구하는 문제에 대한 글들이 실려있는 논문집.

- Jürgen Goldstein: Georg Forster. Zwischen Freiheit und Naturgewalt, Berlin 2015.

☞ 흥미로운 이념사이자 포르스터 전기인 이 책은 자연 탐구가이자 세계 일주 항해가로서의 포르스터와 정치철학자이자 파리의 과격한 급진주의자인 포르스터의 면모를 연결시키고 있다.

- Stefan Hermes, Sebastian Kaufmann(Hg.): Der ganze Mensch – die ganze Menschheit. Völkerkundliche Anthropologie, Literatur und Ästhetik um 1800, Berlin/Boston 2014.

☞ 심리학 및 의학의 관점으로 본 문학적 인간학 대신 문화인류학의 관점을 적용한 문학적 인간학 (특히 글라임, 헤르더, 휠덜린, 칸트, 클라이스트, 클링에만, 렌츠, 실러, 빌란트에 대한 연구) 논문집.

- Tanja van Hoorn: Dem Leibe abgelesen. Georg Forster im Kontext der physischen Anthropologie des 18. Jahrhunderts, Tübingen 2004.

☞ 『세계일주여행』에 나타나는 포르스터의 인간학과 1786년과 1789년에 발행된 그의 소논문에 대한 서로 다른 분석.

- Oliver Lubrich/Ottmar Ette: Die Reise durch eine andere Bibliothek, in: Alexander von Humboldt, Ansichten der Kordilleren und Monumente der eingeborenen Völker Amerikas, Frankfurt a. M. 2004, 406–432쪽.

☞ 알렉산더 폰 훔볼트의 최초 독일어판 저서에 실린 후기로, 자연탐구가이자 인간(류)

학자인 그에 대해 함축적으로 묘사한 글.

- Anette Mook: Die Brüder von Humboldt und die naturwissenschaftlichen Grundlagen ihrer Anthropologie, in: Simone de Angelis u. a.(Hg.), ‚Natur', Naturrecht und Geschichte. Aspekte eines fundamentalen Begründungsdiskurses der Neuzeit(1600–1900), Heidelberg 2010, 185–208쪽.

☞ 훔볼트 형제가 받은 교육 과정과 이들이 했던 원전 공부를 통해 인간학에 대한 이들 형제의 기본 입장을 드러내는 글이다.

- Sergio Moravia: Beobachtende Vernunft. Philosophie und Anthropologie in der Aufklärung, Frankfurt a. M./Berlin/Wien 1977.

☞ 프랑스의 인간학과 문화인류학의 역사에 대한 고전서. 빅토르와 늑대아이들에 대한 글이 들어 있음.

- Michael Neumann: Philosophische Nachrichten aus der Südsee. Georg Forsters „Reise um die Welt", in: Hans–Jürgen Schings(Hg.), Der ganze Mensch, Stuttgart/Weimar 1994, 516–544쪽.

☞ 인간학자 게오르그 포르스터의 탐구 방법에 관한 중요한 논문.

- Nicolas Pethes: Zöglinge der Natur. Der literarische Menschenversuch des 18. Jahrhunderts, Göttingen 2007, 50–90쪽.

☞ 연구대상을 분리하고, 자극하고, 관찰하고, 결과를 기록하고 해석하는 근대 자연과학 정신에서 18세기의 문학적 인간실험이라는 주제를 전개 시킨다.

- Reisen und Wissen. Themenheft der Zeitschrift für Germanistik 24, 2014, 7–142쪽.

☞ 특히 샤미쇼, 포르스터, 알렉산더 폰 훔볼트, 코체뷔, 마르티우스, 슈바이거, 빌트가 쓴 인간학적 여행 문학에 대한 논문들.

- Jörg Robert/Friederike Felicitas Günther(Hg.): Poetik des Wilden. Festschrift für Wolfgang Riedel, Würzburg 2012.

☞ 고대부터 현대에 이르는 (특히 브로케스, 포르스터, 실러에게서 나타나는) 야만인에 대한 문학 및 문화인류학적 관심을 조명하는 논문집.

제3장

정신병원: 극단적인 인간탐구

제3장

정신병원: 극단적인 인간탐구

〈그림 7: 윌리엄 호가스: 정신병원에 있는 톰 레이크웰, "난봉꾼의 인생역정"(1735, 1763 수정) 시리즈 중 여덟 번째 그림〉

윌리엄 호가스William Hogarth의 연작 그림인 〈난봉꾼의 인생역정The Rake's Progress〉(1735/1763)은 (여덟 번째 그림을 끝으로) 런던의 정신병원 베들렘Bedlam에서 끝난다. 토마스 레이크웰Thomas Rakewell('rake'는 '난봉꾼'이라는 뜻임)은 구두쇠인 아버지의 유산을 사교계와 선술집, 도박장에서 탕진했다. 그를 배신하지 않은 애인 사라 영Sarah Young의 도움도, 부유한 노파와의 형식적인 결혼도 이 천박한 자를 부채로 인한 감옥살이와 정신병원 수감으로부터 지켜줄 수가 없었다. 정신병원에 수감된 그는 자해로 인한 듯 상처투성이로 바닥에 쓰러져 있으며, 사라와 신부, 발목에 채워진 사슬을 손질하고 있는 간수에게 둘러싸여 있다. 그림의 배경에는 다양한 수감자들의 모습이 보이는데, 그중에는 종교적 광신자도 있고, 정치적 공상가나 분주한 사이비 학자도 있다. 흰옷을 차려 입은 우아한 숙녀들은 자극적인 볼거리에 몰려든 관광객들이다. 베들렘은 호기심을 채워주기에는 아주 매력적인 곳이었기 때문이다. 숙녀들은 관음증이나 인간심리에 흥미를 갖고 있는 듯한 관찰자의 호기심 어린 시선을 상징한다.

런던의 베들렘이나 파리의 비세트르Bicêtre와 같은 정신병원은 광기를 새롭게 이해하기 위해 거쳐 가야 할 곳이라고 할 수 있다. 즉, 이제 광기는 더 이상 악령에 사로잡힌 현상이 아니라 연구해야 할 질병이 된다. 정신의학Psychiatrie이 학과가 된 것은 이러한 새로운 이해와 밀접한 관련이 있다. 18세기 인간학에서 정신병원은 인간의 내면생활을 관찰하기 위한 중심 장소였다. 나중에 재판정이나 감옥 혹은 단두대에서와 비슷하게 이곳 정신병원에서 인간의 본성은 극단적인 관점에서 연구되었다. 이 '끔찍한 장소locus terribilis'는 자연과학자들 외에도 화가와 작가들로 하여금 범상치 않은 예술작품을 만들어 내도록 영감을 준 곳이었다. 그리하여 정신병원은 미술과 문학에서 즐겨 사용하는 주요 모티브로 발전하게 된다. 예를 들어 호가스의 연작 그림은 대단한 성공을 거두게 되어 그림이 완성되는 동안에 그의 그림을 기억으로 복제하려고 염탐꾼들이 화실을 찾아 올 정도였다. 계몽주의자 리히텐베르크Georg Christoph Lichtenberg는 동판화로 유명해진 호가스가 베들렘 그림에서 묘사한 장면들에 상세한 해석을 가했다. 본 장에서 이 주제는 서로 다른 두 장르를 가지고 고찰될 것이다. 하나는 하인리히 폰 클라이스트Heinrich von Kleist, 1777-1811가 1800년에 쓴 편지 형식의 보고문이며, 다른 하나는 1782년 마티아스 클라우디우스Matthias Claudius, 1740-1815가 쓴 소설이다.

3.1 '끔찍한 장소'와 리히텐베르크의 그림해석

연인들만을 위한 전원적인 사랑의 공간을 의미하는 '사랑스러운 장소locus amoenus'와 반대되는 장소로서 정신병원은 '극단적인 장소locus extremus' 혹은 '끔찍한 장소locus terribilis'라고 할 수 있다. 이 끔찍한 장소에서 당시의 대중들은 아주 색다른 극한의 경험이 주는 스릴을 찾았다. 산악은 가파른 협곡과 안전을 담보할 수 없는 등반과 함께 우리를 위험한 놀이로 초대한다. 이로써 연출에 불과했던 비극 무대의 숭고의 미학이 자연이라는 현실의 극장으로 옮겨진다. 정신병원이 지속적인 인기를 누리는 것은 이와 유사한 원리다. 그것은 회화나 문학에서 다양하게 변용되는 모티브나 '토포스'(Topos: 그리스어로 '장소'라는 뜻)가 되었다. 로베르트 무질Robert Musil, 1880-1942도 『특성 없는 남자Mann ohne Eigenschaften』(1933)에서 1913년에 출간된 『일기Tagebuch』에서 확인된 로마의 정신병원 관광이라는 극적인 경험을 소재로 삼았다. 그 역시 대체로 "정신병원"이라는 개념을 사용했고, 문학 연구에서 이 개념은 '토포스 이야기'로 확립되었다(Bennholdt-Thomsen/Guzzoni 1982; Košenina 2007 참조). 계몽주의 시대의 대부분의 다목적 기관은 "교화소Zuchthaus"나 "정신병원Tollhaus"이라고 불렸다. 1805년 바이로이트에 세워진 '정신질환자를 위한 심리치료소Psychische Heilanstalt für Geisteskranke'는 이름만 그런 것이 아니라, 그야말로 인간을 생각하는 독일 최초의 정신병원이기도 하다.

런던을 방문하는 수많은 방문객 가운데 베들렘을 둘러보지 않는 사람은 거의 없었다. 저렴한 입장료로 온갖 볼거리가 제공되었기 때문이다. 심지어 추가로 팁을 받기 위해 환자들은 실제 상태보다 더욱 나빠보이도록 거친 몸짓을 했다는 것을 말해주는 많은 자료들이 있다(Hattori 1995 참조). 리히텐베르크는 1775년에 그곳을 방문하여 직접 경험한 것을 10년 후 〈호가스의 동판화에 대한 상세한 해설Ausführliche Erklärung der Hogarthischen Kupferstiche〉(1794–99)이라는 글을 쓸 때 활용했다. 베들렘 묘사는 미술사에서는 단지 한가지 예에 불과하다(Kromm 2002 참조). 이와 견줄 수 있는 그림 장면은 조나단 스위프트의 풍자 에세이 『통 이야기A Tale of a Tub』(1710), 토마스 롤랜드슨Thomas Rowlandson, 1756-1827의 정치적 캐리커처인 〈정신병원The Hospital of Lunatics〉(1789) 혹은 프란시스코 고야Francisco de Goya, 1746-1828의 그림인 〈정신병원Casa de locos〉(1808년경)에서도 찾아볼 수 있다.

리히텐베르크의 그림 읽기는 다른 장르에서 발견되는 것과 유사한 수사적 구조를 따르고 있는데, 대부분 간수의 안내를 받으면서 간수와의 친근한 대화의 형식으로 시작되는 순회 관람 방식이다. 관찰대상인 환자들을 하나하나 간략하게 설명해 놓은 것을 보면, 정신질환이 잘 분류되었다는 인상을 준다. 실제로 당시에는 정신질환도 일정한 증후에 따라 구분하기 시작했고 분류체계 내에서(질병분류학Nosologie) 기술하기 시작했다. 이러한 나열식의 파노라마는 수사학의 '상승 원칙'에 따라 뒤로 갈수록 대체로 특히 중대하고 비극적이거나 연민을 불러일으키는 사례의 관찰로 이어진다.

리히텐베르크 역시 호가스를 따라 소요하는 시선을 취한다. 그러나 기상천외한 사건을 중심에 두는 대신 그는 수많은 작은 효과들에 주목한다. 그의 관찰방식은 아주 새로운데, 그것은 묘사된 현상들을 가능한 한 모든 방향으로 이리저리 뒤집어보고 관점에 대해 궁리해 보고 숨겨진 의미맥락을 신중하게 더듬어보고 있기 때문이다. 탐험가 포르스터가 이해하면서 관찰하는 방식으로 민족학 연구에서 얻은 성과를 (→2) 리히텐베르크는 신중한 그림해석(해석학Hermeneutik)에서 이루어낸다. 그의 호가스 그림평은 말 그대로 서술의 안목을 열어주지만, 문예학자에게도 해석기술의 높은 경지를 제공한다.

리히텐베르크는 이 방법을 먼저 〈괴팅엔 문고 카렌다Göttinger Taschen Calender〉(1784-96)에 실린 〈호가스의 동판화에 대한 상세한 해설〉의 초판 서문에서 사용한다. 그는 "단지 짧고 빈약한 단어 몇 개로" "사물의 의미를" **산문적으로** 말하는 대신 묘사된 그림을 **시적으로**, 화가의 눈으로, 그러나 작가적 방법으로 다음과 같이 추체험하려고 한다.

> 화가 호가스가 **그린** 것은 만일 **그가** 조각칼을 다룬 솜씨와 똑같은 솜씨로 펜을 다루었을 때 그 펜으로 **말했을** 법한 방식과 같은 방식으로

말해져야 할 것이다. (Lichtenberg 1968-, 제3권, 660쪽 이하)

리히텐베르크는 유일한 한 순간을 묘사하는 그림과 하나의 전체 행위가 전개되는 문학적인 화술 간의 매체적 차이를 숙고했을 뿐만 아니라, 현대적 해석자로서의 의식 있는 역할도 숙고한 것으로 보인다. 하지만 그러다 보면 호가스의 의도와 상충될 수 있지 않느냐는 비난은 인정하지 않았다. "만일 있는 것에 대해 내가 그 어떤 것도 **없는 것으로 생각**하거나 **없다고 설명**하지 않았다면 말이다."(Lichtenberg 1968-, 제3권, 665쪽)

리히텐베르크에게 호가스는 "영리한 해석학 뒤에 숨어서" 행동하는 "개구쟁이"로 보였다(Lichtenberg 1968-, 제3권, 827쪽). 호가스의 해석자(리히텐베르크)는 언제나 신중하게 추측하고 결코 확정 짓지 않는다는 점에서 호가스와 비슷한 사람이다. 그는 늘 다음과 같은 질문을 던진다. "그런데 우리가 보는 게 맞는 것일까? 정말 그런가?"(Lichtenberg 1968-, 제3권, 909쪽) 그의 글에는 "내 생각에는", "우려되는 것은", "내가 맞게 보았다면", "내가 매우 동의하는 것은"과 같은 "유보적 시그널"이 '혹시', '어쩌면', '아마도'와 같은 이에 상응하는 부사와 함께 여기저기 넘쳐난다(Wieckenberg 1992, 46쪽). 리히텐베르크는 다중적으로 해석하려 하였고, 이를 통해 관찰자가 호가스의 숨은그림찾기에 대한 이해의 과정에 적극 참여하도록 초청한다. 이는 〈난봉꾼의 인생역정〉의 여덟 번째이자 마지막 그림 설명에도 적용된다. 그것은 다음과 같은 인간학적 가정에 따른 것이다. "베들렘 정신병원 수감자들이 하는 온갖 어리석은 행동을 보면 인간이란 어떤 존재인가에 대해 이제까지 우리가 내린 결론보다 더 많은 결론이 도출될 것이다."(Lichtenberg

1968–, 제2권, 143쪽) 호가스가 자신의 "조각칼"로 "모든 계층의 인간에 대해 구체적인 지식"을 얻도록 도왔다는 말은 연극 심리학자가 셰익스피어를 혹은 배우가 데이비드 개릭David Garrick, 1717-1779(→10.1)을 평가하는 것과 비슷한 것이다(Lichtenberg 1968–, 제1권, 466쪽).

리히텐베르크는 번호가 매겨져 있는 각 감방에서 관찰되는 심각한 증상들을 탐지한다(Lichtenberg 1968–, 제3권, 901–910쪽). 그림에서 왼쪽에 있는 54번 방에는 미신에 사로잡힌 광신자가 수감 되어 있다. 세 개의 성자 초상화와 십자가가 보이고 창문을 통해 밀려 들어오는 계몽주의의 환한 빛을 받으며 그는 기도하는 자세로 얼어붙어 있다. 55번 방에서는 짚으로 만든 왕관을 쓰고 홀을 든 정치적인 몽상가의 모습이 보인다. 그는 숙녀들 앞에서 허공을 향해 오줌을 누고 있다. 56번 방은 닫힌 창문 뒤로 불행한 사랑을 했던 연인들이 묻혀 있는 것 같다. 그 앞에는 죄수들이 모여 있는데, 모두가 대머리이다. 머리를 밀면 정신병이 더 쉽게 빠져나간다고 믿었기 때문이다. 한가운데에 있는 세 명의 무리 중 한 명은 아래쪽에 "경도"라고 쓰여 있는 벽에다 계산하듯 낙서를 하고 있는데, 아마도 1614년 경도를 정하는 방식을 놓고 높은 상금이 걸렸을 때 문제를 풀어 상금을 타려고 했던 일을 묘사한 것으로 보인다. 그 앞에서 조수는 천체항성도를 둘둘 말아 천장을 관찰하고 있다. 또는 어쩌면 곁눈질로 여자들을 보고 있는지도 모른다. 머리 위에 재단 패턴을 얹고 손에는 자를 들고 있는 재단사는 이 두 사람을 패러디하고 있는 듯하다. 그림 오른쪽에 있는 삼총사를 리히텐베르크는 믿음, 사랑, 소망으로 해석한다. 맨 위에는 교황 캐리커처가 있고(교황은 소박한 십자가를 들고 삼중 교황관을 쓰고 있다), 그 앞에는 사랑에 빠진 베르테르 유형의 우울증 환자가 일종의 화관 혹은 줄을 목에 두르고 있다. 그 옆에는 머리에 악보를 올려놓은 바이올린 연주자가 얼굴에 광기를 띤 채 공허하게 웃고 있다.

그러나 놀랍도록 세밀한 이 모든 관찰보다도 더욱 중요한 것은 (오른쪽으로 높은 울타리가 쳐져 있는) 이 한 개의 병동이라는 "소우주Mikrokosmos"와 "세계 자체라고 할 수 있는 넓게 펼쳐진 대(大)베들렘Makrobedlam"은 유비관계를 갖고 있다는 통찰이다(Lichtenberg 1968-, 제3권, 902쪽). 이로써 리히텐베르크는 나중에 낭만주의자들이 광기를 영감의 원천으로 평가절상하는 것을 다음과 같이 선취하게 된다(→13).

> 언젠가 한 남자가 어느 광인을 회개시키기 위해 '그런데 자네는 자네가 정신병원에 수감되어 있다는 사실을 알고 있나?' 라고 격렬하게 외친 적이 있었다. 이에 대해 광인은 그야말로 태연하게 그를 바라보며 이렇게 물었다. '그러면 자네가 있는 곳이 정신병원이 아니라는 것은 확실한가?'(Lichtenberg 1968-, 제3권, 906쪽)

이렇듯 광기의 시작과 끝이 어디인지 그리고 이 현상들은 어떻게 해석할 수 있을지가 대단히 불확실하기에, 예컨대, 경험심리학의 선구자인 칼 필립 모리츠는 그의 〈경험심리학 잡지〉(1783-93)에 실을 질병 소견들을 다급하게 찾았던 것이다. 또한 작가이자 심리학자인 실러 역시 1786년 "시체해부, 병원, 정신병원"(Schiller 1992-, 제7권, 562쪽)을 인간학 연구에 유용한 자료라고 선언한 것이다.

3.2 클라이스트의 목격자 보고서

칼 필립 모리츠가 1800년 9월 13일 작가 하인리히 폰 클라이스트가 독일 뷔르츠부르크에 있는 율리우스 병원을 방문한 일에 대해 쓴 편지를 알았더라면 분명 자신의 〈경험심리학 잡지〉에 실었을 것이다. 그 이유는 먼저, 이 편지가 목격자 자신의 보고서 성격을 갖고 있기 때문이다. 다시 말해 "사실 그 자체이지 도덕을 운운하는 수다가 아니라는" 것이다. 두 번째 이유는 〈경험심리학 잡지〉에 1788년 익명으로 게재된 〈어느 여행자의 일기에서Fragment aus dem Tagebuch eines Reisenden〉와 유사한 내용이기 때문이다(Moritz Magazin 1986, 제1권, 8쪽; 제6권, 242-266쪽). 이 일기는 다음과 같은 문학적 모델을 따르고 있다. 화자는 N(넥카강 골짜기)에 있는 L(루드비히스부르크)의 아름다운 시설을 둘러본 후 네 명의 수감자들에 대해 간단히 언급하고 나서 요한계시록을 연구하다가 광기에 이르게 된 어느 학자에 관해 집중적으로 서술한다. 독자는 이 환자의 전사(前史)를 모두 알게 된다. 그의 병은 "철학의 사들"(Moritz Magazin 1986, 제6권, 243쪽)이 사용한 섭생법을 통해 일시적으로 치료되었으나, 우연히 정신병원을 다시 찾게 된 환자가 예전에 수감 되었던 감방을 보게 되자 트라우마에 의해 정신병이 재발하는 고통을 겪게 되고 분노가 폭발한 상태에서 자신의 아버지를 때려죽이게 된다. 이것은 아무래도 문학의 옷을 입힌 "이야기"이지, 결코 사실 그대로의 실화는 아니다. 이어서 이 이야기에 대한 전문적인 "심리학적 해설"(Moritz Magazin 1986, 제6권, 265쪽)이 제시된다.

그런데 이미 호가스의 동판화에서 특징적으로 나타난 이러한 구조와 클라이스트의 편지는 상당히 유사하다. 그것은 이 편지가 클라이스트가 약혼녀인 빌헬미네 폰 쳉에Wilhelmine von Zenge에게 보내는 정기적인 여행보고문이기도 하지만, 다른 한편으로는 문학적 허구의 징후가 나타나 있음을 부인할 수 없기 때문이다. 〈경험심리학 잡지〉에 실린 유사한 다른 글과 마찬가지로 클라이스트의 편지글 역시 '역사Historia/Geschichte'와 '허구Fabula/Dichtung' 사이를 오간다. 이와 동시에 클라이스트 연구에서 작은 논란이 되었던 문제가 더욱 첨예해진다. 즉, 이 편지 텍스트가 클라이스트가 쓴 첫 번째 허구 텍스트라는 주장(Gilman 1981 참조)이 있지만, 이 이야기가 역사적 토대를 둔 사실임이 증명되면서 완전한 허구라는 텍스트의 위상은 손상을 입었다(Bennholdt-Thomsen 1982 참조). 하지만 그렇다고 해서 이 텍스트가 가지고 있는 문학성의 면모를 반박할 수는 없을 것이다. 오히려 많은 점들에서 클라이스트가 뷔르츠부르크에서 보낸 편지를, 그리고 그 이외의 다른 편지들을 주인공이 단 한 명인 "그의 첫 번째 소설"로 읽을 수 있다는 것을 알 수 있기 때문이다(Schulz 2007, 158쪽 외).

베들렘에 관한 여행보고문이나 〈경험심리학 잡지〉에 실린 실화 사건들처럼 클라이스트는 이 편지의 도입부에서 "매우 실용적인 목적으로" 설립된 ("성처럼 보이는") 인상적인 정신병원 건물에 관해 서술한다. 이 병원은 "가장 따뜻한 인간애"로 "완전히 속수무책"인 질병의 치료에 도움을 제공하는 곳이다. 가톨릭 병원이지만 특별히 "종교적 관용"으로도 이름난 곳이라고 한다(Kleist 1987-, 제4권, 117쪽 이하). 그런 다음 주인공은 이 '소(小)베들렘Mikrobedlam'을 둘러보기 시작하는데 그 장면들은 호가스의 그림에서처럼 인간성의 한계에 이르는 극단적인 경험이기도 하다.

> 우리는 광인들에게서 온갖 역겨운 것과 우스꽝스러운 것, 많은 교훈과 측은함을 보았다. 몇몇 사람들은 아무런 감정을 느끼지 못한 채 마치 장작더미처럼 겹겹이 포개어져 있었다. 이들을 사람이라고 부를 수 있을지 거의 의심스러울 지경이었다. (Kleist 1987–, 제4권, 118쪽)

이어서 주인공은 수감자들을 한 명씩 방문하면서 그들을 차례대로 묘사한다. 라틴어를 구사하고 공부를 너무 많이 한 어느 교수에 이어 한 번의 단순한 실언으로 두려움에 사로잡혀 강박관념을 갖게 된 어느 수도승, 그리고 아버지의 귀족 증명서를 물려받지 못했다는 이유로 광인이 된 어느 상인. 이 세 가지의 간략한 예들을 작품 구성상 상승을 위한 서막으로 사용하는 것은 비교적 관습적인 형태의 수사학이다. "그러나 가장 끔찍한 것은 자연법칙을 거스르는 악덕 하나로 인해 광인이 된 어떤 사람의 모습이었는데, 바로 18세의 한 젊은이의 모습이었다."(Kleist 1987–, 제4권, 119쪽) 이 문장에 있는 쉼표(,)는 충격을 견디기 위한 시간과 거리를 확보해준다. 왜냐하면 "자연법칙을 거스르는 악덕"이란 당시의 언어관습에서는 자위행위를 의미하는 것이기 때문이다.

교육학과 심리학에서 자위행위라는 현상은 전문서적에서부터 1765년에 발간된 프랑스 〈백과사전〉에 이르기까지 끊임없는 논쟁의 대상이 되었다(Lütkehaus 1992년 참조). 18세기의 신(新)인간학은 온갖 성향들과 약점을 가진 '전인'에 대해 무제한적이고 무조건적인 해명을 하라고 선포하는 한편, 종교와 도덕은 이에 대해 일정한 한계를 그었다. 의학적 통찰은 추잡한 충동에 대한 두려움을 제거했다고는 하지만, 특정 형태의 성은 두려움을 불러일으켜야만 쫓아낼 수 있다고 믿었다.

이 충동에 대한 의미심장한 침묵의 결과 "성의 편재"(Begemann 1987, 208–228쪽) 현상이 나타났다. 교사들은 신화와 전설의 환상을 깨려고 하면서 오히려 이를 통해 아이들을 경악시키거나 혹은 저주받은 악행을 퇴치하기 위해 심지어 본떠 만든 페니스링(그림 8)과 같은 도구를 처방했다(→6.2).

〈그림 8〉 자위행위를 방지하는 페니스링

지금까지의 연구에서 주목하지 못한 점은 클라이스트의 철학교사인 크리스티안 에른스트 뷘쉬Christian Ernst Wünsch 역시 자신의 책 『청소년을 위한 우주 이야기Kosmologische Unterhaltungen für die Jugend』(1780) 부록에서 그러한 "수치스러운 방종"에 대해 상세하게 다루고 있으며, "끔찍한 육체 파괴"에 대해, 특히 "온 사지가 무엇보다도 그들이 [미혼자들: 필자주] 가장 많이 죄를 짓는 그 부위"가 부패되는 것을 절박하게 경고하였다는 점이다(Wünsch 1780, 제3권, 533쪽 이하).

클라이스트가 편지에서 자신의 약혼녀 혹은 자기 자신을 향해 자위행위를 한 젊은이를 가장 강렬한 색채로 묘사한 것은 이와 같은 교육학적 담론과 연결되어 있다. 클라이스트가 편지에 쓴 스무 줄이 넘는 숨 막히는 단 한 문장보다 자위행위로 인해 나타나는 위협적인 증후군을 더 끔찍하게 나열한 문장은 아마도 없을 것이다. "죽은 사람처럼 하얀 얼굴", "죽어가는 듯 꺼져가는 눈, 몇 가닥 안 남은 윤기 없는 흰 머리", "일찍 센 머리", "창백하고 말라빠진 벌거벗은 사지"는 모두 다 비탄과 멈추지 않는 파멸의 모습으로, 의학 교재에서도 비슷하게 묘사되어 있다(Schott 1998, 282쪽). 구속복이 입혀진, 완전히 '윤기 없고 말라빠진' 이 육체는 클라이스트에게는 인간을 "마비시키는 유일무이한 영원한 무력감"으로 보였다. 바로크 시대의 상징(엠블렘Emblem)과 그 아래에 적힌 교훈적인 격언처럼 클라이스트는 이렇게 외친다. "오 이런 식으로 단 한 번 사느니 차라리 수천 번 죽는 것이 나으리라! 자기 뜻을 거역하는 악행에 대한 자연의 복수는 이렇게도 끔찍하구나! 오 무서운 모습아, 저리 가라 –"(Kleist 1987–, 제4권, 119쪽).

3.3 근대적 성격을 띠는 클라우디우스의 교훈 소설

수사적이고 우의적인 면에서 매우 유사한 구조를 갖는 것으로 마티아스 클라우디우스Matthias Claudius, 1740-1815의 짧은 산문 텍스트인 『**에 있는 성 욥 병원 방문Der Besuch im St. Hiob zu **』(1782)이 있다. 순서대로 진행되는 상징적인 순회에 이어 교훈적인 문장이 나온다. 클라이스트가 야심차게 편지 형식을 문학 형식으로 사용했다면, 잡지 〈반츠베커 전령(傳令)Wandsbecker Bothe〉에 실린 클라우디우스의 소설은 사실을 보도해야 한다는 요구와는 한참 거리가 멀다. 사건의 현장은 오늘날 함부르크 상파울리에 있는 클라우디우스가 알고 있던 함부르크 페스트호프Pesthof 병원이거나 아니면 100년 전 세워진 "성 욥" 병원으로 추측된다. 성경에 나오는 인물인 욥은 일반적으로는 고통당하는 인간을 비유한다.

텍스트의 구성은 명료하다. 우선 화자는 자신과 동행하는 여행단을 소개한다. 말이 없는 토벨, 방에라는 이름의 목사, 그리고 그의 아들인 대학생 세네르트가 그들이다. 그리고 화자는 감시인인 베르나르트와 간호인 코르넬리오를 등장시킨다. 이 여행단은 놀라운 구경거리보다는 교육에 더 큰 관심이 있는 것으로 보이는데, 먼저 광물실을 둘러본 후 병원 측으로부터 더욱 활발하게 활동하는 인간 본성의 어두운 면에 대한 설명을 듣는다. 새로운 분류방식에 따라 순회 관람은 광인부터 시작해 백치, 그다음에는 흉악범인 환자들, 마지막으로 병실로 이어진다.

첫 번째 범주의 광인들의 예에서는 부분 망상 증세들을 보여주는데, 이 증세는 1800년경 정신의학의 창시자인 필립 피넬Philippe Pinel, 1745-1826이 '고정관념Idée fixe'이라고 부른 것이다. 즉, 이곳에 수감된 여자들은 사랑과 종교에 사로잡혀 있는데, 심지어 감시인은 이들이 "언제나" 그런 상태에 있다고 단언한다. 반대로 남자들은 결벽증("자신이 흑인이라고 생각하여 열심히 씻는" 사람), 시간 노이로제("헝클어진 머리를 하고 서서 손가락으로 언제나 유리시계를 가리키는" 사람) 혹은 백치증으로 고통받고 있다. 어느 음악가의 아들 네 명은 "죽은 수탉들"처럼 누군가가 죽을 때까지 무기력하게 앉아 있다. 순회 관람이 끝날 무렵에는 다 같이 장송곡 하나를 부른다(Claudius 1984, 257쪽 이하). 이 이야기의 삽화는 〈반츠베커 전령〉에서 '독일의 호가스'라고 할 수 있는 다니엘 호도비에츠키Daniel Chodowiecki, 1726-1801가 그렸다. 클라이스트는 나중에 이 이야기를 자신의 소설 『성녀 세실리아 혹은 음악의 위력Die heilig Cäcilie oder die Gewalt der Musik』(1811)에서 사용한다. 네 명의 개신교도인 성상 파괴론자Bilderstürmer들은 파렴치하게 어느 수녀원을 습격하던 중 찬송가 하나를 듣고는 기적처럼 이 일을 그만두게 된다. 수년 후 그들의 어머니는 이들을 정신병원에서 발견하게 되는데, 이들은 이제 가톨릭 신앙에 빠져 있다. "그들은 길고 검은 사제복을 입고서 십자가가 하나 놓여 있는 탁자 주위에 둘러앉아 있다. 그들은 말없이 탁자에 대고 두 손을 모은 채 그 십자가를 숭배하고 있는 것 같았다."(Kleist 1987-, 제3권, 295쪽) 매일밤마다 그들은 소름 끼치게 음조 없는 영광송 '하늘에는 하나님께 영광Gloria in excelsis Deo'을 함께 부른다.

백치들이 있는 병동에서 백치들은 "다 떨어진 누더기를 입고 반나체로" 병실에 누워 있는데, 클라우디우스는 이 병실을 잠깐 묘사하면서 "가장 사나운" 남자를 예로 들어 소개한다. 한스 굼페르트라는 이 남자는 이렇게 9년 동안 노예 상태로 살았는데 이제는 방문객들이 주는 팁은 안 받고 대신 설탕 한 조각을 달라고 요구한다. 이런 식으로 간략한 인상을 서술하면서 클라우디우스는 엠블럼을 설명하는subscriptio 문체로 이 이야기의 교훈을 말한다. 간호인 코르넬리오가 병실에서 이 이야기를 들려주는데, 그 모습은 호도비에츠키의 두 번째 동판화에서 볼 수 있다(그림 9).

이 동판화는 수용소 방문이라는 토포스의 단적인 예시이다. 코르넬리오의 역할 역시 상당히 대표성을 띤다. 그는 각 환자들에 관한 중요한 사실들을 말하고 당대의 지성적인 철학의사처럼 "그들이 살아온 삶의 온갖 정황들도"(Claudius 1984, 258쪽) 이야기한다. 마지막으로

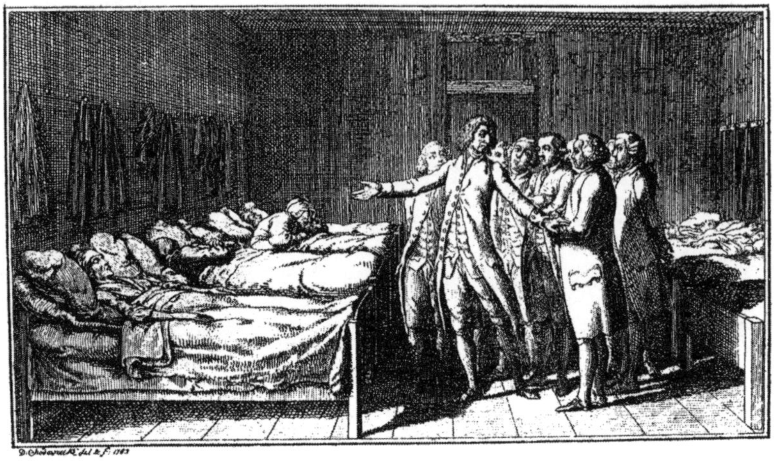

〈그림 9〉 다니엘 니콜라우스 호도비에츠키: 환자순회방문. 마티아스 클라우디우스의 『**에 있는 성 욥 병원 방문』을 그린 동판화(1782)

방문객들은 각 환자들을 광기 혹은 범죄로 내몬 원인들을 알고 싶어 한다. 어떻게 이 모든 비참한 상황을 간호인이 매일 참아내느냐는 마지막 질문에 간호인은 "내가 이 광경을 보지 않는다고 비참함이 줄어드나요? 여기만 비참한가요?"(Claudius 1984, 259쪽)라는 다의적인 대답을 한다.

이 마지막 문장에 방문객들의 "마음은 움직이지 않을 수 없었다"(Claudius 1984, 259쪽). 교훈을 주려는 목표설정 외에도 교훈이라는 문학의 동기docere는 감정을 불러일으킴movere으로써 보완된다는 착상이 방문객들의 마음을 움직이게 할 수 있었던 것이다. 독자 역시 마음의 동요를 느낀 후에는 깊은 생각에 잠기게 된다. 그것은 광기에 대한 상대성이론으로, 이는 리히텐베르크가 호가스의 그림을 통해 '소베들렘'과 '대베들렘'이라는 표현을 사용해 드러내었고, 클라우디우스에게서도 주제가 되는 근본적인 문제인 것이다. 코르넬리오는 보지 않는다고 고통이 줄어드는 것은 아니라고 말한다. 그 밖에도 정신병원은 사회적으로 만연된 정신질환들을 단지 집약적으로 보여주는 거울일 뿐이다. 그러나 인간학적 소설의 원조인 '교훈적인 이야기'(예를 들면, 장 프랑수아 마르몽텔Jean-Franéçois Marmontel, 1723-1799의 『교훈담Contes moraux』(1761, 독역본: Moralische Geschichten, 1762–70))라는 문학적 전통과는 달리 클라우디우스가 표방한 미덕의 메시지는 더 이상 대중화되지 않는다. 범죄이야기(→4)에서도 그렇듯 독자는 지성적인 의사가 맡았던 해석자 역할을 넘겨받게 된다. 독자는 간략하게 기록된 정황과 던져진 몇 가지 질문을 가지고 자신만의 진단을 내리고 인간학적 판단과 원인을 추적하는 심리학적 판단을 내리는 훈련을 연마해야 한다.

코르넬리오가 던진 질문은 사실상 선견지명이 있는 중요한 질문으로 문학사적으로도 중요한 질문이다. 즉, 문학작품에 등장하는 광인들 대부분이 스스로를 완전한 정상인으로 생각하는데, 이들이 단순한 꾀병쟁이들이 아니라고 누가 결정적으로 장담할 수 있겠는가. 예를 들어 프리드리히 뒤렌마트Friedrich Dürrenmatt, 1921-1990의 희극 『물리학자들Die Physiker』(1962)에서 세 명의 과학자들이 스스로를 보호하기 위해 광인으로 가장하여 만물이론Weltformel을 얻기 위해 싸우는 것처럼 말이다. 아니면 감형을 받으려고 심신미약을 주장하는 범죄자는 광기를 단지 가장하기만 하는 것일까? 로무알트 카마카Romuald Karmakar, 1965-의 영화 〈죽음의 사자Der Totmacher〉(1995)는 테오도르 레싱Theodor Lessing, 1872-1933의 전기적 범죄소설 『하르만, 어느 늑대인간의 이야기Haarmann, die Geschichte eines Werwolfs』(1925)를 영화화한 것으로 소년들을 살해한 연쇄살인범 프리츠 하르만Fritz Haarmann에 관한 법의학적 사건을 사실만을 기록하는 19세기의 정신의학의 맥락 속으로 매우 인상 깊게 옮겨놓고 있다.

결국 남은 것은 광기의 판단기준이라는 까다로운 문제이다. 반(反)정신의학 내지는 문화인류학적 정신의학Ethnopsychiatrie은 다른 문화권에서는 아주 다를 수 있는 사회규범과 밀접한 관계를 갖고 있음을 보여준다. 사회마다 규범에서 벗어나는 행동과 천재성을 구분하는 정의가 다 다르기 때문이다(Schneider 2001 참조). 각각의 고유한 체험을 근거로 하는 이러한 명제들과 문학이 만난 예로서 우니카 취른Unica Zürn, 1916-의 『재스민 남자. 어느 정신병이 남긴 인상들Der Mann im Jasmin, Eindrücke aus einer Geisteskrankheit』(1977) 혹은 라이날트 괴츠Rainald Goetz, 1954-의 소설 『미친 사람들Irre』(1983)을 들 수 있다. 후자의 경우 정신병원을 방문하면서 다음과 같이 말하는 대목이 있다.

> 내가 너에게 미친 사람들을 보여줄게. 그러면 너는 보게 될 거야. 미친 사람들이란 말 그대로 미쳐 있다는 것을. 그들은 예술가나 혁명가가 아니야. 그들은 그저 미친 것일 뿐이야. 랭[조현병 연구가인 로널드 랭Ronald David Laing, 1927-1989—필자주] 같은 사람이 아무리 광기 운운하더라도 소용없어. 미친 사람은 그냥 미친 사람일 뿐이야. 맘대로 구경해 봐. 미친 것에 예술이나 반란의 요소란 전혀 없어. (Goetz 1986, 32쪽)

질문과 쟁점

- 리히텐베르크의 소베들렘과 대베들렘이라는 생각에 대해 클라우디우스의 소설을 예로 들어 토론해 보자.
- 뷔르츠부르크의 율리우스 병원에 대해 묘사한 클라이스트의 편지에는 어떤 문학적 전략이 드러나 있는가?
- 호가스의 〈난봉꾼의 인생역정〉 전작을 감상해 보고, 이를 리히텐베르크의 방법론으로 해석해 보자. 그리고 리히텐베르크의 그림평을 보면서 그의 관찰과 비교해 보자.
- "한 작가를 **비판한다는 것은** 그를 작가 자신보다 더 잘 이해한다는 것을 의미한다." 프리드리히 슐레겔의 『문학메모Literarische Notizen』(1797, 983번)에 나오는 이 말을 리히텐베르크의 그림해석학과 비교해 보자.
- 18세기의 구경거리였던 정신병원에 상응하는 것으로 오늘날에는 어떤 것이 있는지 말해 보자. (예: TV 프로그램 〈빅 브라더Big Brother〉, TV로 방영되는 처형 장면, 유리로 만든 수술실 등). 이 장면들의 어떤 요소가 인간을 매혹시키는가?
- 로베르트 무질의 『특성 없는 남자』 제2권 33장 〈미친 사람들이 클라리쎄를 맞이한다Die Irren begrüßen Clarisse〉를 무질이 1913년 10월부터 기록한 일기와 정신병원 방문이라는 장소 이야기와 비교해 보자.

추천문헌

- Matthias Claudius: Sämtliche Werke, Darmstadt 1984.
  원전 텍스트: „Der Besuch im St. Hiob zu **“ [1782], 257-59쪽.

- Heinrich v. Kleist: Sämtliche Werke und Briefe, Bd. 4: Briefe, hg. v. Klaus Müller-Salget und Stefan Ormanns, Frankfurt a. M. 1997.
  원전 텍스트: Kleists Brief an Wilhelmine von Zenge vom 13. September 1800, 117-111쪽.

• Georg Christoph Lichtenberg: Schriften und Briefe, 6 Bde., hg. v. Wolfgang Promies, München 1968-1992.
원전 텍스트: Bd. 3, 660-668쪽, 901-910쪽.

• Alexander Košenina: Von Bedlam nach Steinhof: Irrenhausbesuche in der Frühen Neuzeit und Moderne, in: Zeitschrift für Germanistik (Neue Folge) 17, 2007, 322-339쪽.
☞ 18세기의 전통을 지나, 특히 회화 예술과 현대문학(로베르트 무질, 토마스 베른하르트)에 시선을 던지며 토포스의 역사를 추적한 논문.

• Roy Porter: Wahnsinn. Eine kleine Kulturgeschichte, Frankfurt a. M. 2007.
☞ 간결하면서 가독성 높은 정신의학사 입문서.

• Georg Reuchlein: Bürgerliche Gesellschaft, Psychiatrie und Literatur. Zur Entwicklung der Wahnsinnsthematik in der deutschen Literatur des späten 18. und frühen 19. Jahrhunderts, München 1986.
☞ 특히 요한 볼프강 괴테, 크리스티안 하인리히 슈피스, E. T. A. 호프만, 게오르그 뷔히너와 문학과 광기라는 주제에 중요한 연구서.

• Jörg Schönert: „Wie können Sie alle Tage das Elend so ansehen?“ Matthias Claudius: „Der Besuch im St. Hiob zu**“. Aufklärung als Selbstbegrenzung von Erfahrung?, in: Inge Stephan/Hans-Gerd Winter(Hg.), Hamburg im Zeitalter der Aufklärung, Hamburg 1989, 333-356쪽.
☞ 클라우디우스의 소설을 모티브의 역사에 포함시키면서 이 소설의 토대가 된 정신병원에 대한 단서를 제공하고 있는 논문.

• Ernst-Peter Wieckenberg: Lichtenbergs Erklärungen der Hogarthischen Kupferstiche - ein Anti-Lavater?, in: Heinz Ludwig Arnold(Hg.), Georg Christoph Lichtenberg, München 1992, 39-56쪽.
☞ 반론의 여지가 없는 관상학자 라바터의 판단과는 거리를 둔 리히텐베르크의 정교한 해석술을 섬세하게 분석한 논문.

• Theodore Ziolkowski: Das Irrenhaus. Asyl der Phantasie, in: ders., Das Amt der Poeten. Die deutsche Romantik und ihre Institutionen, München 1994, 173-276쪽.
☞ 정신의학사 개요와 문학 모티브의 역사를 연결한 이해하기 쉬운 강의록.

제4장

범죄문학: ‘사례이야기’에서 소설까지

제4장

범죄문학: '사례이야기'에서 소설까지

〈그림 10〉 실제 일어난 비참한 이야기, 목판화(1613)

'실제 일어난 비참한 이야기'라는 문구로 시작되는 1613년의 이 전단물의 제목은 바로크 시대답게 제목이 길다. 제목 아래에는 그림과 함께 어떤 범죄사건이 운문 형식으로 기록되어 있다. 그것은 작센주에 있는 크베들린부르크Quedlinburg에서 발생했다고 하는 사건이다. 거의 영화와 같은 두 개의 그림띠를 보면서 (글을 읽을 줄 모르는) 독자들은 거리의 가수들이 낭독하는 신문 기사의 내용을 이해한 후에 낱장의 인쇄물을 싸게 살 수 있었다. 상단 그림에는 이발사(일종의 외과의사이자 신체 위생사)인 한스 하니발트Hans Haniwald가 방금 말을 타고 떠나는 상인 안토니 그라이프Anthoni Greiff의 지하실에서 포도주 심부름을 하던 하녀와 상인의 딸과 부인을 차례로 때려죽이는 장면이 그려져 있다. 그림 중앙에는 이 살인자가 재판관에게 상인을 고소하는 장면이 그려져 있다. 상인은 고문을 받고 자신이 전혀 하지 않은 행위를 강요에 의해 자백하고는 처형당하게 된다. 하단의 그림을 보면 삼중의 범죄를 저지른 이 강도 살인자는 혐의를 입증하는 증거물인 잔을 다른 곳으로 옮기고, 이후 연행되어 고문을 받은 후 바퀴에 매달려 환형에 처해진다. 법의 희생자가 된 무고한 상인에게는 유감을 표명하지만, 그렇다고 진실을 밝히는 법의 도구로서의 고문을 문제 삼지는 않는다. 살인자라고 하는 사람은 악마에게 유혹당한 자이고 착한 기독교인은 어떤 범죄로부터도 보호받는다고 생각하기 때문이다.

이 '그림신문Bildzeitung'은 구경거리를 찾는 저널리즘의 초기 형태의 기록이라고 할 수 있다. 이 사건은 아마도 신문에 실린 내용 그대로 혹은 그와 비슷하게 실제로 발생한 사건일 것이다. 그러나 극적인 효과를 의도한 문학적 편집의 흔적을 간과할 수 없기에 "실제 이야기"라는 위상은 의심스럽다. 왜냐하면 똑같은 범죄 사건이 1651년 게오르그 필립 하르스되르퍼Georg Philipp Harsdörffer의 사건 모음집인 『비참한 살인 이야기의 대무대Der Große Schau-Platz jämmerlicher Mord-Geschichte』에서 재발행 되었는데(Harsdörffer 1988, 134-137쪽), 여기에서는 로트링엔Lothringen에 있는 메츠Metz라는 곳으로 사건장소가 옮겨지기 때문이다. 이같이 사실이라고 하는 수많은 범죄 사건들은 지역과 언어의 경계를 넘어 유통되었고, 도처에서 수집, 번역, 편집, 개정되었다. 계몽주의 시대에 이르러 이 장르는 훨씬 더 뚜렷한 윤곽을 갖게 되면서 범죄심리학과 법 개혁이라는 진보적인 주제가 주요 관심사가 되었다. 범죄자들은 광인들과 마찬가지로(→3) 인간 본성에 대한 부정적인 잣대가 되었다. 이처럼 초기 범죄문학은 인간학적인 서사기법의 발달에 중요한 기여를 했다.

4.1 인간을 알 수 있는 출처로서의 범죄문학 장르

앞의 그림(그림 10)은 근대 초기에 범죄이야기를 기록하고 유포하는 것에 대단히 많은 관심이 있었음을 보여준다. 그 이유는 인쇄물 시장이 급성장하고 시사 뉴스를 알고 싶어하는 대중의 욕구가 증가했을뿐만 아니라, 다양한 텍스트 모음집 즉, 연대기, 달력 혹은 소위 말하는 형형색색의 외교문서집Bunt-Bücher이 인기를 끌었기 때문이다. 이에 가십거리로 사용되거나 법률공부에 이용된 법률사건 모음집인 프랑스의 "비극 이야기Histoires tragiques"는 특별한 형식의 장르가 되었다. 프랑스의 작가 로쎄François de Rosset, 1571-1619가 1605년 이 제목하에 '범죄 장르'를 창시한 이래 이런 유의 수많은 모음집은 끔찍한 사건이라는 의미의 '비극적인 것'의 개념을 넣어 제목으로 삼았다. 몇 가지 예를 들자면, 마틴 차일러Martin Zeiler의 『비극의 무대Theatrum tragicum』(1628), 게오르그 필립 하르스되르퍼Georg Philipp Harsdörffer, 1607-1658의 『비참한 살인 이야기의 대무대』(1649–52), 에라스무스 프란키스키Erasmus Francisci, 1627-1694의 『고급장례식장Hoher Trauer-Saal』(1669) 혹은 요한 크리스토프 베어Johann Christoph Beer의 『새로 개막한 비극 무대Neu-eröffnete Trauer-Bühne』(1708–31) 등이 있다(Halisch 1999 참조).

프랑스의 변호사였던 프랑수와 가요 드 피타발François Gayot de Pitaval, 1673–1743의 20권짜리 『유명하고 흥미로운 소송사건들Causes célèbres et intéressantes』(1734–43)은 오늘날까지도 실화를 바탕으로 한 가장 유명한 소송사건 모음집이다. 프랑스 법조인이 쓴 이 모음집은 1789년까지 25판이 발행되었으며, 개작 및 후속작인 『신(新)피타발Der Neue Pitaval』(1842–90)은 심지어 60권짜리 분량으로 오늘날까지 "피타발"이라는 제목으로 알려져 있는 (다른 지역의 것도 포함한) 소송사례집이다. 실러는 이 책의 독일어판 선집의 편집발행인으로 『인류 역사의 한 부분을 차지하는 놀라운 소송사건들Merkwürdige Rechtsfälle als ein Beitrag zur Geschichte der Menschheit』(총 4권, 1792–95)이라는 제목과 함께 강령적인 서문을 썼다. 제목에서 알 수 있듯 그는 이와 같은 글이 인간학과 법률계몽을 위해 갖는 의미를 강조하고 있다.

> 이렇게 범죄소송은 종종 인간의 생각에서 가장 내밀한 부분을 드러내고 가장 숨겨져 있는 악의 조직을 드러낸다. 이는 인간을 알고 치료하기 위한 중요한 이점을 제공하는데 [...] 이야기 속에 흩어져 있는 많은 법률 지식으로 인해 더욱 유익하다. (Schiller 1992–, 제7권, 451쪽)

인간학을 다루는 많은 신예 작가들은 범죄 장르를 통해 인간학을 인식한다는 커다란 이점을 발견한다. 실러는 "실화"를 토대로 한 자신의 소설 『수치심이 만든 범죄자Verbrecher aus Infamie』(1786)를 이렇게 시작한다. "전 인류사의 그 어떤 장도 인간의 오류들의 연대기보다 마음과 정신에 더 교육적인 장은 없다."(Schiller 2014, 9쪽) 베를린에서 발간된 신문인 〈포시세 차이퉁Vossische Zeitung〉의 편집자였던 칼 필립 모리츠 역시 자신이 쓴 강령적인 글인 〈완전한 신문의 이상Ideal einer vollkommenen Zeitung〉(1784)에서 이 주제를 다음과 같이 "전 인류의 관심을 끄는" 주제라고 여겼다.

> 범죄 수사 기록에서 뽑은 간략한 "범죄자들의 이야기"를 가지고 작은 비행에서 시작해서 최악의 윤리적 타락으로 점진적으로 이행되는 과정을 적절한 표현과 함께 일반적인 관심을 불러일으키도록 묘사했다면 얼마나 교훈적인 이야기가 되겠는가! (Moritz 2006, 391쪽 이하)

심리학에 정통한 법학자이자 1778년부터 자신이 정기적으로 발행해 온 잡지 〈스케치Skizzen〉(1778-96)에 범죄이야기를 실었던 아우구스트 고틀립 마이스너August Gottlieb Meißner, 1753-1807 역시 이와 비슷한 요청을 한다. 그가 설정한 목표는 "선과 악이 특이하게 얽혀 있는 것, 덕성, 약점, 악덕 간의 희미한 경계, 인간의 불확실한 판단, 혹은 다른 유사한 진실들과 같은 것을 관찰할 수 있는 계기"를 제공하는 것이다(Meißner 2003, 9쪽).

끝으로 작가 칼 프리드리히 뮈흘러Karl Friedrich Müchler, 1763-1857 역시 마찬가지로 1787년부터 이미 잡지에 출판된 자신의 범죄소설들을 "인간에 관한 철학적 이론에 대한 증거들"로 간주했다(Müchler 1812, III쪽).

이 장르의 특징은 바로 대중성에 있다. 클라이스트가 발행한 석간지 〈베를리너 아벤트블래터Berliner Abendblätter〉(1810/11)만 해도 범죄수사 보고서를 실음으로써 언론의 역사에 한 획을 긋게 된다. 잡지 발간인이었던 실러 역시 잡지 판매의 성공이 "허구의 교훈적인 이야기"가 많은지, 아니면 "마이스너 식의 대화"처럼 실제로 일어난 "기괴하고 이상한 일"이 많이 실려 있는지의 여부에 달려 있음을 알고 있었다(Schiller 1992-, 제11권, 306쪽). 그러므로 무미건조한 사실들로 신문을 도배하는 것은 당연히 금기사항이었다. 피타발은 독자층을 얻기 위해 점잔 빼는 식의 법조인의 글쓰기 방식은 진즉에 버렸는데, 이는 나중 판본에서 "이야기의 배열arranger les faits"(Marsch 1983, 123쪽)이라는 개념이 된다. 그러니까 범행동기의 논리와 동시에 긴장감이 생겨나기 위해서는 상황의 배열과 편집이 중요하다는 것이다. 여기에다 재판자료와 심문 및 자백기록도 함께 넣어야 한다. 이런 식으로, 예컨대 실러는 독자들의 "기대감을 최고조로 상승시켜" 이야기를 연결하고 알아맞히려는 욕구인 독자들의 "예언의 재능Divinationsgabe"이 더욱 활성화되도록 했다(Schiller 1992-, 제7권, 450쪽 이하).

독자들의 관심은 확실히 보장되었다. 자극적인 것에 대한 욕구는 일종의 인간학적인 상수인 듯하다. 오늘날 리얼리티 TV 혹은 다크투어리즘Katastrophentourismus도 이와 같은 것이다. 이러한 "격렬하고 복잡한 상황을 선호하는 인간의 일반적인 성향"(Schiller 1992-, 제7권, 449쪽)을 실러는 〈비극예술에 관하여Über die tragische Kunst〉(1792)에서 심지어 "일종의 일반적인 심리법칙"(Schiller 1992-, 제8권, 251쪽)이라고 보았다. 이렇게 본다면 왜 민중들이 같은 시간에 연극공연을 보러 가는 대신 공개처형을 보러 몰려가는지 그 이유가 분명해진다(Zelle 1984 참조). 가능한 한 사실 그대로 묘사하면서 관객을 사로잡고 환상에 빠지게 하는 이 영향 미학적 원칙(→10, 11)은 산문에서도 유용하게 활용된다.

여기에서는 세부적인 진실에 대해서는 그다지 큰 관심이 없다. 진실 여부에 의혹이 생기는 경우 가능성이 진실보다 더 우위를 차지한다. 중요한 것은 묘사된 것이 진짜 같고 그럴듯해 **보이느냐는** 것이다. 그러므로 지명과 고유명사는 변형되고 (특히 나중에 이야기를 각색할 경우에), 인물의 성격적 특성은 강화되며 상황은 특정한 메시지를 의도하면서 변형된다. 무엇보다도 새로운 서술기법이 동원된다. 어떤 행위의 외적 묘사에서 그 행위자의 내적 동기로 시선을 돌리기 위해 첫 부분에서는 대체로 거의 드러나지 않지만 거리를 두는 전지적 시점이 사라지고 어느덧 3인칭 화법 혹은 체험화법으로 바뀌게 된다. 또한 대화나 자백 기록문, 편지의 일부 혹은 일기의 일부이든 내면적인 1인칭 시점이 사용된다(→5).

그러나 오락적인 요소는 단지 피상적인 목표일 뿐, 그 뒤에는 계몽주의적 교화와 교훈이 숨어 있다. 1780년대 범죄문학의 새로운 면모는 교훈을 주려는 온갖 의도를 그야말로 노련하게 은폐하고 있다. 이를 통해 크게 부각시키지 않고도 심리학, 인도주의 정신, 법률 의식을 전달할 수 있었다. 이렇게 "대중성은 트로이 목마처럼" 독자로 하여금 교육받는다는 불쾌감을 느끼지 않게 하면서 동시에 법률이나 종교를 비판하는 내용을 전달하는 도구로 이용되었다(Pethes 2005, 65쪽). 이 점이 바로 오늘날까지도 오락문학이 갖는 위험성인 동시에 유용성이다.

문학이란 무엇인가라는 간단하면서도 어려운 문제에 적절하게 답하는 이상적인 모델이 바로 범죄장르이다. 그러나 게오르그 뷔히너Georg Büchner, 1813-1837의 드라마인 살인이야기 『보이첵Woyzeck』(1836)만큼 완벽한 자료를 갖추고 있는 경우는 드물다. 아주 자세히 기록된 이 작품의 비평본Kritische Ausgabe을 통해서 비로소 역사적인 사건보고와 정신의학적 감정과 재판기록으로 구성된 복합적인 퍼즐을 재구성할 수 있게 되었다. 물론 뷔히너의 작품은 이 퍼즐의 총합 그 이상이다(→14). 다음에 제시될 두 개의 텍스트 예는 나란히 전승된 두 기록의 비교를 통해 문학적인 동시에 계몽적인 서술 방식을 분명히 알 수 있게 해준다. 이와 같은 참조텍스트가 제시되면 어느 정도로 문학이 개입되었는지 더 자세히 탐구할 수 있다. 이에 따라 텍스트에 앞서 원본 이야기를 먼저 살펴보게 될 것이다.

4.2 인간 제물: 마이스너의 계몽적인 사례이야기

실제 일어난 역사적 사건의 기록과 이를 문학적으로 가공하는 것 간의 밀접한 관계는 특히 마이스너가 발행한 잡지 〈스케치〉에 실린 범죄이야기의 예를 통해 살펴볼 수 있다. 마이스너는 실러 이전에 범죄서사 장르를 창시한 가장 중요한 이들 가운데 하나로 간주 된다. 그는 범죄행위를 법전화된 법률의 문제로 보는 것imputatio juridica과 인간의 심리의 문제로 보는 것imputatio moralis을 엄격하게 분리하는 입장에 동조했다.

> 그러므로 법률적 귀책과 도덕적 귀책 사이에는 커다란 차이가 있음을 결코 잊지 마시라. 그러니까 행위에 따라 판단하는 재판관과 마음의 내면을 통찰하여 판단하는 재판관 사이에는 커다란 차이가 있다는 말이다. (Meißner 2003, 10쪽)

이러한 두 가지 판단의 구별은 마이스너의 『광신이 불러온 살인Mord aus Schwärmerey』(1780, 이후 『제물로 바쳐진 아이들Die geopferten Kinder』로 제목이 바뀜)이라는 이야기에서도 타당하게 적용될 수 있다. 이 이야기는 이미 알려진 실화를 바탕으로 했다는 장점을 갖고 있다. 마이스너는 각주에 적은 대로 베를린 출신의 계몽주의자인 요한 야콥 엥엘Johann Jakob Engel, 1741~1801이 "구술로 전한 이야기"를 듣고 실제 사건을 알게 되었다. 그 후 자신이 출간한 책을 엥엘에게 보내주자 그는 1782년 8월 12일에 다음과 같은 답신을 보내왔다.

> 당신이 보내준 당신의 소설에 대해 사실의 정확성 면에서는 이의가 전혀 없습니다. 아주 중요한 것은 아니지만, 한 가지 정황만 빼고는 말입니다. 내가 아는 바로는 그 남자는 헤른후트파가 아니었습니다. 그러나 당신이 볼 때 이 남자가 헤른후트파에 동의하거나 혹은 심지어 이 종파를 통해 더욱 그런 죄를 저지른 것처럼 보인다면 당신이 소설에서 쓴 그대로 두셔도 되겠습니다. (Engel 2002, 114쪽)

그러나 이 반응은 마이스너가 사실을 정확하게 다루지 않았다는 점을 분명히 보여준다. 그러나 엥엘은 중요한 정황의 변형 가능성에 대해 반대하지 않는다. 말하자면 이 이야기의 논리 혹은 심리학적 인과관계가 사실의 내용보다 더 중요하다고 본 것이다. 그러나 엥엘이 분명히 확인해준 "사실의 정확성" 자체는 엥엘의 말대로 의심의 소지가 있다, 이 소설이 다루고 있는 신앙심 좋은 어느 목동의 운명은 각주에서 말하듯 "몇 가지 조사기록을 보완"하여 1783년의 〈폼머른 아키브Pommerische Archive〉에도 실린 바 있다(Meißner 2003, 30쪽). 그 외에도 〈독일에서 일어난 희대의 범죄 소식들Nachrichten von merkwürdigen Verbrechen in Deutschland〉(1786)에 〈아담 크리스티안 뤼더 게드케가 자기 아이들을 희생제물로 바치고 정신병원에 수감되다Adam Christian Lüder Gädke opfert seine Kinder und kommt ins Tollhaus〉라는 제목으로도 실렸다.

이들 신문에 실린 이야기는 사건이 일어난 광경 혹은 법의 기록에 더욱 치중하고 있다. 제목에서 이미 이야기의 결말을 알 수 있다. 글을 읽어보면 독자는 사건의 상세한 내막을 더 많이 알 수 있는데, 종교적 강박으로 자기 아이들을 희생제물로 바친 범인의 이름과 나이, 그리고 이 사건의 정확한 장소(안클람 지역의 투로Thurow bei Anklam), 정확한 사건 순서, 살인에 사용한 무기로 처음에는 "단단한 나무지게"를, 그 다음에는 "장화 벗는 도구"를 사용했다는 사실이 명시되어 있다. 다음과 같은 마지막 대목을 보면 범죄의 원인이 광신과 맹신이었음을 알 수 있다. "나는 지금 분명히 알고 있다. 아이들은 하나님의 은혜를 얻었으며 천국의 복을 누리게 될 것이라는 사실을." 이 범죄자에 대해서 "폼머른 수사대"는 사형 대신 종신형을 선고했고, "베를린 형사재판위원회"는 징역을, 프리드리히 대왕은 "정신병원" 감금형을 내린다(Kirchschlager 2002, 52–54쪽).

이처럼 객관적인 '실제 사건 이야기Geschichtserzählung' 혹은 '범죄구성사실에 대한 조사species facti'에 비해 마이스너의 서술이나 그 이전에 있었던 '구두로' 전승된 이야기들은 훨씬 많이 연출되었거나 문학적 모형에 따라 각색되었다. 이야기는 다음과 같다. 노이마르크 출신의 어느 목동은 "참된 믿음에 동참한다는" 종교적 열광에 빠져 "(구약성경의) 족장들의 믿음"으로는 참된 믿음을 얻을 수 없다는 망상에 빠진다. 학교 교장과 대화를 나눈 후 깊은 생각에 빠진 그는 구약성경에 나오는 아들 이삭을 희생제물로 바치려 했던 아브라함(창세기 22장 1-19절)의 믿음까지도 자신이 능가할 수 있을 거라는 생각에 이르게 된다. 그러나 성경과는 달리 하나님은 그를 돕지 않는다.

마이스너가 최고조로 극화시킨 상황은 동판화가인 구스타프 게오르그 엔드너Gustav Georg Endner, 1754-1824가 야콥 빌헬름 메카우Jacob Wilhelm Mechau의 그림을 보고 가장 핵심적인 순간을 포착한 바로 그 상황이다(그림 11). 무서우면서도 눈물나는 장면이다. 이 장면은 목동이 자신의 첫째 아이와 둘째 아이를 차례로 죽인 후 셋째 아이 차례가 왔을 때 오랫동안 자신과 씨름하고 있는 장면이 묘사되어 있다.

> 그러나 무서워서 그의 발을 부둥켜안고 울며 자기마저 죽이지는 말아달라고 애원하고 있는 막내 아이로 인해 몇 분간 그의 결연한 결심은 흔들린다. 바로 그가 가장 사랑한 아이였다! 가장 어린 아이! 그의 막내! 그는 자기 생각대로 두 아이를 이미 하나님께 희생제물로 바쳤다! 불쌍한 아이는 너무나 간절히 애원했다! 후에 그가 여러 차례 자백했듯이 이 모든 것이 그의 마음의 가장 깊은 곳을 움직였다. 그는 이 아이를 굳건히 지켜달라고 가장 간절하게 하나님께 기도했다. 살인 도구가 그의 손에서 미끄러져 내렸다. 그러나 가장 사랑하는 막내 아이도 하나님께 바치지 않는다면 이젠 대체 무엇을 하나님께 바칠 것인가라는 생각이 들자, 마침내 그는 아버지의 마음과 인간의 연약함을 극복할 용기를 충분히 얻게 되었다. 결국 그 불쌍한 소년은 머리가 깨진 채 바닥으로 쓰러졌다. (Meißner 2003, 34쪽)

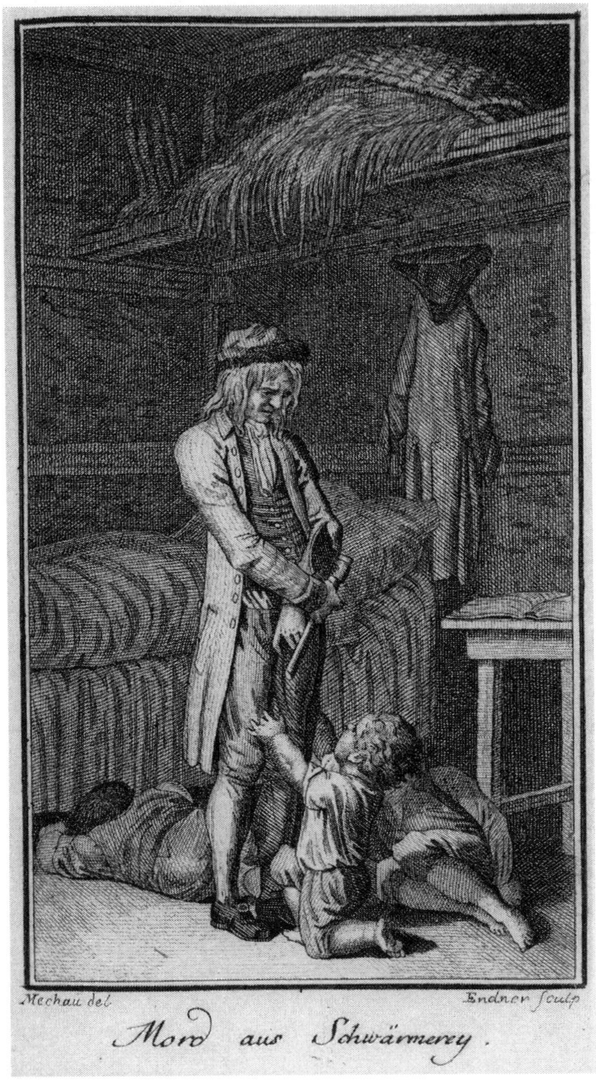

〈그림 11〉 구스타프 게오르그 엔드너: 광신이 불러온 살인, 야콥 빌헬름 메카우의 그림을 보고 그린 동판화(1785)

이 장면을 묘사할 때의 마이스너는 더 이상 법률상의 범죄구성사실을 조사하는 냉정한 기록자가 아니다. 서술은 어느덧 3인칭 시점 혹은 체험화법으로 진행되며 아마도 나중에 범인이 자백한 것에 기초를 두고 있는 듯하다. 게다가 지체되는 부분들도 있다. 말하자면 단번에 봐도 빈약한 이 텍스트는 그야말로 서사기법상의 편집이 가해졌음을 알 수 있다. 그 밖에도 문학이 갖는 오락기능과delectare 감동시키는 기능movere에 이어서 법률을 가르치려는 의도docere, 즉 교훈적인 메시지가 따라온다. 수사기록에 언급된 "종신 수감형"이라는 왕의 판결은 "정신병원"으로 보내라는 판결로 바뀐다(Meißner 2003, 35쪽). 말하자면 정신의학과 범애주의에 의거한 치료소라는 신생 기관으로 보내진 것이다(→3).

이로써 이 텍스트는 마이스너가 독단적으로 목동을 헤른후트 형제단원으로 치부해버렸음을 더욱 밝히 드러내는 계몽주의적인 정치적 텍스트가 된다. 왜냐하면 이를 통해 첫째, 완고한 종교적 행태에 대한 비판에 더욱 힘을 실어줄 수 있기 때문이다. 이러한 비판은 독일제국 내에서 가장 세속화된 유파인 베를린 계몽주의자들의 관점에서 행해진 비판이다. 둘째, 책임능력이 결여된 경우 감형해주는 근대적 법률관을 드러내고 있기 때문이다(Schmidt-Hannisa/Niehaus 1998 참조). 마이스너는 이러한 조처를 전적으로 합법적이라고 여긴다.

> 나는 때때로 가능한 여러 추측 가운데 가장 개연성 있는 추측을 선택했으며, 거의 모든 구전자료에 들어 있는 작은 공백들을 눈에 띄지 않게 이어주면서 연결시켰다. 이 작업이 날조라고 불리지 않기를 바란다. (Meißner 2003, 9쪽)

이 예는 위의 텍스트들이 사실과 허구, 역사적 기록과 서사적 가공 사이에서 얼마나 달라질 수 있는가를 보여준다(Košenina 2005 참조).

4.3 범죄의 심리: 실러의 소설

실러는 이러한 대중적 전통을 토대로 삼았다. 그는 "피타발"(1792) 서문에서 심지어 "훌륭한 작가가 독자를 얻기 위해 자기를 낮추고 형편없는 작가의 기법을 가져다 쓸 때 진실을"(Schiller 1992, 제7권, 450쪽) 얻게 된다고까지 말한다. 하지만 창작기법에 앞서 이론이 먼저 필요하다. 즉, 실러는 「수치심이 만든 범죄자Verbrecher aus Infamie」(1786, 1792년에 「존엄성을 상실하여 범죄자가 된 남자Verbrechen aus verlorener Ehre」로 재발간됨) 서문에서 자극성을 추구하는 작가가 아닌 역사기술가Geschichtsschreiber의 자세로 임한다. 자극성을 추구하는 작가에 대해 그는 "몰입시키는 이야기"로 독자를 매수하여 독자에게서 "공화정의 자유republikanische Freiheit"를 빼앗고 작가가 직접 "재판관이 되려 한다"고 비난한다. "역사기술가"는 이와는 완전히 다르다. 여기에서 역사기술가란 냉정하게 분석하는 심리학자나 인간을 탐구하는 학자와 같다. 그는 범죄자의 "행위"보다 "생각"에 더 관심이 있으며, 범죄를 저지르기까지의 전사(前史)를 알고 싶어 한다. 말하자면 "범죄자가 범죄행위를 단순히 **실행에 옮기는** 모습을 보고 싶은 게 아니라 실행에 옮기려고 **의도하는** 모습을 보고 싶어" 한다는 것이다(Schiller 2014, 10쪽 이하).

그 이면에는 법률사적으로 행위형법Tatstrafrecht에서 행위자형법Täterstrafrecht으로, 행위책임론Tatschuld에서 성격책임론Charakterschuld

로 이행되는 과정이 숨어 있다. 범죄행위를 둘러싼 온갖 사회적, 심리학적, 전기적 상황들을 이해하려고 한다 해서 범죄를 하찮게 여긴다는 것은 아니다. 단지 피고인에게 적합한 판결을 내리고, 경우에 따라서는 책임능력이 부족한지를 결정하기 위함이다. 이로써 범죄심리학이라는 새로운 분과학문이 생겨난다. 이를 반영한 것이 현실적인 법률개혁 정신에 입각한 '무죄추정원칙die Unschuldsvermutung'으로 이는 특히 『범죄와 형벌Dei delitti e delle pene/Über Verbrechen und Strafen』(1764)을 쓴 이탈리아의 법학자 체사레 베카리아Cesare Beccaria, 1738~1794의 정신에 따른 것이다. 실러 역시 범죄자들에 대해 "범죄를 저지를 때나 죄에 대해 참회할 때나 우리와 똑같은 인간이었던" "불행한 자들"(Schiller 2014, 10쪽)이라고 말하면서 계몽된 법학자들이나 범죄문학 작가들의 언어관습을 그대로 따르고 있다. 나중에 실러는 다음과 같은 평가를 내린다. "법률은 들여다보았지만 피고인의 정서 상태를 들여다본 재판관은 **단 한 명도** 없었다."(Schiller 2014, 14쪽)

이러한 인도주의적 태도는 실러의 소설 「수치심이 만든 범죄자」 전체에 각인되어 있다. 이 소설에서는 지나치게 가혹한 형벌과 혐오스러운 구속조건, 고문, 자백의 강요, 거절당한 집행유예에 대한 비판적 시각이 뚜렷이 나타난다. 이는 사소한 범죄가 중죄가 되어버린 경우라고 할 수 있다. 왜냐하면 밀렵은 애초에 제후가 새로운 칙령을 발표한 후에야 비로소 재판받아야 할 범죄가 되었기 때문이다. 따라서 밀렵이라는 "명예로운 도둑질honett zu stehlen"(Schiller 2014, 13쪽)은 시골 서민들에게는 일종의 담력을 시험해 보는 것이자 제후의 횡포에 대한 사회적 반란으로 간주되었고, 양식을 얻는 확고한 형태로 옹호되었다(Nutz 1998 참조). 실러는 신중하고 세심하게 범죄가 이루어지는 심리학적 단계의 논리를 도출해낸다. 즉, 사랑에 빠진 사람으로서 부당한 대접을 받다 보니 반항심이 점점 커지게 된 점과 인정욕구가 충족되지 못한 점이 크리스티안 볼프Christian Wolff라는 범죄자의 내적 동기를 유발하게 된 것이다.

벌써 주인공의 이름부터가 실러의 의도를 나타내고 있다. 크리스티안 볼프라는 이름은 다름 아닌 야생의 동물(늑대Wolf)과 정신적이고 도덕적인 존재(기독교도Christian) 간의 인간학적인 이중 본성을 가리킨다. 이는 실러가 그의 의학 박사논문 『인간의 동물적 본성과 정신적 본성의 관계에 대한 시론Versuch über den Zusammenhang der tierischen Natur des Menschen mit seiner geistigen』(1780)에서 추론한 내용이다. 동시에 실러가 문학적으로 각색(피타발이 말한 '사건의 각색arranger les faits')한 흔적도 뚜렷하게 나타난다. 왜냐하면 마이스너의 예에서처럼 이 이야기에는 원본이 있기 때문이다. 아마도 실러는 그의 철학 스승인 야콥 프리드리히 아벨Jacob Friedrich Abel, 1751-1829을 통해서 이 사건에 대해 알고 있었을 것이다. 이 이야기 끝에 등장하는 이해심 많은 관리는 바로 아벨의 아버지를 모델로 하고 있기 때문이다. 1760년 3월 아벨의 아버지는 네카강변의 에버스바흐 출신인 프리드리히 슈반Friedrich Schwan이라는 실제 범죄자를 심문한 적이 있었다. 아벨은 범죄자 슈반의 전기를 그의 『인간의 삶에서 일어난 기이한 현상들과 이에 대한 해설Sammlung und Erklärung merkwürdiger Erscheinungen aus dem menschlichen Leben』(1787)에 인간학적 산문의 원칙을 잘 준수해가며 기술했다. 즉, "인간에 관한 모든 사건은 특정한 생리적, 심리학적 법칙에 따라 발생"하기 때문에 훌륭한 "전기"가 되려면 "결과에 대한 특정 원인을 추적"해야 한다는 원칙이다(Abel 1787, Schiller 2014, 57쪽). 아벨의 판본에서 슈반의 범죄경력은 더욱 화려하고, 디테일한 부분에서는 이야기가 조금 다르게 전개되나, 전체적으로 주인공은 실러의 판본과 유사하게 반항적이고 우월감에 빠져 있는 대담한 캐릭터이다.

그럼에도 불구하고 실러가 주인공에 대해 몇 가지 사실을 고쳐서 서술한 것은 각색의 경향을 보여주는 증거이다. 정작 소설 서문에서는 자신을 역사서술자로 지칭하면서 이러한 경향을 아주 단호하게 거부하고 있으면서 말이다. 두 번째로 중요한 출처자료인 관청의 지명수배장(그림 12)과 비교해보면 이를 더욱 분명하게 알 수 있다. 이 수배장에는

Beschreibung

des famosen Bößwichts Friderich Schwahnen, von Eberspach Göppinger Amts.

DIeser Räuber und Mörder ist 27. Jahr alt, kurzer Statur, und nur 5. Fuß 7. Zoll lang, dabey aber besezt, eines starcken Kopfs, weissen saubern Angesichts, dicker rother Backen, braun-oder vielmehr gelblechter kurzer glatter Haaren, schwarzbrauner Augen, breiter Schultern, und starcker Waaden.

Was seine Kleidung anbetrifft, so hat er sonsten gemeiniglich ein rothes Brusttuch, blauen- auch zu Zeiten grünen Frieß-Rock, schwarze Hosen, und weisse Strümpf getragen, worauf aber nicht zu gehen, indeme er seine Montirung je, nachdeme er einen Raub, und gewaltsamen Einbruch begangen, verändert, manchmal Waden-Stiffel träget, beständig heimlich Gewöhr- auch mehrmalen eine Flinten oder Kugel-Büxen und Hirschfänger bey sich führet, und sich mittelst Führung eines Hunds bald vor einen Mezger- bald Kieffer-Knecht, welcher Handwercker gewohnliche Ohren-Gehäng er zu Zeiten träget, bald vor einen Bierbrauer, bald vor einen andern Professionisten, bald aber vor einen Jäger ausgibet, und zu solchem Ende falsche Pässe und gedruckte Kundschafften mit sich führet, zu Zeiten auch sich in Weibs-Kleider verkleidet, bald allein gehet, bald aber eine Concubine, bald einen Cameraden, zu Zeiten auch mehrere mit sich führet, und zu Diebs-Banden sich gesellet, bey leztern aber länger nicht verbleibet, als bis er einen Raub mit ihnen begangen, zur Winters-Zeit hin und wieder auf einzelen Höfen, oder abgelegenen Orten, auch mehrmalen im Futter in Ställen jedoch ganz kurze Zeit, zur Sommers-Zeit aber meistens seinen Auffenthalt, als ein Erz-Wilderer in denen Waldungen und Höhlenen hat, wohin er sich das Essen und Trincken entweder durch Cameraden, oder seine Concubinen, nebst Pulver und Bley aus denen Kauf-Läden abholen lässet.

Wann er einen gewaltsamen Einbruch und Raub vor hat, gehet er, wo er vorhero nicht schon bekannt, wie es zu Heßenthal, Geißlingen und Gmünd, und anderer Orten ergangen, etliche Tag, oder etliche Wochen vorhero mit seinen Cameraden oder Concubinen in solches Haus, und wann es ein Wirth, zechet er bey ihme, wann es aber ein Kauffmann, so kauffet, oder failset er Waaren, und siehet mittlerweilen die Gelegenheit zu einem Einbruch aus.

〈그림 12〉 파렴치한 악당 프리드리히 슈반의 인상착의, 지명수배장(1758)

프리드리히 슈반에 대해서, “하얗고 깔끔한 얼굴, 통통하고 붉은 뺨, 노란색에 가까운 갈색의 짧은 머리, 흑갈색의 눈, 떡 벌어진 어깨, 튼튼한 장딴지”라고 적혀 있다. 하지만 실러가 묘사한 크리스티안 볼프의 신체는 이와 반대로 자연이 “돌보지 않은” 모습이다.

> 작고 볼품없는 체구, 불쾌감을 주는 검은색 곱슬머리, 납작하게 눌린 코, 부풀어 오른 데다 말에 치여 비뚤어진 윗입술, 이러한 외모는 볼 때부터 거부감이 들게 해 모든 여자들로 하여금 그를 피하게 만들었고, 친구들의 놀림감이 되기에 충분했다. (Schiller 2014, 95쪽; 12)

실러는 실존 인물이었던 주인공의 모습을 흑인계통의 무섭게 보이는 모습으로 묘사하면서 그가 겪은 사회적 소외와 여성의 마음을 얻지 못하는 신세, 자기주장 욕구와 관상학적 불이익을 보상받으려는 욕구가 정당한 것으로 보이게 했다. 아벨의 판본에서 이 모든 것은 중요하지 않았다. 슈반은 인정받기 위해 도둑질하지 않았고, 애인은 감옥에서 나온 후에야 만났기 때문에 애인을 두고 그 누구와도 싸울 필요가 없었다(자신의 아버지와 그리고 애인의 아버지와 싸운 것을 제외하고). 그는 오랫동안 적수였던 사람을 죽인 것이지 연적을 죽인 것이 아니었다. 그는 자신의 첫사랑을 천대하지 않았으며, 그녀를 잊어버리고 어느 도적단에서 세 명의 여성 가운데 한 여성과 결혼했다. “남아 있는 인간성의 흔적”은 완전히 상실되지 않았으며, 결국에는 감옥에서 종교적 “회심”을 하기에 이른다(Abel 1787, Schiller 2014, 77, 91쪽).

아벨의 판본에서는 악행들을 하나하나 자세하게 기록하고 있는 반면, 실러는 이 범죄소재를 간결하고도 극적으로 만들고 있다. 그는 사회와 사법 체계의 불의에 대항하는 반항적인 반란과 사랑 이야기를 긴밀하게 연결시키고 있으며, 살인에까지 이르는 범죄의 단계적 논리의 동기를 더욱 강하게 만들었다. 그러나 결정적 차이는 바로 서사기법에 있다. 실러의 작품에서 독자는 범죄자의 마음을 더 깊이 통찰할 수 있게 된다. 볼프가 일인칭 시점(체포된 후 심문당한 기록을 이야기할 때)으로 말하는 대목이 여러 군데 있으며, 많은 부분이 거의 눈에 띄지 않게 전지적 화법에서 3인칭 혹은 체험화법으로 옮겨가고 있다. 게다가 시제도 현재시제로 바뀌면서 직접적인 인상을 더욱 강하게 준다.

이는 아벨의 글에서는 아주 드문 요소들이다. 그러나 살인하는 순간만큼은 두 텍스트를 비교할 만하다(Schiller 2014, 19, 70쪽 이하). 실러와 아벨의 작품을 보면 사슴을 죽이든 적수를 죽이든 내적인 씨름과 의심을 목도하게 된다. 서술시간은 서술된 시간보다 느리다. 실제로는 단 몇 초 걸리는 일이 작품에서는 극단적으로 지연된다. 이러한 느린 속도는 영화기법에서의 슬로 모션에 해당한다. 실러의 소설에서 이러한 심리적 내적 이야기는 절정에 이르다가 어느덧 스스로가 낯설어지는 경험으로까지 넘어간다. 볼프는 혼잣말을 하고, 혼자 폭소를 터뜨리다가 외부의 소음에 의해 비로소 다시 제정신으로 돌아온다. 하지만 아직도 망상("수천 개의 소름 끼치는 형태들이 내 곁을 지나갔다")과 마음의 고통("희미한 영원의 공포")에 사로잡혀 있다. 한 마디로, "나는[그는] 내가[자신이] 어떻게 살인을 저지르게 되었는지 도저히 이해되지 않았다."(Schiller 2014, 20쪽 이하) 아벨의 이야기에서도 살인 후 가장 먼저 그의 마음을 지배한 것은 "두려움과 마비시키는 공포"였으며, 이어서 "정신없이" 급하게 도주한 다음, 시간이 지연되면서 살인의 첫 충격 후에 나타나는 "괴로운 생각"과 "양심"이 꿈틀거리기 시작했다(Abel 1787,

Schiller 2014, 71쪽 참조). 그러나 전체적으로 볼 때 아벨에게서는 심리적인 비상 상태가 좀 더 희석되어 나타난다.

이 법률 사건에 대한 아벨 판본과 실러 판본을 상세히 비교해보면 심리학적 서사기법의 발전과정을 더 자세히 증명할 수 있을 것이다. 그것은 역사Historia에서 허구Fabula로, 외부 시각의 서술방식demonstratio에서 내부 시각으로 심리적 동기를 전개시키는 방식significatio으로의 이행이다. 피타발식의 소송 모음집에서 시작되어 신문에 실린 자극적인 이야기(마이스너, 뮈흘러)로 발전한 범죄소설 장르는 실러에 이르러 절정에 이른다. 이러한 서사 전통에 기반을 두고 있는 것은 클라이스트나 E. T. A. 호프만에서 아네테 폰 드로스테-휠스호프Annette von Droste-Hülshoff, 1797~1848 혹은 에드가 앨런 포Edgar Allan Poe, 1809~1849에 이르는 19세기 범죄문학만이 아니다. 다음 장에서 살펴볼 인간학적 소설 역시 이와 동일한 시학 원칙을 따르고 있다(→5).

질문과 쟁점

- 실러의 「존엄성을 상실하여 범죄자가 된 남자」를 가지고 사소한 범죄가 중대한 범죄로 발전하는 범죄의 단계 논리를 재구성해 보자.
- 실러와 아벨의 이야기의 토대가 되는 역사적 법률 사건을 참조해서 이 둘의 서술을 비교해 보자.
- 18세기 계몽주의 문학과 같은 지나치게 교훈적인 요구는 약화시키면서 대중의 관심은 강화시킬 수 있는 문학 방식에 대해 서술해 보자.
- 마이스너의 『광신이 불러온 살인』에서 객관적인 보고체에서 3인칭 서술 태도로 이행되는 부분을 찾아보자. 서술기법(예를 들면, 슬로 모션)을 생각하며 목동의 살인을 실러 판본의 크리스티안 볼프와 아벨 판본의 프리드리히 슈반의 살인 행위와 비교해 보자.
- 독일의 유명 잡지 〈슈테른〉지는 2001년 '로텐부르크의 식인 범죄자'*에 관한 자극적인 보도로 비난을 받았다. 이를 범죄문학 초기에 진실과 오락을 둘러싼 논쟁과 연관시켜 볼 수 있을까?

추천문헌

- Kriminalgeschichten aus dem 18. Jahrhundert, hg. v. Holger Dainat, Bielefeld 1987, 2. Auflage 1990.

☞ 분석해볼 수 있는 다양한 텍스트의 예를 찾아볼 수 있다.

- August Gottlieb Meißner: Ausgewählte Kriminalgeschichten, hg. von Alexander Košenina, St. Ingbert 2003, 2. Auflage 2004, 7-11쪽, 30-35쪽.

☞ 해석용 텍스트의 예를 보충할 수 있다.

- Karl Müchler: Kriminalgeschichten. Aus gerichtlichen Akten gezogen. Mit einem

* 2001년 인터넷을 통해 희생을 자원한 사람을 살해하고 인육을 먹은 독일인 아르민 마이베스Armin Meiwes 사건. – 역자주.

Nachwort hg. von Alexander Košenina, Hannover 2011.

☞ 이 책은 베를린의 행정법률가였던 뮈홀러(1764–1857)가 1792년 마이스너와 실러에 이어 처음으로 법률 사례를 '범죄 이야기'라는 제목으로 출판한 책이다. 이 사례 모음집에는 마이스너의 〈불행한 목동 이야기〉를 변주한 여러 이야기가 실려있다.

• Friedrich Schiller: Der Verbrecher aus verlorener Ehre. Studienausgabe, hg. von Alexander Košenina, Stuttgart 2014.

☞ 상세한 주해가 포함된 이 텍스트 비평본에는 아벨의 사례이야기 외에 몇 가지 자료들(특히 지명수배장, 아벨의 아버지가 공작에게 보낸 편지, 서평, 독자의 반응에 대한 기록)이 수록되어 있다.

• Gottfried Immanuel Wenzel: Verbrechen aus Infamie. Eine theatralische Menschenschilderung für Richter und Psichologen in drei Akten. Mit einem Nachwort hg. von Alexander Košenina, Hannover 2014.

☞ 오스트리아의 계몽주의자였던 벤첼(1754–1809)은 실러의 소설이 갖는 드라마적 성격을 이용해 이를 연극 무대를 위해 각색하였다.

• Peter–André Alt: Schiller. Leben – Werk – Zeit, Bd. 1, München 2000, 467–488쪽, 513–522쪽.

☞ 소설가로서의 실러에 대한 개관과 실러가 범죄 이야기를 쓰게 된 경위가 들어 있다.

• Achim Aurnhammer: Engagiertes Erzählen: „Der Verbrecher aus verlorener Ehre", in: ders./Klaus Manger/Friedrich Strack(Hg.), Schiller und die höfische Welt, Tübingen 1990, 254–270쪽.

☞ 실러의 범죄 이야기 서술방식에 대해 지금까지 나온 것 중 가장 자세하게 분석한 논문이다.

• Richard van Dülmen: Theater des Schreckens. Gerichtspraxis und Strafrituale in der frühen Neuzeit, München 1985.

☞ 근대 초기의 법률사에 대해 쉽게 쓴 입문서.

• Alexander Košenina: „Tiefere Blicke in das Menschenherz": Schiller und Pitaval, in: Germanisch–Romanische Monatsschrift 55, 2005, 383–395쪽.

☞ 실러의 드라마 『도적떼』와 소설 『존엄성을 상실하여 범죄자가 된 남자』 그리고 피타발-실러 판본의 각 서문들에서 도출된 실러의 범죄시학을 다룸.

- Ulrich Kronauer/Ulrike Zeuch(Hg.): Schwerpunkt: Recht und Literatur um 1800, in: Internationales Archiv für Sozialgeschichte der deutschen Literatur, 31.1,2006, 77-245쪽; 31.2,2006, 90-239쪽.

☞ 클레멘스 브렌타노, 아네테 폰 드로스테-휠스호프, 괴테, E. T. A. 호프만, 요한 페터 헤벨, 하인리히 폰 클라이스트, 마이쓰너, 피타발, 실러에 관한 최신 논문들.

- Kriminalfallgeschichten, hg. von Alexander Košenina. Text + Kritik, Sonderband, München 2014.

☞ 이 발행본에는 바로크 시대부터 현대에 이르기까지 드라마(바이쎄, 크리스티아네 카롤리네 슐레겔), 담시(뷔르거, 샤미쏘, 글라임, 실러), 소설(특히 하르스되르퍼, 드로스테-휠스호프, 헤벨, 되블린, 키쉬), 영화와 같은 다양한 장르로 가공된 실화 범죄 사건에 대한 논문들이 수록되어 있다. 실러의 범죄소설의 주인공 존넨비르트 또한 리얼리즘 소설에서 다시 등장한다.

- Edgar Marsch: Die Kriminalerzählung. Theorie, Geschichte, Analyse, München 1972, 2., durchgesehene und erweiterte Auflage 1983.

☞ 실러와 E. T. A. 호프만 이후의 범죄 문학에 관한 탄탄한 입문서.

- Yvonne Nilges: Schiller und das Recht, Göttingen 2012.

☞ 실러의 소설뿐만 아니라 실러의 역사와 미학, 드라마 작품(돈 카를로스, 발렌슈타인, 마리아 슈투아르트, 빌헬름 텔, 데메트리우스)에 나타나는 법의 문제를 다룬 기본 연구서.

- Recht und Moral. Zur gesellschaftlichen Selbstverständigung über „Verbrechen" vom 17. bis zum 21. Jahrhundert, hg. von Hans-Edwin Friedrich/Claus-Michael Ort, Berlin 2015.

☞ 근대초기의 범죄이야기에서부터 헤벨, E. T. A. 호프만, 클라이스트를 거쳐 TV 범죄물 및 TV 법정쇼에 이르는 인간학적 범죄 문학에 대한 논문들이 수록되어 있다.

제5장

인간학과 소설: 내면의 이야기

제5장

인간학과 소설: 내면의 이야기

〈그림 13〉 윌리엄 호가스: 잔인의 대가(해부 극장 혹은 잔인의 대가), 동판화(1751)

윌리엄 호가스의 동판화 <잔인의 대가The Reward of Cruelty, 1751>는 호가스의 연작 그림인 <잔인의 네 단계The Four Stages of Cruelty> 중 마지막의 끔찍한 단계를 묘사하고 있다. 이 네 장의 연작그림은 한 남자가 범죄자가 되어 가는 삶의 과정을 추적하고 있다. 그는 어린 시절의 동물 학대에서 시작해 말가죽 벗기는 일을 한 후 애인에게 도둑질을 하도록 사주하고는 그녀를 임신시키고 결국에는 그녀를 살인하기에 이른다. 마지막 네 번째 그림에서 그는 해부대 위에 눕혀져 있다. 당시의 실행법에 따라 그의 시신은 강의를 위해 해부 극장에서 공개적으로 해부되었다. 이 그림에서 그는 그저 하나의 연구대상으로 묘사된다. 자신이 생전에 다른 생명체에게 했던 것과 똑같은 방식으로 이제는 사람들이 그를 아주 무심하게 다루고 있다. 그의 머리는 도르래가 달린 해골 뚫는 나사를 이용해 절개되었고, 이어서 눈, 내장, 발 근육이 드러난다. 삶아서 뼈를 발골하는 일이나 개를 동원해서 잔여물을 제거하는 일이나 모두 아주 능숙하게 진행된다. 그러나 호가스는 이런 장면뿐만 아니라 앞에 앉아 있는 교수의 오만한 몸짓도 마찬가지로 진하게 그려서 강조하고 있다. 호가스는 하류층의 거친 마음을 표현하기 위해서 붓놀림도 거칠게 했다고 설명했다.

해부의 메타포는 인간학적 맥락에서 매우 즐겨 사용되었다. 가장 내밀한 시계의 톱니바퀴와 해부하고 발골할 필요가 있는 가장 은밀한 마음의 작동에 대해 이야기한 것은 프리드리히 실러만이 아니었다. 마음은 신체에 위치한 것도 아니고 볼 수 있는 것도 아니다. 우리는 단지 마음의 작용만을 관찰할 수 있을 뿐이다. 이러한 마음의 작용이 바로 문학의 대상이다. 울거나 얼굴이 빨개지는 것 등의 신체 언어적 표현을 통해서든 아니면 사고와 감정 혹은 감각적 인상의 표현을 통해서든 상관없다. 새롭게 등장한 소설이라는 장르는 이를 보여주는 지진계가 된다. 소설의 관심 영역은 '외적인' 전기와 행위에서 심리학적인 내성Introspektion으로 옮겨진다. 인간학적 소설의 대상은 인간의 '내면의' 이야기로 보통은 개인적인 환경조건을 가능한 한 상세히 묘사하면서 점진적으로 전개되는 형식을 취한다. 요한 볼프강 폰 괴테의 소설 『젊은 베르테르의 고통Die Leiden des jungen Werther』(1774)과 칼 필립 모리츠의 『안톤 라이저Anton Reiser』(1785–90)의 주인공들은 앞으로 등장하는 '교양소설Bildungsroman' 유형의 표준을 마련하는 데에 기여한 가장 중요한 예이다.

5.1 1774년, 소설의 해: 괴테, 블랑켄부르크, 엥엘

1774년은 독일에서 소설 장르가 부상하게 된 결정적인 해이다. 이 해에 베스트셀러인 『젊은 베르테르의 고통』과 소설 장르를 시학적으로 성찰한 두 편의 글이 발행된다(D'APRILE/SIEBERS, 12장). 지금까지 그다지 주목받지 못했던 이 두 편의 글은, 바로 프리드리히 폰 블랑켄부르크Friedrich von Blanckenburg, 1744-1796의 방대한 글인 『소설에 관한 시론Versuch über den Roman』과 요한 야콥 엥엘Johann Jakob Engel, 1741-1802의 짧은 에세이인 『행위, 대화, 이야기에 대하여Ueber Handlung, Gespräch und Erzehlung』이다. 이 두 편의 글과 괴테의 소설이 추구하는 것은 한 가지로, 바로 인간을 국가의 시민이나 지배자 혹은 사령관이 아닌, 각자의 내적 발달과 역동성을 가진 인간으로 되살리는 것이었다. 괴테는 그 어떤 이론도 전혀 필요 없이 독자적인 편지 형식을 사용해서 이 목적을 실현시킨다. 반면, 언급한 두 명의 서사 이론가들은 적절한 작품의 예를 들지 않으면서 이상적인 모델을 구상한다. 이 세 사람의 작업은 철저히 독립적인 것임에도 불구하고 개개의 세세한 표현에 이르기까지 놀라움을 넘어설 정도로 일치하고 있다. 하지만 그렇다 하더라도 이들의 이론과 문학 간에는 다음과 같은 몇 가지의 상호 작용이 있었음을 알 수 있다.

1. 블랑켄부르크는 1775년에 쓴 『젊은 베르테르의 고통』에 관한 상세한 서평에서 자신의 이론과의 일치성을 확인하면서 다음과 같이 설명한 바 있다. "작가[괴테]는 우리에게 [...] 한 인간의 **내면의** 이야기와 성격을 기반으로 서서히 전개되는 인간의 운명과 그 운명의 **결말을** 들려주고자 했다." 전체적으로 볼 때 이를 위해 괴테가 사용한 방식은 "베르테르의 모든 사고방식과 감정 방식을 마치 독자 자신의 것인 것처럼 생생하게 만들고, 이것이 점점 더 커져가는 것을 보여주는 것으로"(Blanckenburg 1997, 27쪽 이하, 53쪽), 괴테의 방법은 성공을 거두었다고 블랑켄부르크는 평가한다.
2. 『젊은 베르테르의 고통』에서 이미 주인공 베르테르는 위에서 말한 것과 같은 방향을 추구하면서 자신의 이야기를 어떻게 읽어야 할지에 대한 시학적인 지침을 직접 던져주고 있다. 그것은 너무 성급하게 선과 악을 판단하고 있는 그의 대화상대를 향해 베르테르가 던진 경고 속에 다음과 같이 숨겨져 있다. "그래서 당신들은 어떤 행위의 내적 관계를 탐구했나요? 그래서 그 행위가 왜 일어났는지, 왜 일어나야만 했는지, 그 원인들을 명확하게 풀어낼 수 있게 되었나요? 만일 그렇다면, 지금처럼 그렇게 성급하게

판단하지는 않을 겁니다."(Goethe 2001, 54쪽)

3. 엥엘 역시 역방향이긴 하지만 시학과 새로운 장르로서의 소설 간에 다리를 놓으려고 애썼다. 소설 『로렌츠 슈타르크 씨Herr Lorenz Stark』(1795/96)에서 그는 개인의 성격묘사와 대화 상황을 묘사하고는 있지만, 전체적으로는 자신의 혁신적인 이론을 더욱 부각시키고 있다(Heinz 1996, 239-249쪽 참조).

요컨대, 블랑켄부르크의 소설 시학은 앞에서 언급된 모든 핵심어들을 다음과 같이 총망라하고 있다.

- 내면의 이야기
- 한 캐릭터가 생성되고 성장하는 것을 보여주기
- 한 행위의 원인을 풀어내기

블랑켄부르크의 저서는 바로크 시대적 삶의 이해와 완전히 결별하고 있음을 보여준다. 그것은 우연에 종속된 혼란스러운 현세의 삶과 신의 질서와 섭리라는 본질적인 영역을 구분하는 것에 기초를 둔 세계관이었다. 즉, 바로크 시대의 형이상학적 혹은 신학적 구성이 블랑켄부르크에게서는 현실과 개연성의 문제로 약화된다. 이제 소설은 종교적 섭리와 신비 대신에 경험과 심리학의 관점에서 수긍할 수 있는 인과관계에 토대를 두게 된다. 그 밖에 묘사하는 현실도 다른 현실이다. 즉, 고대 서사시부터 바로크의 궁정 소설에 이르기까지 영웅문학은 "공적인 행위와 사건", 즉 "시민의 행위"를 조명했다면, "소설은 인간의 행위와 감정에 집중한다."(Blanckenburg 1965, 17쪽)

이러한 변화를 표현하기 위해 이미 18세기에 '실용적'이라는 개념이 사용되었다. 예를 들면 블랑켄부르크가 주요자료로 사용한 크리스토프 마틴 빌란트Christoph Martin Wieland, 1733-1813의 소설 『아가톤의 이야기Geschichte des Agathon』(1766/67)를 저자인 빌란트는 "실용적이면서 비판적인 이야기pragmatisch-kritische Geschichte"(Wieland 1986, 371쪽)라고 명명했다. "실용적인 소설"은 현실묘사를 풍부하게 담고 있을 뿐만 아니라(영어의 'history'에 해당하는 독일어 'Geschichte'는 영어의 'novel'에 해당하는 독일어 'Roman'과는 반대개념임) 소설에서 묘사되는 생활세계의 중요한 견해들을 현실에도 개입시키고 인간과 세계에 대한 지식을 전달함으로써 현실에 어떤 영향력을 갖게 하려는 소설이다. 블랑켄부르크보다 앞서 빌란트는 『아가톤의 이야기』에서 이에 해당하는 서술원칙들을 정리해놓았는데, 이를 한스 위르겐 쉉스는 "인간학적 소설Anthropologischer Roman"이라는 개념으로 표현한 바 있다(Schings 1980; 1984 참조). 말하자면 빌란트의 요구는 "캐릭터를 단순히 상상력에 따라 제멋대로 묘사하는 것이 아니라 [...] 고갈되지 않는 [인간의] 본성의 저장창고에서 가져와" 묘사해야 한다는 것이다. 그리고 "인간의 마음의 특성과 모든 열정의 본성을 개인적 성격과 개개인의 상황으로 인해 생기는 모든 특별한 색채와 명암과 함께" "일어날 법한" 모습으로 이야기해야 한다는 것이다(Wieland 1794–, 제1권, 10–11쪽). 블랑켄부르크는 이 프로그램을 더욱 정교하게 만들어 한 걸음 더 나아가 드라마 이론과 시민비극의 기본원칙이 되게 한다. 그때까지만 해도 독일문학에서 드라마 이론을 주도한 사람은 빌란트 외에는 거의 없었다. 소설을 "변화무쌍하고 다양한 상태의 연속인" "인간의 내면 이야기"(Blanckenburg 1965, 391쪽)가 되게 하려는 그의 기획은 다음과 같이 요약될 수 있다.

- 사실적인 개연성: 소설에는 “현실 세계에 존재하는 가능한 인간”(Blanckenburg 1965, 257쪽)이 묘사된다.
- 신분과의 무관성: “독일의 촌뜨기나 궁정 관리나 똑같이 [...] 소설의 대상이 될 수 있다. [...] 모든 사람은 자신만의 내면 이야기를 가지고 있다.”(Blanckenburg 1965, 388쪽)
- 형성되어가는 인간: 소설의 인물들은 “기계처럼” 행동하지 않는다. 모든 “현실화되는 사건은” “결과와 원인”에 따라 도출되어야 한다(Blanckenburg 1965, 260쪽 이하).
- 마음과 육체: “인간의 내면과 외면은 정확하게 연결되어 있기 때문에” 소설로 묘사할 때에도 심성과 행위, 마음과 외형적 표현 사이에서 균형을 찾아야 한다(Blanckenburg 1965, 263쪽).
- 소설 인물들의 내면 형성: “인간으로 형성되는 것, 나아가 사고의 힘과 감정의 힘의 이야기”를 소설은 묘사해야 한다.(Blanckenburg 1965, 395쪽)
- 개인화: 많은 “개별적 특징들”, “소소한 것들”을 통해서만 하나의 캐릭터는 “성숙”에 도달하게 된다. 따라서 작가의 의무는 인물들을 “개인화시키고”, “그들이 왜 그런 식으로 행동하는지를” 보여주는 것이다(Blanckenburg 1965, 209, 281쪽).
- 스스로 “생각하는 독자”: “소설가가 격언과 문장을 통해 독자에게 교훈을 주고자 한다면, 특히 불행한 삶을 소설의 소재로 택해야 한다.”(Blanckenburg 1965, 336, 414쪽)

블랑켄부르크는 소설이 영향력을 갖기 위해서는 어떤 전략이 필요할지를 숙고하면서 자신의 시학을 끝맺는다. 이어서 요한 야콥 엥엘이 그의 숙고를 이어간다. 엥엘은 작가가 "이야기를 행위로 바꿀 줄 안다면", 그러니까 이야기를 드라마로 만든다면, 격정을 덜 불러일으키는 산문 형식의 취약점을 보완할 수 있을 것이라고 생각했다. 그렇게 되면 청중은 "독자 혹은 청자에서 관객으로" 변하게 될 것이다(Blanckenburg 1965, 494, 499쪽). 이 내용이 바로 〈문학과 미술 신간 도서집Neue Bibliothek der schönen Wissenschaften und der freyen Künste〉(1774)에 실린 엥엘의 에세이 〈행위, 대화, 이야기에 대하여〉의 핵심이다. 엥엘은 이야기꾼에게 "인간의 마음을 묘사해야 한다면 곧장 형식을 드라마로" 바꾸어서 "무수히 많은 섬세한 뉘앙스와 부수적인 인간의 조건들을" 효과적으로 사용할 것을 권한다(Engel 1964, 62쪽 이하). 특징적인 것은 엥엘이 블랑켄부르크와 같은 개념을 사용하고 있다는 점이다. 말하자면, 엥엘 역시 내면과 외면의 상호작용에 대해, 인과적이고 필연적으로 연결된 사건 사슬에 대해, 점차적으로 일어나는 생성Werden, 변화Verändern, 발생Entstehen을 우리에게 보여주는, 비실용적인 서술과는 다른 '진정한 이야기'에 대해 말하고 있기 때문이다.

엥엘은 블랑켄부르크보다 훨씬 더 강력하게 인간학적 범주를 소급해 와서 "캐릭터의 가장 내밀한 곳을, 가장 숨겨진 인간의 마음의 구석을 깊이 들여다볼 것을" 요구한다. 왜냐하면 "철학적"으로 다루는 것은 "오성" 및 "[정신] 상부의" 능력과 관련되는 반면, 훨씬 더 흥미로운 "드라마적 행위"는 "하위 정신능력untere Seelenkräfte"인 "마음"을 겨냥하기 때문이다(Engel 1964, 67, 28쪽). 이와 아주 밀접하게 엥엘의 이론이 갖는 본래의 혁신성은 다음과 같은 것이다. 그는 산문 형식에서도 더 많은 대화를 사용해 생생하게 묘사하는 것을 단연코 지지한다. "이야기에서 행위는 이미 발생한 것이지만, 대화에서는 바로 지금 이

순간에 일어나고 있는 것으로" 대화 참여자의 개인적인 시각에 토대를 두고 있기 때문이다. 그러므로 "캐릭터를 묘사하는 데에는 대화 형식이 이야기 형식보다 훨씬 더 적합"하다(Engel 1964, 55쪽 이하, 70쪽). 실제로 후기 계몽주의 소설에서는 점차 대화가 많아졌고, 심지어는 작품 전체가 대화형식으로 이루어지기도 했다. 예를 들자면, 프리드리히 트라우고트 하제Friedrich Traugott Hase의 『구스타브 알더만. 드라마 소설Gustav Aldermann. Ein dramatischer Roman』(1779)의 경우가 그러하다.

5.2 병력으로서의 괴테의 『젊은 베르테르의 고통』

괴테는 모노시점의 편지소설인 『젊은 베르테르의 고통』(1774)을 가지고 직접성과 주관성에 대한 또 하나의 구상을 시도한다. 그런데 이 작품은 소설의 형식을 넘어 특별히 인과관계에 의한 심리학적 발달이라는 하나의 실용적인 제스처라고 할 수 있다. 그것은 이 소설이 인간학적 소설로 추천될 수 있는, 사실에 기초한 어느 사례이야기와 연관되어 있기 때문이다. 괴테 스스로 자신의 자서전 『시와 진실Dichtung und Wahrheit』(1811-31)에서 "병든 젊은이의 광기어린 내면"을 이 작품의 주제라고 했으며, 작가가 추구한 것은 도덕의 잣대가 되는 묘사가 아닌 "진실한" 묘사이다. "진실한 묘사는 인정하거나 책망하지 않고, 정서와 행동을 차례대로 전개시킴으로써 깨우치고 가르친다." 훗날 괴테는 허구화된 이 이야기가 실제 현실에 다양하게 뿌리를 두고 있음을 지적한다. 동시에 이 말은 이 소설의 발생 및 작용에 관한 것이다. 즉, 베르테르의 자살은 예를 들어 당시 유행했던 질병인 멜랑콜리 혹은 히

포콘드리(우울증)Hypochondrie의 대명사가 되었던 것이다. 베르테르가 걸린 이 질병은 다음의 세 가지 영역에서 발생되었다.

1. “신체적인” 원인과 “윤리적인” 원인: “삶에 대한 역겨움Ekel”은 “의사”와 “도덕주의자들”의 소관이라고 괴테는 본다. 의사는 신체적인 삶의 조건 즉, 균형 잡힌 섭생Diätetik(빛과 공기, 음식과 음료, 활동과 쉼, 수면과 각성, 소화, 기분의 움직임)을 관리한다. 반면, 도덕주의자들은 즉, 철학자 혹은 시인(작가)으로서 “삶의 권태 혹은 지겨움”의 사회적 요인을 담당한다. 괴테는 여기에서 에드워드 영Edward Young, 1681-1765의 〈야상Night-Thoughts〉(1742–45, Nachtgedanken: 1760), 토마스 그레이Thomas Gray, 1716-1771의 묘지시Friedhofspoesie(1751), 토마스 워튼Thomas Warton, 1728-1790의 시 〈자살The Suicide〉(1771)과 같은 우울을 묘사한 영문학의 자원을 거론한다. 이 외에도 우울증 환자인 존 밀턴John Milton, 1608-1674이나 오시안Ossian, 셰익스피어를 언급한다.

2. 심리적 요인들: 베르테르는 자살에 관한 대화에서 심리적 요인으로 “죽음에 이르는 병Krankheit zum Tode”을 언급한다. “이 병으로 인해 자연(본성)은 공격받게 되는데, 때로는 그 힘이 약화되는 정도에 머물기도 하고, 때로는 그 어떤 성공적인 혁명을 통해서도 일상적인 삶의 순환을 다시 회복할 수 없을 정도로 무력해지기도 한다.” 이루지 못한 사랑을 예로 들어 그는 다음과 같은 결론에 이른다. “자연(본성)은 혼란스럽고 모순적인 힘의 미로에서 빠져나올 길을 찾지 못한다. 그런 사람은 죽을 수밖에 없다.” 괴테는 자서전에서 이 소설이 탄생하기 직전 자신이 겪은 우울증과 자살충동에 대해 고백한다. 하지만 이 소설과 함께 그는 “우울증으로 인한 [온갖] 찌푸린 표정”을 “명랑함”으로

던져버렸다고 고백한다.

3. 예루살렘 사건: 이러한 정황에서 1772년 10월 30일 청년 예루살렘Karl Wilhelm Jerusalem의 자살 사건은 바로 이 소설이 초래한 엄청난 "폭발"을 위한 적절한 "불쏘시개"를 괴테의 손에 쥐어 주게 된 셈이 된다. 이목을 집중시킨 실제의 자살 사건 때문만이 아니라 괴테와 샤를로테 부프Charlotte Buff와 케스트너Johann Georg Christian Kestner 간의 미묘한 삼각관계 또한 중요하게 작용했다.

이 소설을 불가피한 치명적인 정신병력Psychopathografie으로 해석하라는 독서지침을 괴테는 두 군데에서나 직접 하고 있다. "죽음으로 이끄는 질병이야기Historiam morbi"를 쓰는 것은 "그 어떤 멋진 윤리학보다 천 배는 더 유용할 것"이라고 그는 말한다. 이것이야말로 처음부터 괴테의 의도였다는 주장이 있다. 단지 프리드리히 니콜라이Friedrich Nicolai처럼 『젊은 베르테르의 기쁨Freuden des jungen Werther』(1775)이라는 패러디를 써서 괴테에게 응수했던 무지한 자들만이 "베르테르의 청춘의 꽃은 이미 처음부터 치명적인 벌레에 찔려 있었다"는 사실을 몰랐던 것 같다고 괴테는 『시와 진실』에서 보충 설명한다(Goethe 1887, 제1부, 제28권, 229쪽).

실제로 이러한 의미에서 『젊은 베르테르의 고통』은 심리학적으로 탁월한 결말을 갖는 뛰어난 기교의 병력Krankengeschichte으로 읽을 수 있다. 자살 사건에 관한 보다 객관적이고 간결한 연구는 얼마 후 간행된 칼 필립 모리츠의 〈경험심리학 잡지〉(1783–93)나 혹은 좀 더 대중적인 크리스티안 하인리히 슈피스Christian Heinrich Spieß, 1755-1799의 〈자살자들의 전기Biographien der Selbstmörder〉(1785–89, Spieß 2005 참조)에 잘

나와 있다. 하지만 괴테는 훨씬 더 세밀하게 심리를 묘사했다. 그로 인해 베르테르의 편지 수신인은 훨씬 빨리 사태의 심각성을 알아차렸어야 했고 독자는 이성적인 의사의 역할을 담당하게 된다. 베르테르의 병력은 이미 처음에 나오는 편지들과 함께 시작되었다. 아직은 로테를 알기 전이었다. 레오노레와의 불행한 전사(前史), 답답한 마음, 자연으로 도피하기, 책에 대한 염증, 구속감과 이해받지 못함 등, 이 모든 것이 베르테르라는 까다로운 성격의 다양한 면모에 속한다.

1771년 7월 1일 베르테르는 목사관에서 목사와 대화를 나누었고, 8월 12일에는 자살에 관한 대화를 나누었다. 이 두 개의 결정적인 대화 이후 베르테르의 우울증에 대한 암시는 더욱 분명해진다. 그는 "내가[그가] 권총으로 내[자기] 이마를 쏘고 싶은" 때를 안다. 그는 "잠행해오는 어떤 질병을 앓으면서 자신의 삶이 계속 서서히 죽어가고" 있음을 느낀다. 그는 "영원히 열려 있는 무덤의 심연"에 대한 환상을 본다. 그는 문득 "그 어떤 상상력도, 자연에 대한 아무런 느낌도" 더 이상 없다고 생각한다. 그는 "이러한 비참함을 끝내는 길은 무덤 외에는 없음을" 본다. 그는 자신이 "꼭두각시놀음을 당하고 있다고" 생각하고 "왜 아침에 잠에서 깨는지, 왜 자러 가는지 정말 모른다." 그는 "이 답답한 마음이 탁 트이게 되도록 백번도 넘게 칼을 잡았다고" 말한다. 그는 "자주 가슴을 찢고 뇌를 던져버리고" 싶어한다. 그는 "삶의 유일한 환희였던 것을 상실했다고" 생각한다. 그는 자신의 "전 존재가 존재와 무 사이에서 떨고 있음"을 인식한다. "불만과 불쾌감이 베르테르의 마음에 점점 더 깊게 뿌리를 내렸다." 그는 "팔을 활짝 펴고" 서서 "심연을 향했고 아래로! 아래로! 숨을 내쉬었다." 마침내 "로테, 나 죽기로 결정했어."라는 고백을 네 번이나 거듭했다(Goethe 2001, 45, 50, 62,

63, 66, 78, 85, 102, 103, 105, 114, 122, 128쪽).

베르테르의 우울증을 가장 뚜렷하게 보여주는 이들 지시문의 배열 순서는 작품 전체에 펼쳐져 있으면서 결말을 향해 갈수록 점점 더 촘촘해지는 인과관계의 그물망을 암시하고 있다. 더 자세히 읽어보면 훨씬 더 미세한 암시들이 발견된다. 게다가 소설에는 세 개의 짧은 내부 이야기Binnengeschichte가 나오는데, 모두 베르테르의 운명을 투영하고 있다. 또한 이 이야기들은 베르테르가 이성적인 의사의 역할을 해보일 수 있는 기회를 제공한다. 이 기회를 통해 그는 다른 사람들도 마찬가지로 베르테르 자신에 대해 의사 역할을 해주기를 바란다. 이 세 이야기는 베르테르의 병력을 분석하기 위한 좋은 출발점을 제공해준다.

1. 실연 당해 물에 빠져 죽은 소녀: 자살한 소녀의 이야기를 가지고 베르테르는 자살을 질병으로 이해해 달라고 요구한다. "몸이 굳고 정신이 나간 채 그녀는 심연 앞에 서 있습니다. 사방은 온통 어둠뿐이며 아무런 미래도, 아무런 위로도, 아무런 예감도 없습니다! 왜냐하면 그가 그녀를 떠났기 때문입니다. 그에게서만이 그녀는 자신의 존재를 느낄 수 있었으니까요."(Goethe 2001, 58쪽)
2. 사랑으로 인한 질투심 때문에 하인을 때려죽인 청년 농부: 여주인을 사랑하고 쫓겨난 청년 농부의 일화는 1787년 제2 판본에서야 세 군데에 걸쳐 등장하게 된다(Goethe 2001, 19쪽 이하, 93–95쪽, 117–119쪽). 베르테르는 1년 반 동안이나 이 사건을 쫓아다니며 청년의 은밀한 사랑 이야기에 격렬하게 몰입한다. 그는 연적을 살인한 청년을 이해하면서 이 살인범을 심리학적 정황에 따라 사면시키려고 시도한다(Košenina 2007a 참조).

3. 꽃을 찾아다니는 광인 하인리히: 예전에 로테의 아버지의 서기였던 하인리히는 갑작스러운 열병에 걸려 우울해지고 광기에 들려 1년간을 정신병원에서 보냈다. 그사이 조용해졌지만, 완전히 미쳐버린 상태에서 한겨울에 애인에게 줄 꽃을 찾는 하인리히를 베르테르는 만난다. 베르테르는 광기를 이해하게 되고 질문을 통해 하인리히의 전사를 탐구하려고 시도한다(Goethe 2001, 108-111쪽).

한 마디로, 세계문학에서 가장 유명한 이 자살 사건은 엄청난 결과를 가져왔다. 세밀한 기록 그대로 연출된 이 소설의 결말은 1775년 다니엘 호도비에츠키Daniel Chodowiecki, 1726-1801의 스케치에 훌륭하게 묘사되었다(그림 14).

이별을 고하는 편지와 목격자들의 진술, 즉사하지 않을 정도의 머리 총상, 목숨을 살리려는 의사의 노력, 천천히 죽어가는 베르테르, 경악하는 로테, 이 모든 것이 꼼꼼하게 엮여지면서 전체적인 사건의 흐름을 만들어 낸다. 블랑켄부르크가 서평에서 확언했듯이(Blanckenburg 1997, 25-55쪽), 바로 이것이 다름 아닌 새로 탄생한 인간학적 소설의 면모인 것이다.

5.3 칼 필립 모리츠의 심리소설 『안톤 라이저』

칼 필립 모리츠는 “심리소설Ein psychologischer Roman”이라는 부제를 가지고 소설 『안톤 라이저』를 통해 새로운 서사 모델의 방향을 제시했다. 이는 제1권과 제2권의 간결한 서문만 보더라도 어느 정도 알 수 있

〈그림 14〉 다니엘 베르거: 죽음의 침상에 누워있는 베르테르. 다니엘 니콜라우스 호도비에츠키의 스케치(1775)를 본 뜬 판화

는 사실이다. 이 서문에는 블랑켄부르크가 내린 "인간의 **내면** 이야기"라는 소설의 정의뿐만 아니라 "실제 삶의 [..] 전기"라든가 "많은 상황에서 사소해 보이는 것들", "자신을 들여다보는 마음의 눈", "개별적인 현존", "가장 소소한 뉘앙스에 이르기까지 한 인간의 삶을 서술하기"(Moritz 1972, 122쪽)와 같은 핵심 개념들도 인용되어 있다. 이 소설은 전체적으로 "인간학적 소설 유형의 극단적인 형태"로서, 특히 "경험심리학의 사례기록"과 "치료를 전제하지 않은 병력"(M. Engel 1993, 146

쪽)이라고 할 수 있다.

바로 이 점이 이 문학적 실험이 보여주는 매력이다. 이 소설에서 모리츠는 자신이 구축한 경험심리학(→1)을 실험하면서 이를 위해 자기 자신의 삶을 연구대상으로 제공한다. 그는 3인칭 서술을 통해 객체와 주체를 분리시키면서 시점의 거리를 이용해 과거의 자신인 라이저에 대해 당대의 표현대로 "직접 체험한 것을 서술하기Selberlebensbeschreibung"를 시도한다. 이 소설의 진위성에 대한 의구심은 새로운 출처 자료가 발견됨으로써 대부분 해결되었다. 브라운슈바이크의 모자제조업자인 요한 지몬 로벤슈타인Johann Simon Lobenstein이 정적주의 이단 종파 지도자인 프리드리히 폰 플라이쉬바인Friedrich von Fleischbein에게 1769–70년까지 보낸 편지들은 소설 속의 안톤이라는 이름의 저자 칼 필립이 실제로 겪어야 했던 심적 고통을 증명해주고 있다(Wingertszahn 2002 참조).

사진(그림 15)에 나와 있는 편지에서 모자 장인 로벤슈타인은 투박한 사투리로 자신의 도제인 모리츠의 "잘못"에 대해 한탄하고 있으며 그를 교육하려는 자신의 시도에 대해 이야기하고 있다.

> 저는 이 아이를 무섭게 위협했으며 [...] 작은 막대기로 몇 차례 매질을 가했습니다. 그러자 이 아이는 마치 기적을 일으킬 것처럼 행세했는데, 그 이상한 모습이 무섭고 불쾌했습니다. (Wingertszahn 2002, 15쪽)

모리츠는 여러 차례 자살하겠다고 위협했다고 한다. 소설에서도 라이저는 "삶에 염증을 느껴" 정말로 물속에 뛰어들려고 했다(Moritz 1972, 103쪽).

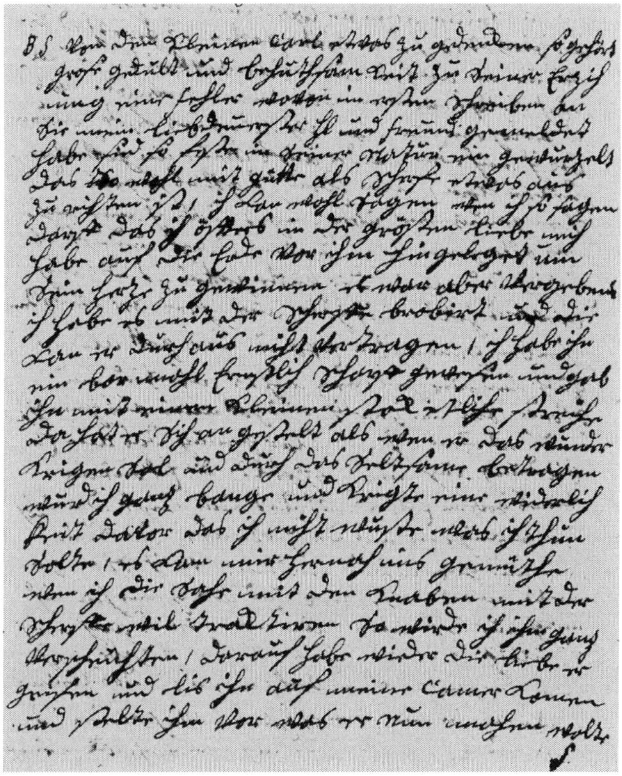

〈그림 15〉 요한 지몬 로벤슈타인: 요한 프리드리히 폰 플라이쉬바인에게 보내는 1769년 9월 15일자 편지.

이 소설은 〈경험심리학 잡지〉와 같은 시기에 쓰여진 작품으로 저자는 이미 1783/84년에 자신의 사례이야기인 소설 『안톤 라이저』에서 발췌한 내용을 이 잡지에 처음으로 실었다(Moritz 1972, 508-534쪽 참조). 심리학 잡지를 위해 내건 모든 원칙들은 이 소설에서도 그대로 통용된다. 왜냐하면 경험심리학이라는 신학문에서는 원천 자료로서 "허구적 이야기"보다는 "자신의 실제 삶에 대한 서술 혹은 자기 자신에 대한 관찰"이 훨씬 더 가치 있고 중요하기 때문이다. 그러므로 미래에는

"작가와 소설가라면 집필을 하기 전에 반드시 먼저 경험심리학을 공부해야 할 것이다"(Moritz 1997/99, 제1권, 796, 798쪽)라고 모리츠는 주장한다.

괴테의 『젊은 베르테르의 고통』이 단지 2년간의 시간만을 묘사한 반면, 『안톤 라이저』는 초기유년기부터 약 20세에 이르는 한 인물의 전기를 상세하게 추적하고 있다. 짓눌리는 우울한 경험들과 멜랑콜리의 증후군들이 세밀하게 엮인 이 소설을 반드시 '위기로 치닫는 험준한 길'의 의미로만 읽을 필요는 없다. 오히려 많은 부분에서 주인공이 부모의 정적주의적 독재적 교육과 이후의 도제 기간을 극복한 것을 강조하고 있다. 즉, 안톤 라이저는 여러 삶의 단계에서 독서, 글쓰기, 설교, 연극을 통해 세계와의 능동적인 관계를 맺을 준비를 했다고 볼 수 있다. 이를 통해 점차 사회적 수치심을 극복하고 자신의 운명을 스스로 규정하기 위한 전제조건들을 만들어냈다. 저자인 칼 필립 모리츠가 성취한 베를린에서의 직업적 성공을 보더라도 이 소설을 긍정적으로 읽는 것은 가능하다. 물론 그렇다고 해서 이 소설의 토대가 되고 있는 병력 자체를 의문시하는 것은 아니다. 하지만 어쨌든 라이저의 병력은 베르테르의 경우처럼 파국으로 끝나지는 않는다.

"정신병으로 진단할 수 있는" 근거는 근본적으로 바로 "상상력으로 인한 고통" 때문이다(Müller 1987, 321쪽). 즉, 설교단, 책, 연극무대는 마음과 현실과 상상력의 제국을 이어주는 매개체가 된다(Müller 1996 참조).

1. 설교의 작용: 안톤이 숭배하는 목사 파울만은 안톤에게는 연설가이자 교육자, 교사 그리고 연극배우이다. 내성적인 아이 안톤

은 “이 남자의 설교에 충격과 감동을 받고” 처음으로 미적 작용의 가능성을 경험한다. “그의 모습, 그의 표정, 그의 모든 동작은 안톤의 마음속에 깊이 각인되었다.”(Moritz 1972, 75, 77쪽) 바로 여기에 직접 낭독 연습과 설교 연습을 해보고 학교에서 인정받고 혹은 더 많은 청중들의 눈에 띄고자 하는 충동의 싹이 숨어 있는 것이다. “안톤에게 공개석상에서 수천 명의 마음을 지배하는 연설가를 바라보는 것보다 더 매력적인 일은 없었다.”(Moritz 1972, 75쪽)

2. 독서광Lesewut과 글쓰기: 안톤 라이저는 지나친 독서광으로서, 먼저 성경과 신학적인 종교서적에, 그 다음에는 “금서”에도 탐닉했다. 그는 『천일야화』와 슈나벨Johann Gottfried Schnabel, 1692-1758의 『펠젠부르크 섬Insel Felsenburg』(1731)에서 괴테의 『젊은 베르테르의 고통』까지 독서의 범위를 넓히면서, “일종의 광적인 [...] 독서” 상태에 빠지게 되었다. “이제 그에게 독서는 동양인들에게 아편이 그러하듯, 필요한 욕구가 되어버렸다.” 고서점 주인은 이러한 안톤의 독서 의존증을 이용할 줄 알았고, 안톤은 급기야 “빚의 구덩이 속에서 책을 읽는” 처지가 될 정도였다. 동시에 “시적 도취상태”(신성한 예술가의 망상)는 더욱 심해지는데, 이는 “자신을 작가로 여기며” 실제로 그렇게 활동해야 한다는 강박관념이 된다(Moritz 1972, 33, 201, 155쪽). 안톤 라이저는 (모리츠와 마찬가지로) 행사시나 생일연설, 연극 프롤로그 혹은 일기를 쓰면서 작가가 되려고 시도한다.
3. 연극광: 마지막으로 안톤은 “희극을 읽고 보는 것에 광적으로” 사로잡힌다(Moritz 1972, 413쪽). 이미 그 시대에는 의학적인 면에

서 이러한 욕구를 단순한 열정을 넘어서는 중독으로 기술하였다(Košenina 2006, 120-134쪽). 독서를 하면서 안톤은 묘사된 인물과 자신을 과하게 동일시하는데, 이는 인물의 감정을 모방하고 연기하면서 더욱 강화된다. 안톤은 성찰하고 계산하고, 내적 거리를 두는 방식과는 다르게 연기하는 '감상적인 배우'를 열렬히 추종한다(→10.1). 감상주의만이 상상력의 세계로 자기를 해체시키는 것을 합리화해줄 수 있기 때문이다. "그[안톤]의 생각에는 자신이 맡은 역할을 느끼는 힘이 모든 것을 휩쓸어버려야 할 것 같았다. 그렇게 해서 그가 자기 자신을 잊어버리게 해야 할 것 같았다."(Moritz 1972, 391쪽)

물론 더 넓게 본다면 위의 세 가지 예에서 나타나는 증후군 외에도 라이저의 심리를 연구할 수 있는 대목은 얼마든지 많다. 이렇듯 이 작품은 예술적 관점에서가 아니라 심리학적 관점에서 쓰인 것으로 특히 의사 혹은 분석가의 시각을 가진 독자에게는 세부적인 묘사가 풍부한 긴 사례이야기로 읽힐 수 있다. 계몽주의 시대의 괴짜들인 "문제의 남자들Schreckensmänner"을 끈질기게 발굴했던 작가 아르노 슈미트Arno Schmidt, 1914-1979는 모리츠의 탄생 200주년을 기념해 이 소설을 "독일뿐만 아니라 전 세계에서 가장 위대한 자서전"(Schmidt 1956, Moritz 1997/99, 제1권, 981쪽)이라고 칭했다. 스펙터클한 줄거리가 없는 내면의 이야기로서 이 소설은 냉정할 정도로 경험적이고 기록적이기에 인간학적 소설의 극단적인 전형이라고 할 수 있겠다.

질문과 쟁점

- 블랑켄부르크과 엥엘은 새로운 인간학적 소설에 더 많은 개별성과 심리학적 개연성을 부여하기 위해 어떠한 서사기법의 가능성을 제시하고 있는가?
- 문학에서 인간의 내면 이야기가 될 수 있는 요소들에 대해 토론해 보자.
- 괴테의 1771년 7월 1일자 편지(Goethe 2001, 34-40쪽)를 분석해 보자. 이 편지에서 "나쁜 기분"과 "사악한 체액böser Humor"(라틴어 humores = 체액)을 극복할 수 있는 방법으로 어떤 것이 제시되고 있는가? "섭생법" 규정을 말하는 대목을 찾아보자(→5.2).
- 괴테의 『젊은 베르테르의 고통』에 삽입되어 있는 자살한 여자, 청년 농부, 꽃을 찾아다니는 사람에 관한 세 개의 이야기를 베르테르 자신의 고통을 투영하는 에피소드로 읽어보자.
- 〈경험심리학 잡지〉에 나오는 유년의 기억에 대한 모리츠의 단상(Moritz 1972, 508-511)을 『안톤 라이저』의 시작 부분과 연결해서 읽어보자.
- 안톤 라이저의 인정욕구, 독서중독, 연극광에 대해 묘사하고 있는 다른 대목들을 찾아보고 이를 분석해 보자.

추천문헌

- Casus. Von Hoffmanns Erzählungen zu Freuds Novellen. Eine Anthologie der Fachprosagattung ‚Fallerzählung', hg. von Carsten Zelle, Hannover 2015.

☞ 교육학, 의학, 심리학 관점이 반영된 '기록 이야기Dokumentargeschichte' 비평 선집. 주해와 함께 이 선집에는 괴테의 "베르테르"에 대해 보충해주는 여러 사례 이야기들도 수록되어 있다(79–111쪽).

- Friedrich v. Blanckenburg: Versuch über den Roman.

  발췌: Romantheorie 1620–1880. Dokumentation ihrer Geschichte in Deutschland, hg. v. Eberhard Lämmert u. a., Frankfurt a. M. 1988, 144–149쪽.

- Johann Jakob Engel: Über Handlung, Gespräch und Erzählung [1774], hg. v. Ernst Theodor Voss, Stuttgart 1964.

- Johann Wolfgang Goethe: Die Leiden des jungen Werther, hg. v. Ernst Beutler, Stuttgart 2001 (RUB 67).

☞ 분석을 위해 추천할만한 부분: 5-14쪽, 34-40쪽, 52-59쪽, 93-95쪽, 108-111쪽, 117-119쪽. 1774년도 판본과 1787년도 판본이 동시에 인쇄된 비평본: Ders.: Sämtliche Werke [Frankfurter Ausgabe], Bd. I, 8, hg. v. Waltraud Wiethölter, Frankfurt a. M. 1994.

- Karl Philipp Moritz: Anton Reiser. Ein psychologischer Roman, hg. v. Wolfgang Martens, Stuttgart 1972 (RUB 4813).
  비평주해본: Ders.: Sämtliche Werke, Bd. 1, hg. v. Christof Wingertszahn, Tübingen 2006.

- Manfred Engel: Der Roman der Goethezeit, Bd. 1: Anfänge in Klassik und Frühromantik, Stuttgart/Weimar 1993, 89-155쪽, 203-215쪽.

☞ 영국과 프랑스의 전통도 포함하여 인간학 소설(특히 블랑켄부르크, 모리츠, 괴테)의 개념적 발달을 다룬 기본서.

- Fallgeschichten. Von der Dokumentation zur Fiktion. Themenheft der Zeitschrift für Germanistik 19, 2009, 282-395쪽.

☞ 안드레아스 엘리아스 뷔히너, 괴테, 크레펠린, 렌츠, 실러에 대해 의학사에 입각한 관점을 적용한 논문이다. 사실과 허구 사이를 오가는 '사례 이야기' 장르에 대한 논문들이 수록되어 있다.

- Jutta Heinz: Wissen vom Menschen und Erzählen vom Einzelfall. Untersuchungen zum anthropologischen Roman der Spätaufklärung, Berlin/New York 1996.

☞ 인간학의 맥락을 개별 분석(특히 프리드리히 트라우고트 하제, 테오도르 고틀립 폰 히펠, 프리드리히 하인리히 야코비, 프리드리히 막시밀리안 클링어, 요한 카를 베첼에 대한 분석)과 연결시킨 책.

- Alexander Košenina(Hg.): Johann Jakob Engel(1741-1802): Philosoph für die Welt, Ästhetiker und Dichter, Hannover-Laatzen 2005.

☞ 특히 엥엘의 대화적 시학, 미학, 소설 『로렌츠 슈타르크 씨』(1801)를 다룬 논문집.

- Alexander Košenina/Carsten Zelle(Hg.): Kleine anthropologische Prosaformen der Goethezeit(1750–1830), Hannover 2011.

☞ 이미 개념이 확립된 '인간학 소설' 대신, 브락케부쉬, 클로디우스, 엥엘, 괴테, 하우프, 하르스되르퍼, 크뤼거, 헤르츠, 뮈흘러, 무조이스, 베첼, 빌란트가 쓴 짧은 형식의 여러 산문을 다룬 논문집.

- Reinhart Meyer–Kalkus: Werthers Krankheit zum Tode. Pathologie und Familie in der Empfindsamkeit, in: Helmut Schmiedt(Hg.), „Wie froh bin ich, daß ich weg bin". Die „Leiden des jungen Werther" in literaturpsychologischer Sicht, Würzburg 1989, 85–146쪽.

☞ 정신분석학을 가지고 사랑의 열병과 심리 드라마를 해석한 논문.

- Inka Mülder–Bach/Michael Ott(Hg.): Was der Fall ist. Casus und lapsus, Paderborn 2014.

☞ 특히 뷔히너의 『렌츠』, 괴테의 『젊은 베르테르의 고통』, 클라이스트의 『O 후작부인』에 대한 인간학적, 법률적 사례이야기들을 다룬 논문집.

- Lothar Müller: Anton Reiser, in: Interpretationen: Romane des 17. und 18. Jahrhunderts, Stuttgart 1996, 259–301쪽 (RUB 9474).

☞ 문학적 인간학의 맥락 속에서 개별 작품에 대한 의미 있는 분석.

- Nicolas Pethes: Literarische Fallgeschichten. Zur Poetik einer epistemischen Schreibweise, Konstanz 2016.

☞ 렌츠, 모리츠, 슈피스, 호프만, 뷔히너, 슈티프터, 라베, 되블린, 베른하르트에 대한 연구.

- Karl N. Renner: „. . . laß das Büchlein deinen Freund seyn". Goethes Roman „Die Leiden des jungen Werthers" und die Diätetik der Aufklärung, in: Günter Häntzschel/John Ormrod/ders.(Hg.), Zur Sozialgeschichte der deutschen Literatur von der Aufklärung bis zur Jahrhundertwende, Tübingen 1985, 1–20쪽.

☞ 베르테르의 병력 뒤에 숨겨진 의미를 섭생법과 의학사의 맥락에서 파헤친 논문.

제6장

인간교육: 계몽주의의 교육론

제6장

인간교육: 계몽주의의 교육론

〈그림 16〉 게오르그 에마누엘 오피츠: 수업시간, 수채 펜드로잉.

화가 게오르그 에마누엘 오피츠Georg Emanuel Opiz, 1775~1841의 캐리커처는 1800년경의 어느 "학교 수업시간"을 묘사하고 있다. 교사라면 악몽 속에서라도 이보다 더 힘든 수업시간은 상상할 수 없을 것 같다. 매를 든 채 자기도 모르게 칠판에 적혀 있는 "훈육"이라는 글자를 가리키고 있는 교사는 완전히 속수무책이다. 그의 시야에 들어와 있는 두 명의 모범생만 교과서를 제대로 읽고 있는 반면, 왼쪽 끝에 있는 학생은 학우가 벌을 받는 모습을 보며 신나한다. 교사 뒤에 있는 소년들 모두 온갖 야단법석을 떨고 있다. 약 올리는 학생, 종이로 만든 꼬리를 교사에게 붙이는 학생, 모자와 막대기를 가지고 교사를 흉내 내는 학생, 잉크 칠을 하는 학생, 서로 때리거나 팽이나 주머니칼을 가지고 노는 학생들. 이 그림은 계몽주의 시대에 인간의 모든 성향이 구속받지 않고 유희적으로 발현되기를 요구했던 반권위적 개혁교육의 선도자들을 조롱하고 있는 것처럼 보인다.

임마누엘 칸트가 1783년에 쓴 계몽주의에 관한 에세이에서 지시한 성숙과 자율에 이르는 길은 저절로 만들어지는 것이 아니다. 인간이 자신의 이성과 나머지 성향을 유용하게 사용할 수 있기 위해서는 지침이 필요하다. 더 나아가 인간학자들은 개인의 발달과 인류 역사의 관계를 인식하고 있었다. 즉, 아동 개개인이 학습을 통해 발전하는 과정에서 수천 년에 걸친 인류의 문명화는 반복되고 있는 것이다. 이제 계몽과 인간학은 거의 동의어가 되었고, 교육학은 인간학과 마찬가지로 처음으로 대학의 학제가 되었다. 이러한 교육 혁명은 사회의 거의 모든 영역을 관통했다. 의무교육의 보편화는 문맹을 퇴치하는 가장 중요한 무기였으며, 국민계몽운동은 국민들에게 실용적인 지식을 전달해주었다. 개혁학교는 그저 이성적이기만 한 인간에 대해 실천적이고 감각적인 인간의 측면을 부각시켰다. 대학수업은 대형 강의 일색에서 벗어나 세미나 형식의 수업으로 보완되었고, 미술, 문학, 연극에도 교육적 효과가 요구되었다. 아마도 교양소설은 계몽주의 교육학이 낳은 가장 중요한 문학적 결실일 것이다.

6.1 인접학문으로서의 인간학과 교육학

임마누엘 칸트가 계몽주의를 "인간 스스로가 책임져야 할 미성숙에서 벗어나는 것"(Kant 1783 in: Aufklärung 1974, 9쪽)으로, 인간학을 인간이 "자유롭게 행동하는 존재로서 스스로 무엇을 할지 혹은 무엇을 할 수 있으며, 해야 하는지"(Kant 1983, 제6권, 399쪽)에 관한 학문으로 정의한 결과 다음과 같은 근본적인 질문이 생겨났다. 자기실현을 이루기 위해 인간은 어떤 지도를 받아야 하는가? 이 질문에 대한 대답을 칸트는 그의 저서 『교육학에 대하여Über Pädagogik』(1803)에서 제시하고 있는데, 이 저서는 『실용적 관점에서 본 인간학Anthropologie in pragmatischer Hinsicht』(1798)과 비슷하게 인간의 자연적 성향에 대해서는 전혀 관심을 두지 않는다. 이 두 저서에서 오히려 인간은 자신의 힘을 스스로 사용하기 위해서 그리고 완전해지기 위해서 안내와 교육을 받아야 하는, 한 마디로 계몽되어야 할 존재로 나타난다.

> 인간은 피조물 가운데 유일하게 교육이 필요한 존재이다. 교육이라는 것은 말하자면, 양육(돌봄, 부양), 규율(훈육)과 지도 그리고 인성의 양성을 말한다. [...] 인간은 교육을 통해서만 인간이 될 수 있다. 인간이

> 란 다름 아닌 교육으로 만들어진 것 바로 그것이다. (Kant 1983, 제6권, 697–699쪽)

이와 같은 교육학에 대한 변론으로 칸트는 루소의 명제에 반대하고 있다. 루소의 명제란, 소위 칸트가 순식간에 읽어버렸다는 루소의 교육소설 『에밀 혹은 교육에 대하여Emile oder über die Erziehung』(1762)에서 자연(본성)은 인간의 최고의 스승이라는 것이다(→1). 이 작품의 유명한 첫 문장은 다음과 같다.

> 창조자의 손에서 나온 모든 것은 선하다. 인간이 손을 대면 모든 것이 타락한다. [...] 인간은 그 어떤 것도 자연이 만든 그대로 두려고 하지 않는다. 심지어 인간조차도 그대로 두지 않는다. 인간은 인간을 서커스단의 말처럼 사육하기를 원한다. 인간은 인간을 자신의 방법에 따르게 하고 정원수처럼 휘어지게 만들고 싶어한다. (Rousseau 1978, 107쪽)

이와 반대로 칸트는 『교육학에 대하여』에서 대부분의 계몽주의 교육자들처럼 다음과 같은 요소를 강조한다.

- 야성을 길들이기 위한 규율화Disziplinierung
- 조야한 자연(본성)을 극복하기 위한 문화화Kultivierung
- 현명하고 예절을 갖춰 교류하기 위한 시민화Zivilisierung
- 선한 목적, 즉 누구나 인정하는 목적을 추구하기 위한 도덕화Moralisierung(Kant 1983, 제6권, 706쪽 이하 참조)

그러니까 인간에 대한 정확한 지식의 토대 위에 기초한 자기실현 프로그램인 인간학은 교육학과 근친관계까지는 아니더라도 부분적으로는 일치한다. 그도 그럴것이 교육학은 개념적으로 그리고 대학에 개설된 학과로서도 인간학과 거의 동시에 부상했다(HWPh 1971-, 제7권, 1-35단락 참조). 독일 최초의 교육학과 교수는 1779년 할레 대학의 에른스트 크리스티안 트랖Ernst Christian Trapp, 1745-1818으로, 이로써 그는 학제를 통해 미래의 교사를 양성하는 교육자가 되었다.

트랖은, 가장 중요한 몇 사람만 거론한다면, 요한 베른하르트 바제도우Johann Bernhard Basedow, 1724-1790, 요아힘 하인리히 캄페Joachim Heinrich Campe, 1746-1818, 크리스티안 고트힐프 잘츠만Christian Gotthilf Salzmann, 1744-1811과 같은 교육학자들과 함께 범애주의자들의 개혁운동에 참여하였다. 이들에게 커다란 모범이 된 것은 루소의 허구적 전기인 『에밀 혹은 교육에 대하여』로서, 이 책에서 제시된 논제나 조언 때문만이 아니라 정확한 관찰과 구체적이고 개별적인 삶의 이야기에서 생생하게 도출된 방식 때문이기도 했다. 여기에서 교육은 교사의 권위라는 정통적인 원칙에서가 아니라 교육자와 학생 간의 실험적인 협력에서, 즉, 위에서부터가 아니라 아래에서부터, 그러니까 성장하는 아이의 관점에서 행해진다. 개혁교육가들은 이렇게 현실지향적이고 경험심리학과 유사한(→1) 이 방법을 따르면서 새로운 학교를 기획하였다.

가장 잘 알려진 것이 1774년 바제도우가 설립한 "데사우 범애학교Dessauer Philanthropin"인데, 이는 계몽주의에서 가장 많이 논의된 교육실험이다. 이 학교는 저명한 교사들을 기용하였으며, 학교 기관지인 〈범애주의 아키브Philanthropisches Archiv〉(1776)와, 〈교육 논단

Pädagogische Unterhandlungen〉(1777–84) 그리고 설립자 바제도우가 펴낸 지침서인 삽화집 〈입문서Elementarwerk〉(1774)를 통해 자신의 이념을 공론화했다(Ewers 1980, 169–180쪽 참조). 1776년 5월, 주도면밀하게 연출된 전시용 시험을 참관하러 많은 유명인사들이 데사우로 왔다. 그들 중에는 막데부르크 출신의 교사인 요한 고트프리트 슈멜Johann Gottlieb Schummel, 1748-1813도 있었는데, 그는 이 사건을 짧은 소설인 『프리첸의 데사우 여행Fritzens Reise nach Dessau』(1776)(Ewers 1980, 400–404쪽 참조)에서 경이로워하는 한 아이의 시각으로 반어적 거리를 두고 묘사했다. 그 자신 데사우 학교에 지원했던 슈멜은 이후 풍자소설 『뾰족한 턱수염. 우리가 사는 교육의 시대를 위한 희비극적 이야기Spitzbart. Eine komi-tragische Geschichte für unser pädagogisches Jahrhundert』(1779)를 써서 이러한 교육관에 대한 문학적 회의론자의 선두주자가 되었다. 유희적이고, 구체적이며 실용성을 지향하는 학습 원칙과 지금껏 우위를 차지했던 고대어 수업의 폐지에 대해서는 크게 반대하지 않았다. 그리고 반권위적이라고 할 수 있는 교육 방식, 처벌이 아닌 보상을 주는 교육 원칙, 그리고 육체와 정신이 통합된 인성에 집중하는 교육 방식 또한 좀처럼 문제시되지 않았다. 하지만 교육에 대한 수준 높은 이론과 현장에서의 빈번한 교육의 실패 사이의 괴리에 대해서는 비판과 조롱이 따랐다(Košenina 1994 참조). 이들은 범애주의자들의 모범인 루소를 당연히 추종했지만, 사실상 루소는 자기 아이들을 고아원에 보낸 사람이었다. 바제도우 역시 학교개혁의 성공적인 실천가라기보다는 단지 기획자에 불과했다. 대부분의 교사들과 불화를 겪었던 그는 1778년 교장직을 내려놓았고, 1780년에는 자신의 개혁학교를 떠났기 때문이다. 이 학교는 1793년까지 유지되었다.

바제도우보다 더 성공한 사람은 1781년 종교 교사로 데사우 개혁학교로 부임했던 잘츠만이었다. 1784년 그는 튀링어 발트의 슈넵펜탈 Schnepfenthal에 있는 자신의 영지에다 직접 교육기관을 설립했다. 이 잘츠만 학교는 오늘날까지 남아 있는데, 구동독 시절에는 "일반인문고등학교Die Erweiterte Oberschule"였다가 그 사이 특수언어인문학교가 되었다. 잘츠만은 계몽주의 교육학에 방점을 두었다. 교육에 대한 지침을 제시하는 대신 그는 교육자 양성 교육에 집중했다. 루소의 소년 에밀과 같이 아이의 교육만이 아니라 부모와 교사도 발달하고 변하기 위해서는 배워야 한다는 것이 그의 지론이었다. 잘츠만의『도덕 입문서 Moralisches Elementarbuch』(1782–83)가 겨냥한 독자는 아이들이 아니라 교사들이었다. 교사들은 이 책에 들어 있는 주제와 이야기에 대해 다양한 삽화를 이용해서, 교훈하는 방식이 아니라 구체적이고 재미있게 이야기하는 방식으로 흥미를 진작시켜야 한다. 잘츠만은 금지로 인해 규정에 대해 염증을 느끼거나 혹은 오히려 유혹을 받는 등의 과도한 교훈의 역효과에 대해서 통찰력 있게 인식하고 있었다.

> 어쩌면 즐겁게 할 수 있을 모든 선한 행위가 명령으로 주어지자마자 싫어지기 때문이다. [...] 이 책에는 법칙의 성격을 갖는 것은 하나도 없다. 낭비해서는 안 된다, 부모를 사랑해야 한다와 같은 말은 들어 있지 않다. 오히려 아이로 하여금 낭비의 해악성과 부모의 탁월함을 절절히 느끼게 해서 낭비를 혐오하고 부모를 사랑하는 것이 옳다고 확신하고 이를 통해 그의 존재가 규정되게 해야 한다. (Salzmann 1785, XX쪽 이하)

6.2 성교육: 계몽주의의 난처한 주제

계몽주의 시대에 특히 어려운 문제는 성교육 문제였다. 계몽주의는 인간에 대한 지식과 인간의 신체 기능에 대한 구체적인 설명을 하지 않을 수 없었다. 그러나 다른 한편으로는 바로 앞에서 언급된 잘츠만의 역효과 논리에 따라 성교육 자체가 자극과 성적 욕망을 불러일으킬 수 있기 때문에 이 주제를 회피하였다. 가장 큰 우려를 낳았던 것은 "자위행위"라는 "유행하는 악덕"으로, 1794년도에 쓰인 어느 글에서는 이를 사실상 "현시대의 페스트"라고까지 여겼다(Schott 1998, 281쪽). 그러나 잘츠만은 『도덕 입문서』에서 하인리히 폰 클라이스트가 뷔르츠부르크의 율리우스 병원을 방문하고 쓴 편지에서 서술한 것처럼(→3.2) 자위행위로 인한 육체적 부패와 무시무시한 질병에 대한 두려움을 불러일으키는(Begemann 1987, 208-228쪽) 대신에 모든 자연적인 맥락을 가능한 한 객관적으로 설명하는 것에 대해 다음과 같이 찬성하고 있다.

> 나는 이 끔찍한 악덕이 인간의 뿌리를 깨부수는 가장 강력한 수단이며, 그렇기 때문에 우리가 생식기관에 대해, 그것의 위대한 의도와 그 연약성에 대해서 다른 신체기관과 마찬가지로 자유롭게 아이들과 이야기해야 한다고 [...] 전적으로 확신한다. (Salzmann 1785, IX쪽)

하지만 이런 식의 계몽이 어떻게 보일 수 있을지 바제도우는 자신이 편찬하는 간행물 〈입문서〉에서 보여주고 있다. 그는 남자와 여자의 스킨십의 "친밀함"을 통해 인간의 생명이 생겨났다고 돌려서 말하고 있다. "이 친밀함은 일반적인 남성과 여성에게는 가장 해로운 것이지만, 부부 간에는 허락된 것이며 찬양할 만한 것이다." 그러나 그는 이러한 부부의 결합이 없으면 "불결함 혹은 방탕"(Ewers 1980, 177–179쪽)이라는 파멸의 악이 성행할 것이라고 말한다. 잘츠만의 경우 자신의 신념과는 달리 독자의 기대감을 약화시킬까 봐 『도덕 입문서』에서는 이 점을 다루고 있지 않다. 그러나 절제의 계명은 이 책에 나오는 모든 이야기와 동판화 삽화가 그대로 말해주고 있다. 예를 들면 〈그림 17〉에서처럼 대담하고 거친 유희가 눈물로 끝나는 장면 같은 것이다. "즐거움을 절제할 줄 모르면 이렇게 된다."(Salzmann 1785, 46쪽)

〈그림 17〉 요한 게오르그 펜첼: 즐거움을 절제할 줄 모르면 이렇게 된다, 다니엘 니콜라우스 호도비에츠키의 그림을 본 뜬 동판화(1785)

잘츠만은 논문 〈청년의 은밀한 죄에 대하여Über die heimlichen Sünden der Jugend〉(1787)에서 자위행위라는 주제를 자세히 다루고 있다. 특히 이 논문에는 학생들의 정보 부족을 지적하는 익명의 편지 고백이 실려 있다. 그러나 의학 전문서가 자위행위로 이끄는 경우에 대한 사례도 들어 있다(Lütkehaus 1992, 125–136쪽 참조). 잘츠만의 연구는 다른 원전들과 마찬가지로 단지 소년들만 겨냥하고 있다. 그러나 예외도 있다. 예를 들어 〈의사와 일반인들을 위한 연감Almanach für Aerzte und Nichtaerzte〉(1782)에서는 "여성의 자위행위란 무엇인가? 인류에게 중요한 하나의 문제"라는 제목의 글이 실려 있다.

그러나 이 문제는 글로만 다루어지지 않고 극단적인 행위로 다루어지기도 했다. 범애주의자인 캄페는 어느 학생의 소위 자가 치료라는 것을 흥미롭게 다루었다. 이 학생은 대담하게도 책상에다 포피를 대고 못을 박은 후 나중에 구멍 난 상처가 아물면 거기에다 구부린 구리 철사를 끼워 발기될 때마다 혹은 "자기를 더럽힐" 때마다 고통을 주어 이를 저지시켰다. 캄페는 좀 더 완화된 방법으로 이 표본에 따라 "동일한 수술"을 자신의 학생들에게 정기적으로 실시했다(Lütkehaus 1992, 147–150쪽). 괴테의 불행한 인물인 베르테르(→5.2)는 자위행위의 "즐거움"을 누리지 못했다. 그 역시 여전히 이 "파멸시키는 정욕"으로 고통당했으며, "만성적인 질병"이 될 때까지 완전히 그의 "힘을 소진시켰고", 결국 그는 "죽고 싶다!"라고 결심하기에 이른다(Goethe 2001, 9, 50쪽 이하, 128쪽).

괴테의 소설보다 더욱 구체적으로, 그리고 전문 서적보다 독자에게 더욱 영향력 있게 잘츠만은 이 주제를 사회비판적인 서간체 소설인 『칼 폰 칼스베르크 혹은 인간의 비참함에 대하여Carl von Carlsberg oder über das menschliche Elend』(1783–87)에서 진지하게 다루고 있다. 제목과 같은 이름의 주인공은 대학 시기를 방탕하게 보낸 후 문득 인간의 비참함과 싸우겠다고 선포한다. 예를 들어 잔인하게 처벌받는 미혼모를 돕고(그림 21), 외설 소설로 인해 여자들을 유혹하게 된 대학 친구에게 반대하거나 혹은 태형(笞刑)을 규탄했다. 2천 페이지가 넘는 분량의 이 방대한 작품은 전체적으로 그야말로 백과사전의 성격을 띠고 있다. 인간의 비참함을 보여주는 장면 하나하나를 목록화해서 규명하고 교육적 목적을 위해 유용하게 사용되도록 했다. 그러므로 자위행위를 하는 불행한 자의 에피소드를 이 소설과 분리해서 보기가 쉽다(Lütkehaus 1992, 108–124쪽 참조). 그러나 이 에피소드는 주인공 칼이 범애주의자로 변신하는 데에 결정적인 기여를 하고 있기 때문에 내용적으로 중요한 역할을 한다. 그의 인간애의 대상은 말하자면 사촌 페르디난트로, 그는 대지주 귀족이자 대령인 그의 삼촌이자 후견인의 아들이었다.

'폰 브라브von Brav'라는 이름 그대로 점잖고 신중한 대령은 자기 아들이 몹시 초췌한 모습으로 학교에서 집으로 돌아오는 모습을 보았다. 그는 칼 폰 칼스베르크에게 보내는 편지에서 페르디난트가 "자신을 능욕하는 짓Selbstschwächung"을 하려는 상당히 활발한 욕구에 굴복하고 있다고 쓴다. 그러면서 아주 창백하고 무기력해진 이 젊은이가 이 행위를 금하는 것에 대해 의아해한다고 썼다. 폰 브라브는 화가 나서 "이 죄에 감염된" 학교의 무책임한 교장에게 두 차례 편지를 썼고, 특히 세상 물정 모르는 "탁상공론과 실용적이지 못한 지식" 때문에 "건강한 인간의 이성"과 신체적 건강을 갖추지 못하게 되었다고 지적한다(Lütkehaus 1992, 109, 111, 114쪽).

> 당신은 교장 선생님답게 자기능욕이 라틴어와 그리스어로는 무엇인지 안다고 생각하고, 아마도 나에게 호라츠, 오비드, 키케로의 작품과 호머의 오디세이에서 이를 다룬 많은 구절을 인용해서 보여 줄 수 있다고 생각할 것입니다. 하지만 나는 자기능욕의 본질이 무엇인지를 압니다. 그것이 인간을 동물보다도 못한 존재로 만들고, 인간을 우둔하고 유약하고 결혼생활을 하기에 무능한 존재로 만드는 저주받은 악덕이라는 것은 압니다. (Lütkehaus 1992, 115쪽)

몹시 괴로운 아버지는 자기 아들을 요양 차 그뤼나우에 있는 칼 폰 칼스펠트Carl von Carlsfeld에게 보낸다. 그곳에 아들의 치료를 돕게 될 유능한 의사가 있기 때문이다. 페르디난트가 폐쇄적인 태도와 우울함에서 빠져 나오기까지는 꽤 오랜 시간이 걸렸다. 이 에피소드는 요약적인 코멘트라고 할 수 있는 성경적인 문체의 칼의 꿈 이야기로 끝난다. 꿈에서는 두 그룹의 젊은이들이 나오는데, 한 그룹은 "자위행위와 다른 종류의 문란함으로 자신을 더럽혀서 이성과 피를 파멸시킨" 이들이고, 다른 그룹은 자신을 더럽히지도, 쇠약하게 만들지도 않았으며, 독단과 허영 혹은 전횡에 의해서도 파멸되지 않은 이들이다. 꿈에 등장한 후자의 그룹은 바로 (기독교적) 계몽주의적 유토피아의 희망으로, "주님이 주님의 일을 완성 시키고 무지와 어리석음과 사악의 제국을 파괴하시면 나타나게 될 더 나은 인간들"(Lütkehaus 1992, 118쪽 이하)이다.

6.3 전인: 빌헬름 마이스터의 교육편지

인간을 시민으로 교육할 것인지 아니면 인간으로 교육할 것인지를 놓고 양자택일을 해야 할 때 범애주의의 추종자들은 말할 것도 없이 시민의 유용성과 실용성을 선택한다. 그렇다고 해서 전 인격을 포괄적으로 교육시키는 계몽주의의 이상이 결코 사라지는 것은 아니다. 특히 소위 신(新)인본주의Neuhumanismus를 대표하는 이들은 전인 교육의 이상을 적극 수용한다. 인간성Humanität 교육은 요한 고트프리트 헤르더Johann Gottfried Herder, 1744-1803나 빌헬름 폰 훔볼트Wilhelm von Humboldt, 1767-1835에게 중심이 되는 개념이다. 헤르더는 인간성을 "인간의 본질Menschheit, 인간적임Menschlichkeit, 인권, 인간의 의무, 인간의 존엄성, 인간애"와 같은 합성어로 달리 표현한다. 그의 목표는 전체적으로 "이성과 자유의 존재, 섬세한 감각과 충동의 존재, 가장 부드러우면서도 가장 강한 건강한 존재가 되게 하는 고귀한 인간교육"이다(Herder 1985ff., 제7권, '인간으로서의 인간', 147쪽; 제6권, 154쪽). 훔볼트가 표방한 교육의 이상 역시 이와 비슷하다. "인간의 진정한 목적은 [...] 자신이 가진 힘을 최대한 골고루 배분해서 전체적인 인간이 되는 것이다. 이렇게 교육되기 위한 제1의 필수 조건은 자유이다."(W. Humboldt 1967, 22쪽) 이러한 교육 구상에서 결정적으로 중요한 것은 전체성Ganzheitlichkeit이다. 아카데믹한 지성에 국한된 지식과 이해를 겨냥하는 오늘날의 교육관과는 달리 1800년경의 교육관은 정신적, 감각적, 윤리적, 신체적, 사회적인 모든 능력을 함께 고려했다.

이러한 전인적 교육관의 주요한 측면들은 괴테의 소설『빌헬름 마이스터의 수업시대Wilhelm Meisters Lehrjahre』(1795–96)에 들어 있는 소위

"교육편지Bildungsbrief"에 각인되어 있다. 제5권 3장의 이 짧은 편지로 제목과 동명의 주인공 빌헬름 마이스터는 친구 베르너가 보낸 편지에 회신하고 있다. 편지에서 베르너는 빌헬름에게 "시민적 삶의 행복"에 대해 묘사하면서 동시에 상인의 의무도 상기시킨다. 본래 빌헬름은 사업상의 일로 여행길에 오른 것인데, 도중에 점점 더 여행의 본래 목적과는 멀어지게 되었고, 거부할 수 없이 연극에 빠져들게 되었기 때문이다. 이 소설을 한 마디로 요약하자면, 새로운 실존을 향한 각성이라고 할 수 있는데, 빌헬름의 편지는 이를 보여주는 핵심적인 자료이다. 이 편지의 주제는 다음과 같다.

> **단 한 마디**로 말한다면, 나 자신을 오롯이 있는 그대로의 모습으로 형성하는 것, 이것이 어렸을 때부터 어렴풋이 가졌던 나의 소망이었고 나의 의도였어. (Goethe 1982, 301쪽)

이 강렬적인 표현에서 눈에 띄는 것은 능동태의 문법 형식이다. 즉, 인간은 외부에 의해 형성되거나 구시대적 전통과 같이 그저 신의 형상을 추구하며 형성되는 것이 아니라, 자신의 운명을 스스로 개척하는 존재이다. "너 **자신의** 이성을 사용할 수 있는 용기를 가져라!" 이는 칸트가 주창한 "계몽주의의 모토"이다(Kant 1783, in: Aufklärung 1974, 9쪽). 물론 빌헬름 마이스터가 기획한 것은 이러한 단순히 지성적인 차원의 교육을 넘어서긴 하지만, 그래도 자기실현이라는 이념은 이들에게 모두 공통된 것이다. 자기실현은 당시의 자연 탐구에서도 언급되는 표현이다. 예를 들어 인간학자인 요한 프리드리히 블루멘바흐Johann Friedrich Blumenbach, 1752-1840는 그의 저서 『형성 충동에 관하여Über den Bildungstrieb』(1789)에서 모든 생물체에 내재하는 재생산력과 외적인 형태를 이루고자 하는 힘nisus formativus을 연구했다. 괴테는 형태학Morphologie에 관한 저서와 교훈시인 〈식물의 변형Die Metamorphose der Pflanzen〉(1799), 〈동물의 변형Die Metamorphose der Tiere〉(1820)에서 이에 대해 집중적으로 다루고 있다. 이 두 편의 비가 중 먼저 쓴 〈식물의 변형〉에는 다음과 같은 내용이 있다. "이제 생성되는 모습을 관찰해 보라. 식물이 차례차례 단계를 거쳐 꽃을 피우고 열매를 맺는 모습을."(Goethe 1987, 제1부, 제1권, 290쪽). 자연의 내적인 생장력에 의한 발달이라는 이러한 관념에 기초하여 "식물학교Pflanzschule"라는 유형의 학교가 세워진다. 예를 들어 인간학자 실러가 다녔던 슈투트가르트의 카를 사관학교도 식물학교라고 불리었다.

빌헬름 마이스터의 자기형성 기획은 기존의 구속으로부터의 해방과 극복, 자신의 상황을 개선하려는 욕구에 기초하고 있다. 이를 위해 그는 자기정화라는 이미지를 사용한다. "나의 내면이 광물 찌꺼기로 가득 차 있다면 좋은 철을 제조한다 해도 무슨 소용이 있을까?"(Goethe 1982, 301쪽) 괴테는 똑같은 비유를 1782년도의 편지에서 다음과 같이 사용한 바 있다. "나의 본성을 온갖 찌꺼기로부터 해방시키고 나의 마음을 깨끗하게 만들기 위해서는 강력한 망치가 필요한 것 같다."(Goethe 1987, 제4부, 제6권, 93쪽) 대장 기술과의 비교를 통해 괴테는 날 것의 상태 혹은 초기아동기의 자연 그대로의 상태라는 "광물 찌꺼기"로부터 해방되어 세련되고, 양식화되고, 완전해지는 인간을 추구한다. 여기에서 개인의 발달과 종의 발달은 함께 이루어진다. 이는 동물과 식물이 아직 분화되지 않은 단순한 하나의 맹아에서 생겨남으로써 한 편의 진화의 역사가 언제나 반복되고 있는 것과 아주 흡사하다.

인성이 성숙해지고 완성되기 위한 중요한 전제조건은 삶을 실제로 경험하는 것과 세상에 대한 지식을 갖추는 것이다. 이러한 주장에 대한 근거 역시 빌헬름은 자신의 친구에게 제시하고 있다. "나는 네가 생각하는 것보다 더 많이 세상을 경험했고, 네가 생각하는 것보다 세상을 더 능숙하게 사용하고 있어."(Goethe 1982, 301쪽) 이로써 본질적으로 세상을 위한 그리고 계몽주의의 대중철학Popularphilosophie을 위한 철학의 강령이 호출된다. 그리고 이 강령은 인간학과 가장 밀접하게 연결된다(Böhr 2003 참조). "전인적인 인간의 본성에 대한 지식과 세상에 대한 지식"은 인간학자인 에른스트 플라트너에게만 불가분의 것으로 여겨지지 않았다. 플라트너는 대학에서도 "세상을 가르치는 일"을 "직업 철학자"의 주요 과제라고 선언한다(Platner 2007, 23, 58쪽). 빌헬름 마이스터 역시 대중철학의 대표자들처럼 특히 모든 소질을 고려하는 "본성의 조화로운 교육"에 중점을 둔다. 여기에는 "정신과 취향" 외에도 "신체 훈련", "언어와 목소리", "정신과 육체", "문학 창작"과 "연극"이 속한다(Goethe 1982, 303쪽). 특히 신체와 목소리를 통해 표현하는 훈련과 함께 인간과 세상에 대한 지식을 함양하는 것 역시 당대 빌헬름이 그렇게도 야심차게 추구했던 연기예술(→10)의 토대가 된다.

빌헬름은 자신의 인격이 연극무대 위에서만 완전히 실현될 수 있다고 확신하는 이유를 시민계급이라는 실존적 제약 때문이라고 설명한다. 귀족은 교육받을 수 있는 모든 기회와 품위를 지킬 수 있는 모든 가능성을 전유하고 있는 반면, 시민은 "유용한 존재가 되기 위해 몇 가지 능력만 연마하면" 된다. 시민은 "그저 생긴 대로 살아야 한다. 그가 꾸미려고 하면 우습거나 촌스럽다"(Goethe 1982, 303쪽). 귀족과 시민의 대립을 다룰 때 모든 각주에서 언급되는 유일한 참고 자료는 대중철학자인 크리스티안 가르베Christian Garve, 1742-1798의 방대한 논문이었다. 실러는 이 논문을 한 마디로 “시민은 **일하고**, 귀족은 **품위를 지킨다**”라고 간결하게 표현했다(Schiller 1992 이하, 제8권, 695쪽). 그러나 소설 『빌헬름 마이스터의 수업시대』가 탄생한 시기에 신분의 차이는 빌헬름이 생각한 것처럼 더 이상 극복될 수 없는 것이 아니었다. 괴테야말로 예술과 학문(실제 연극 공연을 포함해서)에 대한 방대한 관심과 궁정의 품위와 정치가로서의 품위를 지켜야 하는 임무(이는 특히 괴테를 귀족으로 신분상승시켰다)의 결합이 가능함을 보여준 좋은 예이다.

빌헬름은 인성 수업을 받는 과정에서 연극계에 입문하려는 시도를 수차례 했지만 모두 실패한다. 여기에서 중요한 것은 그가 받게 된 인성 교육과 성숙의 과정으로, 이 경험을 통해 그는 전인으로 만들어진다. 이런 의미에서 빌헬름은 소설 말미에 친구에게 보내는 또 다른 편지에서 다음과 같이 선언한다.

> 진정한 교육을 위한 가장 효과적인 방법을 파괴하고 그 과정 자체에서 행복을 느끼게 하는 대신 목적을 지시하는 모든 방식의 교육은 망하리라. (Goethe 1982, 526쪽)

끝에 가서야 비로소 빌헬름은 자신의 교육프로젝트가 전적으로 자신이 결정한 것이 아니었음을 알게 된다. “비밀 탑사회geheime Turmgesellschaft”가 유년시절부터 거의 알아챌 수 없을 정도로 비밀리에 그를 관찰해왔으며 그가 가는 길을 인도해 왔던 것이다. 이런 식으로 “조종된 우연의 인물”(Pethes 2007, 303쪽)인 빌헬름은 탑사회의 교육 실험의 대상이 되었던 것이다. 괴테는 탑사회를 통해 당대의 비밀

결사대인 광명회(일루미나티)를 암시하고 있다. 영향력과 힘을 갖춘 이 집단에는 정치와 예술 분야의 지도급 인사들이 속해 있었는데, 최근에 와서야 소설에서 익명으로 제시된 많은 인물들이 누구인지 밝혀졌다. 이처럼 역사적 사실에 토대를 둔 관점들이 고전주의 교양소설의 약간은 고루해진 개념을 점차 대체하기 시작했다(Pethes 2007, 298-312쪽 참조). 한 마디로 이 소설은 자기를 실현하기 위해 인간은 얼마큼의 지도를 받아야 하는가라는 이 장 도입부에서 던진 질문에 대해 교육적으로는 진보적인 대답을 제시하는 소설이다. 즉, 빌헬름은 독자적이고 자유로운 결정을 통해 상인 엘리트 부르주아의 세계에서 벗어났다고 생각하지만, 실은 수업을 받고 있는 이 학생은 눈에 띄지 않게 끊임없이 조언과 지도를 받고 있었던 것이다. 탑사회의 교육가들은 자신들의 임무를 들키지 않고 수행했으므로 성공적인 교육을 했다고 할 수 있다.

질문과 쟁점

- 교육학과 인간학은 얼마만큼 병행학문으로 이해될 수 있을지 서술해 보자.
- 범애주의자들의 개혁운동이 추구한 원칙들은 무엇인가?
- 계몽주의의 성교육에서 매우 난처해 보이는 점은 무엇이며 이에 대해 어떤 제안들이 제시되었는가?
- 자위행위에 대한 전문의학적 논의를 소설에 수용하는 것과 관련하여 장점과 단점은 무엇인지 설명해 보자.
- 빌헬름 마이스터의 '교육 편지'에 설정되어 있는 목표를 가지고 교사 역할을 맡아 작은 교육 프로그램 하나를 개발해 보자.

추천문헌

- Johann Wolfgang Goethe: Wilhelm Meisters Lehrjahre. Ein Roman, hg. v. Ehrhard Bahr, Stuttgart 1982 (RUB 7826). 참조한 부분: V, 3장: 301-305쪽.
  비평본: Ders.: Sämtliche Werke, Münchner Ausgabe, Bd. 5, hg. v. Hans-Jürgen Schings, München/Wien 1988, 288-292쪽.

- Kinder- und Jugendliteratur der Aufklärung. Eine Textsammlung, hg. v. Hans-Heino Ewers, Stuttgart 1980 (RUB 9992).

☞ 교육 관련 텍스트와 여러 문학 장르(특히 독일가곡, 우화, 교훈 소설, 동화, 드라마, 여행기)에서 발췌한 다양한 텍스트 선집.

- Ludger Lütkehaus(Hg.): „O Wollust, o Hölle". Die Onanie - Stationen einer Inquisition, Frankfurt a. M. 1992.

☞ 성경, 프랑스 백과전서파 및 독일 범애주의자들의 텍스트에서부터 프리드리히 횔덜린, 임마누엘 칸트, 하인리히 폰 클라이스트, 프리드리히 니체, 아르투어 쇼펜하우어를 거쳐 지그문트 프로이트, 토마스 만 혹은 프랑크 베데킨트에 이르는 자위행위 담론을 정리한 논문집.

- Winfried Böhm: Geschichte der Pädagogik. Von Platon bis zur Gegenwart,

München 2004, 2. Auflage 2007.

☞ 루소(제5장)와 루소 이후의 교육학(제6장)을 독립적으로 다루면서 교육이론을 간결하게 조망한 책.

- Ursula Franke: Artikel „Bildung/ästhetische Erziehung", in: Ästhetische Grundbegriffe. Historisches Wörterbuch in sieben Bänden, hg. v. Karlheinz Barck u. a., Bd. 1, Stuttgart/Weimar 2000, 696-727쪽.

☞ 풍부한 자료를 바탕으로 세분화해서 '교양(Bildung)'의 개념사를 정리한 글. 교양을 예술을 통해 인간을 교육(Erziehung)하기 위한 개념으로 제시하고 있다. 많은 참고 문헌이 제시되어 있다.

- Notker Hammerstein/Ulrich Herrmann(Hg.): Handbuch der deutschen Bildungsgeschichte, Bd. II: 18. Jahrhundert. Vom späten 17. Jahrhundert bis zur Neuordnung Deutschlands um 1800, München 2005.

☞ 특히 경건주의적 교육, 유태인의 교육, 개혁 교육학, 국민 교육, 모든 학교 형태, 대학, 문화 기관(극장, 독서회, 박물관)등 교양의 역사를 자세히 조망하고 있다.

- Helmut Koopmann: Wilhelm Meisters Lehrjahre [1795/96], in: Goethes Erzählwerk. Interpretationen, hg. v. Paul Michael Lützeler und James E. McLeod, Stuttgart 1985, 168-191쪽 (RUB 8081).

☞ 이 논문은 교양소설이 아닌 사회소설로 『빌헬름 마이스터의 수업시대』를 소개한다. 시민과 귀족의 갈등 그리고 사회적 자기서술의 상징적 장소로서 극장을 논의의 중심으로 삼고 있다.

- Heinrich Macher: Der Aufklärungsroman als „Gemälde" des menschlichen Elends. Christian Gotthilf Salzmanns „Carl von Carlsberg" [1783-1788], in: ders./Gerhard Kaiser(Hg.), Schönheit, welche nach Wahrheit dürstet. Beiträge zur deutschen Literatur von der Aufklärung bis zur Gegenwart, Heidelberg 2003, 27-51쪽.

☞ 민중 교육을 위한 교훈적인 다양한 시학적 그림이 소개된다.

- Hans Scheuerl(Hg.): Klassiker der Pädagogik. Erster Band: Von Erasmus von Rotterdam bis Herbert Spencer, München 1979, 2. Auflage 1991.

☞ 요한 베른하르트 바제도우, 요아힘 하인리히 캄페, 요한 고트프리트 헤르더, 요한 하인리히 페스탈로치, 장-자크 루소, 크리스티안 고트힐프 잘츠만, 에른스트 크리스티안 트랖 등의 계몽주의 교육자들을 소개하고 있다.

제7장

인간학과 (교훈)시

제7장

인간학과 (교훈)시

〈그림 18〉 요한 볼프강 괴테: 프로메테우스, 연필화 및 펜화 (1805/08년경)

괴테가 연필과 갈색 수채물감으로 그린 <독수리와 젊은이Jüngling mit Adler>(1805/08년경)에는 근육질의 한 남자가 고대 시대에나 흔히 볼 수 있는 나체의 모습으로 어느 산꼭대기에 매달려 있는 모습이 묘사되어 있다. 그는 오른손으로 독수리 한 마리를 잡고 있거나 아니면 독수리의 공격을 막고 있다. 이 젊은이의 영웅적인 힘찬 몸짓은 신화에 나오는 두 인물 프로메테우스Prometheus와 가니메트Ganymed와 가히 비교할 만하다. 괴테는 1773-75년경에 두 편의 위대한 송가를 지어 이 둘을 노래했다. 프로메테우스는 반란의 대가로 신들의 아버지에 의해 카프카스산에 묶인 채 매일 매일 독수리에게 간을 빼앗기는, 즉 전통적으로 희생자로 묘사되었다. 그러나 1770년대 슈트룸운트드랑 시기에는 반항적인 반란자로 재해석되었다. 그러니까 괴테의 그림에서는 번개를 던지는 독수리, 즉 '천둥의 신' 주피터(제우스)의 독수리와 싸우는 모습으로 나타나고 있다. 그런데 이 그림은 반대 인물인 가니메트의 모습이기도 하다. 주피터는 독수리의 모습으로 변장해서 가니메트를 이다Ida산에서 유괴한 후 아름다운 용모 때문에 신들의 식탁에서 음료를 담당하는 일을 시켰다. 프로메테우스든 가니메트든 어쨌든 독수리와 싸우는 이 젊은이의 모습에서 흔히 사용되는 천재 이미지와 초인적인 면모가 뚜렷하게 드러난다. 그것은 새로운 인간 유형의 탄생을 보여준다. 아마도 성경에 나오는 "에케 호모Ecce Homo"(이 사람을 보라: 요한복음 19장 5절)가 이 그림에 대한 적절한 제목일지도 모르겠다.

인간학에 관한 시는 교훈시Lehrgedicht의 형식을 빌려 인간 혹은 창조 질서 내에서의 인간의 위치에 대한 지식을 전달하였다. 알렉산더 포프Alexander Pope, 1688-1744의 시 〈인간론〉(1733/34)부터 실러의 초기

철학시(1782)에 이르는 시들이 그 예라고 할 수 있다. 그러나 다른 한편 새로운 인간학은 시적 리듬과 운율을 포함해 시의 표현 형식에도 변화를 가져오게 된다. 산문과 드라마와 마찬가지로 시 역시 정념의 싸움이라든가 심장의 박동, 육체와 영혼(정신/마음)의 상호작용과 같은 인간의 내면을 묘사하고 표현할 수 있다. 이러한 측면이 이제까지의 연구에서는 다소 간과되었다. 그러나 이미 1747년 크리스토프 요세프 주크로Christoph Joseph Sucro, 1718-1756는 교훈시 〈인간에 관한 시론Versuche vom Menschen〉과 함께 "시 심리학의 시작"(Sucro 2008, 25쪽)을 알렸다. 그리고 괴테의 초기시와 함께 시 심리학은 절정에 이르게 된다. 즉, 〈내 심장은 뛰었다Mir schlug das Herz〉(1771)에서는 감정을 체험하고 있는 마음을 들여다볼 수 있으며, 이와 반대로 〈프로메테우스Prometheus〉(1774년경)에서는 새로운 인간의 초상이 묘사되고 있다.

7.1 시의 인간론: 포프와 주크로

알렉산더 포프의 시 〈인간론An Essay on Man〉(독역: Versuche vom Menschen, 1740)에서 보다 단 한 편의 시를 통해 '전인'이 더 유명해진 작품은 아마 없을 것이다. 게다가 셰익스피어의 드라마를 제외하고는 그 어떤 영국 작품도 이보다 더 많이 독일어로 번역된 것은 없었다(Baasner 2003 참조). 이 시가 이와 같은 성공을 거두게 된 것을 보면 세계상의 중심이 된 인간(인간중심주의Anthropozentrismus)에 대해 계몽주의가 얼마나 많은 관심을 갖고 있는지를 알 수 있다. 로버트 플러드Robert Fludd, 1574~1637의 『지상계의 역사Microcosmi historia』(1619; 독역:

Geschichte der irdischen Welt)에 나오는 삽화(그림19)는 우주에서의 이러한 인간의 위치를 분명하게 보여주고 있다.

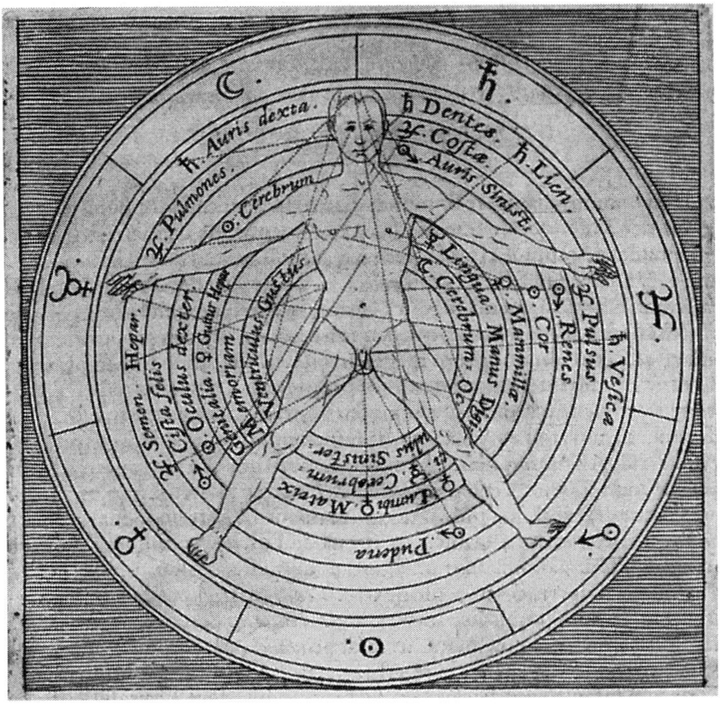

〈그림 19〉 로버트 플러드: 다이어그램으로 그린 세계, 플러드의 『지상계의 역사』(1619)에 들어 있는 동판화

위 그림에서 인간의 팔과 다리는 전체 세계질서를 둘러싸고 있으며, 서로 맞물려 있는 천체들과 바깥 원에 상징으로 그려져 있는 (고대의) 일곱 개 행성(시계 방향으로 토성, 목성, 화성, 태양, 금성, 수성, 달)들은 원소/금속, 기질/성격, 질병 및 여러 악으로 다양하게 의미가 부여되어 있다.

창조세계에서 인간에게 피조물간의 조화를 이루도록 하는 중간자의 지위를 부여한 것은 근대 초기에는 널리 퍼져 있던 관념이었다. 하지만 포프는 교훈시 〈인간론〉 제1편에서 이 같은 인간의 지위에 대해 서술하는 것으로 만족하지 않고 한 발 더 나아가 학문으로서의 인간학을 요구한다. 이 명제는 항상 인용되는 제2편 첫 구절에서 다음과 같은 싯구로 표현되어 있다.

> 그러니 신에 대해 감히 추정하지 말고 너 자신이나 알아라!
> 인간이 연구할 적절한 대상은 바로 인간인 것이다.*

18세기 번역에서는 첫 행을 신을 탐구하는 것은 뻔뻔하고 오만하며 주제넘은 짓이라며 교만함에 대해 훨씬 더 단호하게 경고하는 것으로 번역되어 있다. 반대로 두 번째 행에서는 자기 인식에 있어서 부지런하고, 학문적이며, 철저하게 연구하라고 권유하는 것으로 번역되어 있다(Baasner 2003, 189쪽 이하 참조). 이처럼 번역이 다른 것은 이 두 행을 이해하는 데에 어려움이 있음을 분명하게 보여준다. 감히presume 신을 탐구해서는 안 된다는 것인지, 아니면 신에 대해서 우리가 알 수 없는 것을 추정하는presume 것은 그저 사변적이라는 것인지가 불분명하다. 두 번째 행은 좀 더 명료하다. 즉, 인간에 대해서는 인간 개인을 연구해보면 조금은 알 수 있다는 내용이다. 그리고 타인과 우리 자신을 탐구하는 것은 우리 인간의 과제이기도 하다. 호기심은 인간인 우리 자신과 현실 세계에만 국한시켜야 한다. 이 모든 의미가 "인간이 연구할 적절한 대상은 바로 인간이다"에 들어 있다.

---

* 영어원문: "Know then thyself, presume not God to scan;/The proper study of mankind is Man." 독일 번역본: "Erkenn Dich selbst, erforsch nicht Gottes Kraft!/Der Mensch ist erstes Ziel der Wissenschaft."(Pope 1993, 38쪽 이하)

그런데 포프의 시를 전체적으로 읽어보면, 이 두 구절은 서로 결정적으로 중요하게 연관되어 있음을 알 수 있다. 신은 자연 속에서 인식될 수 있으며, 인간 안에도 신성, 생명력, 영혼의 원리가 어느 정도 깃들어 있기 때문이다. 널리 퍼져 있는 이 학설을 '물리신학Physikotheologie'이라고 한다. 즉, 세계의 질서와 합목적성은 하나의 원인, 말하자면 신으로 귀결된다. 포프는 이러한 발상을 제1편에서 "존재의 대사슬Great Chain of Being"이라는 신플라톤주의의 모형으로 전개시킨다. 빈틈없는 존재의 사슬 혹은 존재의 사다리의 사슬이라는 이미지는 창조 세계에서는 모든 것이 상승하는 질서 속에서 서로 연결되어 있음을 말하고 있다. 즉, 사슬은 무생물에서부터 단지 살아 있기만 한 식물과 낮은 단계의 동물을 거쳐 더 고귀한 생명체로 상승하는데, 이는 인간, 영적인 존재들과 천사들 그리고 궁극적으로 신에게 이른다. 사슬이라는 이미지 대신 사다리 혹은 계단이라는 이미지도 대중적인 이미지이다. 라몬 류이Ramon Llull, 1232-1316의 『정신의 상승과 하강에 관한 책Liber de ascensu et descensu intellectus』(1512; 독역: Buch vom geistigen Auf- und Abstieg)(그림 20)에서는 동물의 영역(Brutus: 우둔한, 저능한)과 하늘(C[a]elum) 사이에 위치한 인간(Homo)의 단계를 분명하게 볼 수 있다.

미국의 이념사가인 러브조이Arther O. Lovejoy, 1873-1962는 수백 년에 걸쳐 발생한 이러한 단위 관념unit idea의 변형태들을 1933년의 탁월한 강의에서 보여주었다. 포프의 시 〈인간론〉은 이러한 전통에서 중요한 한 단계를 의미한다. "존재의 대사슬Vast Chain of Being" 혹은 "대사다리great scale"에 대해 그는 다음과 같이 요약한다.

〈그림 20〉 라이문두스 룰루스: 정신의 상승과 하강(Valencia, 1512)

존재의 사슬은 신에서 시작되었다네,
영적으로 고귀한 존재들, 천사, 남자,
동물, 새, 물고기, 곤충, 눈으로 볼 수 없는 미물,
즉, 무한한 존재에서 너 인간에게로,
너에게서 무로 이어진다네. 하지만 우리가 우리 위에 있는 것에
압력을 행사한다면, 그것은 마치 쥐가 우리에게 그렇게 하는 것과 같은 것이라네.

창조물 중 어느 한 곳이 비어 있었다면,
대사다리도 무너져버렸을 것이네. (Pope 1993, 32쪽 이하)

사다리 이미지는 사슬의 이미지보다 완성을 향해 정진하는(완성 지향성) 계몽주의에 상응하는 상승에 대한 사상을 보다 더욱 잘 보여줄 수 있다. 존재의 사다리에서 이미 높은 위치를 차지하고 있는 인간에게는 상승 혹은 하강의 길이 주어져 있다. 즉, 이미 포프보다 조금 앞선 1729년에 시인이자 의사였던 알브레히트 폰 할러Albrecht von Haller, 1708-1777가 어느 교훈시에서 규정한 "천사와 가축 사이의 불행한 중간 존재Unselig Mittel-Ding von Engeln und von Vieh"(Haller 1983, 24쪽)로서의 인간은 운신의 폭이 넓어 단 하나의 사다리 디딤판에 묶여 있지 않다. 광기나 범죄의 경우에서 보여주듯 인간은 동물성으로 하강할 수도 있으며, 교육을 통해 보다 완성된 인격으로 상승할 수도 있다(→2, 3, 6). 그러나 포프는 또다시 오만의 위험성에 대해 경고한다.

사고한다는 자만심에서 우리는 실수할 수 있다.
이 세상에서 도피하여 천상으로 날아오른다.
자만하여 지고한 행복의 나라를 침입한다.
그리하여 인간은 천사가 되고자 하고, 천사는 스스로 신이 되고자 한다.
천사는 추락하고, 신의 보좌를 얻으려 한다.
인간이 천사와 같이 되고자 한다면, 그것은 곧 반역이다.
(Pope 1993, 27쪽)

괴테의 〈프로메테우스〉 송가에서도 볼 수 있는 이와 같은 반역에는 교훈시가 어울리지 않는다. 교훈시는 엄격한 수사학 규칙을 따르는 문학 형식으로 지식을, 이 경우에는 인간학적 지식을 전달하기 때문이다. 교훈시의 목표는 대상(res)과 그 대상에 대한 언어적 묘사(verba) 간의 결합 및 교훈적 기능과 오락적 기능의 결합이다. 후자의 경우는 고대 시인 호라티우스가 『시학De arte poetica』(B.C.14년; 시학, 1639, V. 333)에서 요구한 것이다.

> 시인은 유익을 주든가 즐거움을 주고 싶어 한다
> 아니면 즐겁고 유익한 것을 동시에 말하고 싶어 한다.
> (Horaz 1984, 24쪽 이하)

크리스토프 마틴 빌란트의 교훈시 〈사물의 본성Die Natur der Dinge〉(1752) 역시 이러한 기준에 부합하여 그야말로 관습적으로 존재의 사슬론, 육체와 영혼의 이중 본성을 가진 인간론을 전개하고 있다(Hacker 1989 참조).

훨씬 덜 알려지긴 했지만, 인간학에 관한 시 영역에서는 누구보다도 부각되는 시인이 바로 크리스토프 요세프 주크로이다. 그는 1738년부터 할레에서 알렉산더 고틀립 바움가르텐Alexander Gottlieb Baumgarten, 1714-1762에게서 수학했다. 바움가르텐은 감각적 지각, 즉 하위 인식능력을 연구함으로써 미학의 기초를 세운 사람이다(D'APRILE/SIEBERS, 6.1). 주크로는 바움가르텐의 미학 구상을 알브레히트 폰 할러에게 헌사한 자신의 교훈시 〈인간에 관한 시론〉의 토대로 삼았으며, 이 시를 그는 "시 심리학의 시작Anfang zu einer Psychologie in Versen"이라고 진술한다(Sucro 2008, 25쪽). 이는 내용만이 아니라 형식에 대한 말이기도 하다. 이 시는 상세하게 기술된 〈철학시에 대한 논문Abhandlung von philosophischen Gedichten〉을 서문으로 하는 『교훈시와 우화 시론Versuche in Lehrgedichten und Fabeln』(1747)에 들어 있다. 주크로는 감각적으로 사고하는 방식인 시를 추상적인 철학과 많은 교훈시에서 나타나는 무미건조함과 구별한다. 그는 감각적인 낭송은 가능한 한 명확하고 분명하면서 "생동감" 있게 "하위 인식능력"에 호소해야 하고, 철학적 추론을 하는 듯한 어조를 띠지 않으면서 사상을 이해하기 쉽게 전개시켜야 한다고 주장한다(Sucro 2008, 10쪽 이하). 이러한 강령은 이야기 방식에서도 박진감을 중요시하고 개인을 다루라고 조언한 점을 뚜렷이 상기시킨다(→5.1).

여러 차례 언급된 포프의 시와 마찬가지로 주크로의 시는 네 부분으로 구성되어 있다. 첫 장의 내용은 포프와 마찬가지로 존재의 사슬 및 "자기인식"이라는 관념에 밀착되어 있다(Sucro 2008, 43쪽).

> 그렇게 현자의 눈은 자족의 충만함으로 멈춰 있네,
> 인간 안에서 창조의 대작을 보기 위해,
> 인간의 이중적 본성은 이중의 권리를 갖는다네,
> 하나님의 도성의 시민에서 그리고 육체의 세계에서,
> 반은 천사와 유사하며, 반은 짐승과 형제라네
> 지고한 행복을 마음껏 누릴 수 있지만, 그 행복을 잃어버리는 데에도 선수라네. (Sucro 2008, 44쪽)

두 번째 장에서는 "이중 본성"을 포프보다 더 자세하게 다룬다. 그는 외적 감각과 내적 감각을 구분하는데, 내적 감각은 우리의 "감정"

에 가장 먼저 "작용하고, 이를 통해서 감정은 사고하게 된다". 그러니까 "우리는 사물의 실재를 오로지 느낄 수만 있는 것이다"(Sucro 2008, 47쪽). 이로써 동시에 세 번째 장과 네 번째 장의 토대가 만들어지는데, 감각적 인식은 예술의 기초로서 상상력과 직관, 판타지, 유머에 의해 전개된다는 내용이다.

7.2 사랑의 철학: 실러의 시 〈우정〉

"시 심리학"과 함께 머리가 아닌 마음에 호소하고자 하는 계획은 주크로의 시 〈인간에 관한 시론〉에서는 사실상 아직 성취되지 못했다. 실러의 시 〈우정Die Freundschaft〉(1782)도 엄격한 형식을 갖춘 열 개의 연을 거치면서 포프, 주크로 혹은 빌란트의 이미지와 예시들이 한없이 연쇄적으로 이어지며 대체되긴 하지만, 어디까지나 성찰적인 관념시를 벗어나지 못하고 있다. 그래도 실러는 좀 더 부드럽고 우아한 논리를 펴기 위해 철학적 추론의 제스처(명제-예시-결론)는 역시나 피하고 있다. 심지어 감정에 대한 주크로의 요구도 어느 정도 반영되어 있다. 즉, 열광적인 어조와 우정과 사랑을 끝없이 찬양하고, 존재의 대사슬에서 최상위까지 도달하려는 낙관주의가 멈출 줄을 모른다.

실러는 이 시에다 1770년대 청년기에 품었던 보편적 사랑과 완전함에 대한 열광적인 믿음을 압축시켜 놓았다. 그는 나중에 〈철학서간집Philosophische Briefe〉(1786)에서 이 견해를 율리우스라는 인물의 입을 빌려 말한다. 율리우스는 "신지학Theosophie"(신성에 대한 지식)을 가지고 이 견해를 전개시키면서 첫 두 연의 내용은 빼고 시의 형태로 이를 요약하고 있다. 이에 대해 그의 친구인 라파엘은 회의적인 논증을 펴면서 대답하는데, 여기에 실러 자신은 어느새 동조하고 있다. 말하자면 〈1782년의 인간학Anthropologie auf das Jahr, 1782〉에서 처음 발간된 시 〈우정〉(Schiller 1992 이하, 제1권, 525-527)은 청년 실러가 품었던 인간상과 세계상을 반영하고 있는데, 이는 육체와 정신에 관한 그의 의학박사논문(→1)보다 더 앞선 것이다. 이 시가 가지고 있는 인간학적 내용은 대략 다음과 같다.

- 자연의 질서: 첫 두 연에서는 기본적인 자연의 힘이 전개된다. 뉴턴의 중력의 법칙은 물리적인 "육체의 세계"에서와 마찬가지로 형이상학적인 "정신의 영역"에서도 통한다(4행). 즉, 행성들이 중력과 원심력에 의해 자신들의 궤도를 돌거나 시냇물이 바다로 흘러가는 것처럼 "정신"(10행) 혹은 공통된 힘의 중심("정신의 태양Geistersonne, 11행)을 갖고 있는 영혼들 간에도 끌림 혹은 작용이 있다.
- 유사한 형태들: 이러한 에너지의 원천은 (플라토닉한, 정신적인) "사랑"(14행), "우정"(제목), "교감"(42행)으로서, 이는 중력과 유사하게, 〈철학 서간집〉에서는 혈액순환과 자기력Magnetismus과의 유사성도 언급되지만, 서로 비슷한 사람들에게 작용한다. 그것은 저항할 수 없는 힘이며 "전능"(13행)하며, 마음이 서로에게 끌릴 수밖에 없게 하고(15행), "원자들"(22행 이하)의 "무질서"에 질서를 부여할 수 있게 해준다. 한 마디로 그것은 "완성의 과정"(18행)을 의미한다. "수백만 명 중에서"(20행 이하) 자신에게 맞는 파트너를 선택한다는 것은 심한 과장일 수 있지만, 사랑의 엄청난 위력을

강조하는 것임에는 틀림없다.

- 반사(비추기): 5연과 6연에 따르면 사랑은 "이글거리는 눈"과 "빛나는 눈빛"(25행, 35행)을 통해 전달된다. 이것은 고대인들의 표상이다. 반사라는 시각적 메타포는 이 시 전체의 토대가 되는 모나드Monade라는 철학적 모델을 지시한다. 이에 따르면 만물은 나눌 수 없는 부분들(그리스어: monas)로 구성되어 있으며, 각각의 모나드는 다시금 전체를 반사하여 나머지 세계와 자연스럽게 접촉된다. (등급이 있는) 혼/생기Beseeltheit라는 관념은 이와 연관된 것이다. 이는 〈철학서간집〉에서는 "자연은 무한히 나누어져 있는 하나의 신이다"(Schiller 1992 이하, 제8권, 227쪽)라는 말로 표현되며, 이를 흔히 범신론Pantheismus이라고 한다.
- 존재의 대사슬: 7연에서 10연까지 실러는 사랑이 우리를 "수천 개의 계단을 지나 위로" 인도하며 우리가 "신들"(46행, 44행)이 되게 하는 반면, 미움과 고독은 그 반대가 되게 한다는 명제를 통해 존재의 사슬이라는 관념을 변주한다. 사랑은 심지어 "영혼Seele"(38행)을 통해 "암석"에 생명을 불어넣는 힘을 주기도 한다. 이것은 바로 괴테의 시 〈프로메테우스〉의 주제이다. 마지막 연도 고독과 사랑의 "결핍" 때문에 자신과 유사한 "유령들"을 창조한(55행 이하) 가엾은 "세계의 장인Weltenmeister"(55행)에 대한 안타까움과 함께 프로메테우스를 떠올리게 한다. 실러는 마지막으로 존재의 생물학적 사슬과 유사하게 "몽고인에서부터 그리스의 예언자에 이르기까지"(50행)라는 동시대의 편견을 증명하는 가장 위험한 문화적 위계를 그려내고 있다(→2).

7.3 에케 호모:
괴테의 시 〈내 심장은 뛰었다〉, 〈프로메테우스〉

시의 심리화는 청년 괴테에게서 절정에 달한다. 괴테의 시에서 "마음의 '자연어'를 모방해서" 말하는 자아는 "다름 아닌 새로운 인간학의 주체"(Riedel 1994, 145쪽)인 것이다. 1771년에 쓴 괴테의 시 〈내 심장은 뛰었다Mir schlug das Herz〉는 실러의 시 〈우정〉에 못지않게 사랑의 행복을 격정적으로 찬양하지만, 어조에 있어서는 실러와 완전히 다르다. 괴테의 시는 사랑의 철학을 말하는 것이 아니라, 서술하는 자아가 사랑에 빠진 '상황에서' 이야기하고 있는 것으로 보인다. 과거형 시제로 인해 생기는 거리감의 효과는 좀처럼 드러나지 않는다. 오히려 밤을 뚫고 말을 타고 달려가 연인에게 도착하고 마지막으로 헤어지는 장면과 같은 직접성의 암시를 숨기기가 어렵다. 실러의 시보다 10년 앞서 쓰여진 이 시는 시적 주체의 급진적인 발현을 의미한다. 자서전 『시와 진실』에 나타나는 괴테의 자기 해석에 이끌려 이 작품 또한 흔히 선호하듯 전기적 해석의 가능성이 있지만, 사실상 괴테의 전기와는 아무런 관계가 없다. 그렇다면 이 시를 어느 정도로 "시 심리학"(주크로), 그러니까 인간학적 시라고 말할 수 있을까?

우선 의도를 가지고 행동하는 주체는 등장하지 않는다. 잡지 〈이리스Iris〉(1775)에 실린 첫 판본과 비교해보면, 그 이전의 필사본과 나중 판본인 〈만남과 헤어짐Willkommen und Abschied〉에서는 "내 심장은 뛰었다Es schlug mein Herz"(Goethe 1987, 128, 283쪽)라는 첫 구절로 시작된다. 주인공은 정념의 중추기관인 이 심장의 지배를 받고 있다. 심장이라는 기관은 4개의 연에서 모두 언급되고 있으며, 『젊은 베르테르의 고통』

에 나오는 처음 4개의 편지에서도 13번이나 언급되고 있다. 동시에 심장은 의식 전단계의 하위 인식능력을 상징하기도 하며, 이 능력은 시에서 표현하듯 밤에 말을 타고 달리도록 만드는 힘이다. 그러나 심장과 감정은 자체의 법칙에 따라 하나의 행동을 조종할 뿐만 아니라 의식("정신"은 15행에 가서야 나온다)에 영향을 주기도 한다. 이러한 무의식적인 힘은 이상할 정도로 과하게 상승된 혹은 왜곡된 지각에서도 분명하게 나타난다. 즉, 안개 속에 서 있는 참나무가 무섭게 "우뚝 솟아 있는 거인"(6행)처럼 나타나고, 어둠은 말을 타고 가는 주인공을 "덤불 속에서/수백 개의 까만 눈으로"(7행 이하) 위협하고 있으며, "밤은 수천의 괴물을 창조해냈다."(13행) 병리학적으로 본다면 이것은 환각 혹은 적어도 몹시 과민해진 상상력으로 추측해볼 수도 있다. 다음 제2연에서 이러한 환상은 잘 극복되는데, 자연이 약화된 모습이 수사학적으로 표현된 것이나("달은 [...] 슬퍼 보였다", 9행 이하) "용기"(14행)를 낸 모습이 이를 말해준다.

제3연이 시작될 때야 비로소 말하는 "자아"가 문법상 주어로도 나타난다. 이러한 언어유희("내 심장은 뛰었다")는 체험하는 자아가 자연과 육체, 정념의 대상으로 약화된 것을 내밀하게 보여주는 증거로서, 리히텐베르크의 명민한 아포리즘인 "**번개가 친다**, 라고 말하듯이 **생각이 난다**, 라고 말해야 한다*Es denkt* sollte man sagen, so wie man sagt: *es blitzt*."(Lichtenberg 1968 이하, 제2권, 412쪽)를 생각나게 한다. 괴테의 시에서 주인공은 결국에는 내면에서 벌어지는 제어할 수 없는 일들에 엄습 당하게 되고, 그것을 파악해서 반응하고 그 위험 가능성에 대해 깊이 생각할 수 있기도 전에 내면에서 **어떤 것**이 일어나버린다. 같은 맥락에서 "미처 생각하기도 전에 행해졌다Es war getan fast eh' gedacht"라고 나중 판본인 〈만남과 헤어짐〉의 제2행은 표현하고 있다. 이후 클라이스트는 심지어 〈숙고에 대하여Von der Überlegung〉(1810)라는 "역설"에서 즉흥적이고 직관적인 꾸미지 않은 행동의 우위를 강조하게 된다. 즉, "행동하기 **전**보다 행동한 **후에**" 숙고하는 것이 "훨씬 더 적절하다"는 것이다(Kleist 1987 이하, 제3권, 554쪽). 실러의 시와는 반대로 괴테의 시에서는 사랑과 같은 정념은 조절하기가 어렵고 자연법칙처럼 작용한다는 사실이 **추론되는** 것이 아니라 **경험된다**. 이는 그야말로 당대의 인간학에 적잖이 상응하는 것이다. 예를 들어 학문으로서 인간학을 창시한 에른스트 플라트너는 심신상관적 상호작용에 근거해 정념을 더욱 활발해지는 신경 분비액의 운동으로 설명했는데, 이로 인해 심장박동이 빨라지고 위장이 울렁거리고 연상 작용이 일어나고 꿈을 꾸게 된다는 것이다. "상상에서 나온 모든 관념이 활발하게 표상되려면 뇌에 어떤 인상을 남기는 신경 분비액의 활발한 운동이 전제가 되어야 한다."(Platner 1772, 177쪽) 그러니까 시에서 묘사하고 있는 말을 타고 달려가는 주인공이 갖는 감정과 환영이 어떻게 생겨난 것인지를 설명할 수 있다는 말이다.

첫 두 연에서 점차 "정신"을 통해 "심장"에서, 의도적 행위를 통해 즉흥적 감정에서 벗어나는 모습과 제3, 4연에서 나와 너의 매개가 이루어지는 것이 서로 일치하고 있다. 이러한 매개 역시 인간학적 동기를 갖는다. 즉, 나와 너의 교환은 언어보다 더 빠르고 진실하고 더 열정적인 무의식적인 신체언어를 통해 가능해진다. 즉, "달콤한 눈빛"(18행)을 통해, "사랑스러운 얼굴"(22행)에 나타나는 홍조를 통해, 서로의 심장이 똑같이 뛰면서("모든 숨은 너를 위한 것이다", 20행), 마침내 헤어져야 할 시간에 보이는 "젖은 눈빛으로"(30행)도 가능하다. "너의 눈빛에서 너의 심장이 말했다”(26행)는 얼핏 보기에는 에로틱한 서정시에서 나타나는 고전적인 사랑의 단계, 즉 바라보고visus, 말을 걸고alloquium, 만지고tactus, 입맞추고osculum, 결합하는coitus 단계에 대한 비유만큼이나 관습적인 것 같다. 물론 시에서는 단지 대화와 친밀한 “애무”(23행) 외에는 더 이상 자세하게 언급되지는 않는다. 하지만 이제껏 연구에서 상세하게 논의된 이러한 관습적인 요소에도 불구하고 이 시는 새로운 시작을 알리고 있다. 그것은 무엇보다도 시가 내포하고 있는 인간학적인 토대 때문이다.

〈프로메테우스〉는 이러한 경향을 더욱 극단적이고 다른 방향으로 이어간다. 첫 번째 도발은 바로 자유 운율과 다양한 길이의 연과 행으로 이루어진 형식이다. 이 형식은 강렬한 감정을 반영한다. 열광적인 흥분된 감정은 짧은 행으로 표현되고, 기억은 좀 더 안정된 방식으로 표현된다. 특이한 어순, 조합, 비유의 순서(예를 들면, “소년의 아침Knabenmorgen / 개화의 꿈Blütenträume”, Goethe 1987, 203쪽 이하, 50행 이하)는 빠르고 무질서한 연상 작용과 말하는 자의 의식의 흐름 때문일 것이다(Thomé 1983, 433쪽). 이러한 관찰에 힘입어 최근에는 규범 시학의 언어를 연구하는 대신 자연스러운 언어를 연구하기 위해 행과 리듬을 더 이상 수사학이 아닌 인간학적으로 규명하려고 노력한다(Friedrich 2002 참조).

그러나 훨씬 더 중요한 도전은 내용이다. 이 반(反)찬가에서 신들은 높임을 받는 대신 폐위당한다. 동시에 슈트룸운트드랑과 천재시대의 새로운 인간이 나타난다. 이것은 주체가 스스로에게 전권을 위임하는 것으로, 더 이상 체험하는 자아가 아니라 신화적 인물이 허구적 역할 속에서 말하는 것이다. 프로메테우스가 제우스에게 오만하게 말을 거는 모습은 세 부분으로 나누어진다. 첫 세 개의 연은 현재시제로 신들을 무력한 존재로 고발한다. 이어서 과거시제로 순진한 아이들의 믿음과 그 믿음의 극복에 대한 기억이 4개의 연에서 표현된다. 마지막으로 제8연은 다시 현재시제로 인간의 창조자로 일하는, 자기의 형상을 따라 한 종족을 창조한 프로메테우스를 보여준다.

이 시의 중심적인 에너지는 다시금 "성스럽게 타오르는 심장"(32행)에서 나온다. 이 심장이야말로 첫 부분에서 제우스에 대해 저항하도록 자극한 것이다. 다음 세 가지의 핵심적인 비난은 (신, 아버지, 제후의 형상으로도 자주 등장하는) 최고의 권위자인 제우스를 향한다.

1. 제우스는 이렇다 할 지상의 업적이 없기에(그야말로 반쪽짜리 신이다!) 창피해하며 숨어야 한다(하늘을 구름으로 덮는다).
2. 프로메테우스는 "나의 땅"인 이생을 "너의" 하늘과 대결시킨다. 대표적으로 초가집, 화덕, 열기, 즉 거주 생활과 공동체 형성, 요리와 대장일과 같은 문화적 행위를 위해 (프로메테우스가 올림프 산에서 훔친) 불을 사용하는 것과 같은 인류사의 가장 중요한 성취를 기리기 위해서이다. 인간은 이제 더 이상 피난처나 집이 없는 존재가 아니라 이 땅 위에서 자율성을 확보한 존재이다. "열기"는 다른 창조 단계에서도 나오는데, 더 나아가 아마도 에너지, 창조력, 천재성을 말하는 것 같다.
3. 신들은 아이들과 거지와 바보들의 종교 관행으로 먹고 산다는 명제는 신들을 단지 망상에 불과한 존재로 하등 시키고 있음을 보여준다. "그렇게 되면 '신성'은 인간에게 달린 것이다. 그것은 인간의 투사적 판타지의 산물이기 때문이다."(Schmidt 1985, 266쪽).

중간 부분에서 서술된 기억들은 종교비판을 이어간다. 어디로 갈지를 몰라 헤매는 아이는 “나의 탄식을 들을 귀와 / 나의 마음과 같은 마음을”(24행 이하) 그리워한다. 즉, 인간과 비슷한 신을 동경하고 있다. 하지만 그 아이는 “저 위에서 잠자고 있는 자”(35행)로부터 아무런 도움을 받지 못하고 있다. 그러므로 프로메테우스는 “거인들”(28행), “노예 생활”(30행), “고통”(37행) 그리고 “겁에 질려 있는 자의 [...] 눈물”(39행 이하)에 맞서 자기를 주장해야 한다. 이제 말을 거는 상대는 제우스에서 프로메테우스 자신에게로 넘어간다. “네가 모든 것을 다 직접 완성하지 않았는가 / 신성하게 타오르는 심장이여”(31행 이하). 인간이 삶을 극복하고 스스로를 규정한다는 원칙은 순진한 믿음보다 훨씬 더 강력하다는 것이 입증되었다. 이러한 경험이 아이를 점차 “남자로 단련시킨다”(41행). 이 남자는 이제 더 이상 신들을 찬양할 이유를 알지 못한다. 더구나 “삶을 증오하고 / 사막으로 도피한”(46행 이하) 기독교적/금욕적 세계도피와 수도승의 직업병인 게으름acedia은 말할 것도 없다.

앞의 연에서 인간을 자의식을 가지고 활동하며 모든 초월적인 힘에서 독립된 존재로 규정하고 있는 것은 마지막 연에서 인간의 독자적인 생산, 무로부터의 창조creatio ex nihilo를 통해 더욱 강화된다. 프로메테우스는 인간에게(신화에서는 인간을 위한 영혼을 갖고 있지 않은 프로메테우스를 미네르바가 돕는다) 신들을 향한 자신의 반항심을 심어 넣는다. “너[신-역자주]를 존경하지 않도록 / 나처럼”(55행 이하). 이 시가 신성모독적인 오만한 말을 하는 주체인 “나”로 끝나는 것은 좀처럼 우연이라고 할 수 없다. 그에게서 우리는 모든 한계를 급진적으로 뛰어넘는 근대의 경험주의적인 자연 탐구가의 모습을 보게 된다. 여러 세대 동안 그는 자기극복, 대담성, 천재성과 진보에 대한 믿음의 상징이 되었다. 그는 괴테의 파우스트 혹은 메리 셸리Mary Shelley, 1797~1851의 프랑켄슈타인과 같은 인간학자나 인간 조형자들보다 앞서간다. “프로메테우스”라는 원칙과 손잡고 학문으로서의 인간학이 창시된 것이다.

질문과 쟁점

- 주크로 등에게서 나타나는 "시 심리학"의 개념이 무엇인지 설명해 보자. 인간학에 관한 시는 인간에 대해 무엇을 알려줄 수 있을까?
- 실러의 시 〈우정〉의 각 연마다 각각 제목을 붙여보고, 이에 대해 논증해 보자.
- 포프의 시 〈인간론〉 제1편을 읽고 존재의 대사슬이라는 착상에 대해 설명해 보자.
- 괴테의 시 〈내 심장은 뛰었다〉는 어떤 내면의 전개 과정을 묘사하고 있는가?
- 괴테의 〈전집Schriften〉(1789)에 〈프로메테우스〉가 실린 이래 이 송가는 끊임없이 〈가니메트Ganymed〉와 나란히 언급되었다. 이 두 시를 상호 보완적이고 대등한 모델로 읽어보자.
- 괴테의 시 〈프로메테우스〉와 칸트의 〈계몽이란 무엇인가? 라는 질문에 대한 대답Beantwortung der Frage: Was ist Aufklärung?〉(Aufklärung 1974, 9-17쪽)에 나타나는 인간의 자기규정을 비교해 보자.

추천문헌

- Johann Wolfgang Goethe: Gedichte 1756-1799, hg. v. Karl Eibl (= 프랑크푸르트 판본, Bd. I, 1), Frankfurt a. M. 1987. 참조한 부분: „Mir schlug das Herz", 128쪽 이하, 837-839쪽; „Prometheus", 203쪽 이하, 922-928쪽.
레클람 판본에는 〈내 심장은 뛰었다〉(1775)가 들어 있지 않아 본서에서 참고하기에는 적합하지 않았음.

- Alexander Pope: Vom Menschen/Essay on Man, hg. v. Wolfgang Breidert, Hamburg 1993.

- Friedrich Schiller: Werke und Briefe in zwölf Bänden, Bd. 1, hg. v. Georg

Kurscheidt, Frankfurt a. M. 1992. 참조한 부분: „Die Freundschaft“, 525-527쪽, 1188-1191쪽.
레클람 판본에는 이 시가 들어 있지 않음!
비평 주해본: Schillers Werke. Nationalausgabe, hg. v. Julius Petersen u. a., Bd. 1, Weimar 1943, 110쪽 이하; Bd. 2 II A, Weimar 1991, 101-106쪽.

- Christoph Joseph Sucro: Versuche in Lehrgedichten und Fabeln [1747], hg. v. Yvonne Wübben, Hannover 2008.

- Anthropologien der Lyrik im 18. Jahrhundert. Themenheft der Zeitschrift für Germanistik 23, 2013, 7-111쪽.

☞ 인간학과 동물학의 관계(브로케스, 할러), 인간과 기후의 관계(브로케스, 클롭슈톡, 레싱, 뮐리우스), 인간과 포에지의 관계(실러), 이성과 미신의 관계(할러)에 대해 답하고 있는, 특히 시에 대한 논문.

- Gedichte und Interpretationen, Bd. 2: Aufklärung und Sturm und Drang, hg. v. Karl Richter, Stuttgart 1983, 411-435쪽, 453-462쪽, (RUB 7891).

☞ 입문에 적합한, 〈내 심장은 뛰었다〉, 〈프로메테우스〉, 〈우정〉에 대한 간결한 해석.

- Interpretationen: Gedichte von Johann Wolfgang Goethe, hg. v. Bernd Witte, Stuttgart 2005, 13-21쪽, 45-61쪽 (RUB 17504).

☞ 후속 참고 문헌과 함께 〈내 심장은 뛰었다〉와 〈프로메테우스〉에 대한 최근의 해석들이다.

- Hans-Wolf Jäger: Lehrdichtung, in: Hansers Sozialgeschichte der deutschen Literatur, Bd. 3, hg. v. Rolf Grimminger, München/Wien 1980, 500-544쪽.

☞ 18세기 교훈시의 역사와 시학 및 개별 장르(자연과학적, 법률적, 도덕철학적, 감상주의적 교훈시)에 대한 조망.

- Schiller-Handbuch. Leben - Werk - Wirkung, hg. v. Matthias Luserke-Jaqui, Stuttgart/Weimar 2005, 359-364쪽.

☞ 실러의 시 〈우정〉이 재발행되었던 『철학 서간집』(1786)의 맥락에서 이 시를 해석한 글.

- Arthur O. Lovejoy: Die große Kette der Wesen. Geschichte eines Gedankens, Frankfurt a. M. 1985.

☞ 인간학의 기본 사상을 “이념사” 방식으로 흥미진진하게 전개 시킨 책.

- Klaus Weimar: Goethes Gedichte: 1769–1775. Interpretationen zu einem Anfang, Paderborn u. a. 1982, 2. Auflage 1984.

☞ 편견 없이, 규범적이지 않은 시선으로 해석한 아주 유용한 글. 특히 입문서로 추천할만하다.

제8장

여성의 자기규정

제8장

여성의 자기규정

〈그림 21〉 다니엘 니콜라우스 호도비에츠키: 매질 당하는 여인, 1783, 출처: 크리스티안 고트힐프 잘츠만, 카를 폰 칼스베르크 혹은 인간의 비참함에 대하여, 제1권(1784).

다니엘 호도비에츠키가 그린 크리스티안 고트힐프 잘츠만의 풍속소설 『칼 폰 칼스베르크 혹은 인간의 비참함에 대하여』(1783-87)의 삽화에는 세 명의 미혼모가 공개적으로 비난당하는 장면이 묘사되어 있다. 죄인을 공개적으로 묶어두는 기둥에 한 여인이 묶인 채 매질을 당하는 동안, 세 명의 아기들은 속수무책으로 길바닥 위에 누워 있다. 맨 오른편에 있는 여자는 자신의 아이를 안고서 겁에 질려 담벼락에 움츠리고 있다. 아마도 자신도 똑같은 운명을 맞이할 것을 예감하는 듯하다. 사생아를 낳게 되면 가혹한 명예형벌Ehrenstrafen이 내려졌는데, 공개적으로 낙인을 찍는다든가 머리카락을 자른다든가 혹은 상징적으로 골목을 돌며 똥을 수레에 실어 나르게 했다. 개신교도인 경우에는 회중이 모인 교회 공동체 앞에서 교회의 처벌을 받는 일이 흔했다. 괴테의 그레트헨도 음탕한 행위를 하면 "죄수복을 입고 교회 앞에서 참회해야 한다"라는 말을 듣는다 (파우스트 1부, 3569행). 이러한 관행은 프로이센에서는 1765년에 폐지되었고, 바이마르에서는 1786년이 되어서야 폐지되었다.

칸트와 다른 계몽주의자들이 요구한 인간의 자기규정에서 놀랍게도 여성들은 제외되었다. 여성들이 법적으로, 사회적으로 미성년자 취급을 받는 것이 여성들의 탓은 아닌 것으로 보이긴 하지만, 그래도 자연법상으로 여성은 종속된 존재로 여겨졌다. "남편은 아내의 당연한 후견인이다."(Kant 1983, 제6권, 522쪽) 그렇기 때문에 특히 곤란한 처지에 놓이는 것은 미혼 여성으로, 금지된 관계나 금지된 임신을 한 경우에는 더욱 심각했다. 앞의 그림에서도 볼 수 있듯이 공개적인 조롱이나 처벌에 대한 두려움이 영아살해의 빈도를 증가시켰다. 슈트룸운트드랑 시대에 이러한 여성들은 문학의 소재로 인기가 많았다. 괴테의

『초고 파우스트Urfaust』(1773–75년경), 하인리히 레오폴트 바그너Heinrich Leopold Wagner, 1747-1779의 비극 『영아살해녀Die Kindermörderin』(1776), 혹은 실러의 시 〈영아살해녀Die Kindsmörderin〉(1782)는 대표적인 예들이다. 이들 작품에서 여성은 희생자로 나오는 반면, 또다른 텍스트에서는 자신들의 인권을 옹호하는 여성들로 등장한다. 예를 들어, 괴테의 담시 〈법정에 서서Vor Gericht〉(1776년경)는 미혼으로 임신한 여성이 국가와 교회라는 후견을 상대로 자의식을 가지고 소송하는 내용이다. 소피 메로Sophie Mereau, 1770-1806의 소설 『수도로의 도피Die Flucht nach Hauptstadt』(1806)에서는 한 젊은 여성이 강제 결혼을 모면하게 되는 내용이 묘사되고 있다. 그리고 하인리히 폰 클라이스트가 묘사한 부지중에 임신이 된 O 후작 부인은 동명의 소설(1811)에서 아버지의 집에서 쫓겨나면서 "자신을 인식하게" 되었을 때 비로소 기억이 깨어나게 된다(Kleist 1987–, 제3권, 167쪽).

8.1 자유결혼: 괴테의 작품에 등장한 새로운 모델

임마누엘 칸트의 〈계몽이란 무엇인가? 라는 질문에 대한 대답〉(1784)은 스스로 생각하기를 통해 "인간의 자기책임에 의한 미성숙에서 벗어나기"를 독려하는 글이다. 스스로가 책임져야 할 미성숙이란 이성의 결핍 때문이 아니라 "다른 사람의 인도를 받지 않고는" 자기 자신의 이성을 "사용할" 용기가 없는 미성숙을 말하는 것이다(Kant 1784, Aufklärung 1974, 9쪽). 여기에서 칸트는 이제까지 여성들의 문제였던 미성숙은 고려하지 않고 있다. 심지어 그가 계몽의 정의를 내리면서 여성들은 전혀 염두에 두지 않으려 했다는 의구심이 생길 정도다. 이 점에 있어서 칸트는 시대정신에 완전히 부합하고 있다. 여성들은 그야말로 계몽주의의 맹점인 것이다. 하지만 이 시기에 나중에 부인과로 발전하게 된 "특수여성인간학weibliche Sonderanthropologie"(Honegger 1991 참조)에 관한 논의와 전문학술지들은 차고 넘쳤다. 몇 가지 예를 들면 다음과 같다. 칸트주의자인 칼 하인리히 하이덴라이히Karl Heinrich Heydenreich, 1764-1801의 〈남자와 여자. 양성에 대한 철학 논고Mann und Weib. Ein Beytrag zur Philosophie über die Geschlechter〉(1798), 쾨니히스베르크의 계몽주의자인 테오도르 고틀립 폰 히펠Theodor Gottlieb von Hippel, 1741-1796의 〈결혼에 대하여Über die Ehe〉(초판 1774)와 〈시민으로서의 여성의 개선에 대하여Über die bürgerliche Verbesserung der Weiber〉(1792), 독신 여성 학자들을 위한 (기혼!) 여성 변호사인 아말리아 홀스트Amalia Holst, 1758-1829의 〈고등 정신교육을 받아야 할 여성의 사명Über die Bestimmung des Weibes zur höhern Geistesbildung〉(1802), 최초의 여성 의학 박사인 도로테아 크리스티네 에륵슬레벤Dorothea Christine Erxleben, 1715-1762의 〈여성의 학문활동을 가로막는 원인에 대한 본격적인 연구Gründliche Untersuchung der Ursachen, die das weibliche Geschlecht vom Studium abhalten〉(1742), 괴팅엔 출신의 인간학자 크리스토프 마이너스Christoph Meiners, 1747-1810의 『여성의 역사Geschichte des weiblichen Geschlechts』(총 4권, 1788–1800), 1783–93년 동안 발간된 〈경험심리학 잡지〉의 공동발행인인 칼 프리드리히 포켈스Carl Friedrich Pockels, 1757-1814가 쓴 『여성의 특성에 대하여Versuch einer Charakteristik des weiblichen Geschlechts』(총 4권, 1797–1802).

이것 외에도 기타 많은 글들이 부분적으로는 철저하게 여성해

방을 지지하고는 있지만 완고한 편견을 누그러뜨리지는 못했다(SCHÖSSLER, 2장). 종교개혁가 마틴 루터가 사제의 결혼을 금지하는 가톨릭과는 다르게 결혼의 가치를 더욱 높이면서 여성에게 부여했던 지위는 1800년까지 거의 변함 없이 유지되었다. 즉, 아내는 남편의 피후견인이기 때문에 독립적인 존재로 인정받지 못했다. 법학자인 크리스티안 루드비히 벡Christian Ludwig Beck이 그의 저서 『결혼의 안과 밖에서의 여성의 권리의 경계석Grenzstein der weiblichen Rechte in und außer der Ehe』(1786)에서 주장한 다음과 같은 견해는 널리 퍼져 있었다.

> 그리고 하나님은 여자에게 그녀의 의지를 남자의 의지에 복종시키라고 명령하셨다. 그러니까 결혼 상태에서 여자는 하녀이고 남자는 그녀의 주인인 것이다 [...]. 하녀라는 말이 여성의 자부심에는 아주 거슬리긴 하지만, 이는 건강한 이성이 자신의 의지가 아니라 남편의 의지대로 행해야 하는 여성 개개인에게 붙여준 이름이다. (Beck 1786, van Dülmen 1992, 40쪽)

요한 고틀립 피히테Johann Gottlieb Fichte, 1762-1818는 그의 저서 『자연법의 기초Grundlage des Naturrechts』(1796)에서 철학교수의 권위를 가지고 이와 비슷한 규정을 수용한다. 그가 볼 때에도 아내는 남편과는 달리 "하나의 개체로서의 삶을 영위할 것을 포기해야 한다. 그녀의 삶은 남편의 삶의 일부이기 때문이다"(Fichte 1960, 307쪽).

이러한 발언의 예들은 기타 수많은 자료와 함께 하나의 커다란 파노라마를 이루는 듯하다(van Dülmen 1992, 35–49, 68–85, 389–409쪽 참조). 그러나 여기에서 괴테의 담시 〈법정에 서서〉는 암시만으로도 이

시가 보여주는 특별한 도발성과 예상치 못한 진보성을 감지하기에 충분하다(Goethe 1998, 67쪽). 이 시는 1776년경에 쓰여졌는데, 1778년 괴테의 『전집Schriften』에는 수록될 수 없었고, 1815년에 가서야 20권짜리 『전집Werke』 첫 부분에 실리게 되었다. 이 시는 한 여자의 연설로, 그녀는 세속의 심판관("관청 나리", 13행)과 교회의 심판관("신부님", 13행) 앞에서 사생아를 임신한 사실을 시인하지만 자기변명은 하지 않는다. 이 여자는 죄책감을 느끼지 않기 때문에 부당한 고소("퉤! 저 여자는 창녀다! 라며 당신들은 침을 뱉는다", 3행)에 맞서 자신을 변호하는 대신, 기존의 법질서를 비판하는 데에 뛰어든다. 그녀가 요구하는 것은 더도 덜도 아닌 자기규정에 의한 혼외 애정 관계를 사회와 법이 인정해달라는 것이다.

법정 앞에 선 이 여자의 정교한 논증을 좀 더 자세히 살펴보기 전에 당시의 법률 상태를 잠깐 재현해 볼 필요가 있다. 혼외정사는, 더구나 임신으로 이어지게 되면, 관할지역과 사건 발생 시점에 따라 (교회법 및 시민법적으로) 각기 다르게 처벌될 수 있었기 때문에 법률구성요건Tatbestand을 위해서는 고소가 필요했다. 괴테는 작센-바이마르 공작령에서 1777년, 그러니까 이 시가 쓰였던 시기에, 단순한 외설 행위에 대해서 가톨릭 통회Kirchenbußen를 해야 하는 제도를 폐지시키는 일에 참여했었다. 프로이센에서는 프리드리히 빌헬름 1세가 이미 1735년 혼외 임신에 대한 처벌을 폐지하기 위해 애를 썼다. 그 이유는 빌헬름 1세의 전기작가인 다비드 파스만David Faßmann이 다음과 같이 요약하고 있다.

> 그것은 두 가지 이유에서였다. 먼저, 임신이 되었지만 자신과 아이를

양육할 아이 아버지가 없는 사람은 세상에서 가장 무시당하는 비참한 존재가 되기 때문이다. 두 번째 이유는, 미혼으로 임신한 여성이 가톨릭 통회와 기타 처벌에 대한 두려움으로, 말하자면 자신의 몸의 열매를 숨기고는 영아살해를 저지르지 않도록 하기 위해서이다.

(Faßmann 1735, in: van Dülmen 1992, 349쪽)

그러나 여성에 대한 처벌을 면해준다고 해서 혼외 아이의 아버지가 자신이 져야 할 책임에서 벗어나는 것은 아니다. 만일 그가 약속을 했다면 그는 결혼을 하거나 혹은 양육해야 할 의무를 갖는다. 물론 당사자인 여성은 무죄여야 한다. 클라이스트의 『O 후작 부인Die Marquise von O....』에서처럼 해당 남자를 모르는 경우에 친부관계는 수사를 통해 밝혀져야 했다. 괴테의 담시에서 심문을 당하는 여자는 자신이 알고 있는 남자의 이름을 밝히고 싶어 하지 않는다("내 몸속에 있는 아이 / 이 아이의 아버지가 누구인지는 여러분에게 말하지 않겠습니다.", 1행 이하). 그러나 재판에서는 이에 대해 심문해야 했다. 비밀을 폭로하려는 것이 아니라 여자의 권리를 보호하기 위해서였다. "임신을 시킨 사람의 이름, 신분, 지위"는 밝혀져야 한다. 그리고 〈프로이센 일반란트법Allgemeines Landrecht für die preussischen Staaten〉(1794, ALR)*은 선행규정에 이어 다음과 같이 못을 박고 있다(제2부, 제1장, 11.조).

§ 1027. 한 사람을 혼외 관계에서 임신시킨 자는 임신을 당한 그 여자에게 배상을 해주고 아이를 양육해야 한다.

---

* 1794-1900년까지 유효했던 프로이센 법전으로 약 17,000개의 조문으로 이루어진 방대한 법전이다 - 역자주.

§ 1047. 여자를 유혹한 자가 유혹당한 여자에게 결혼을 약속하면서 임신을 시켰다면, 그리고 결혼을 위한 아무런 장애물이 없다면, 재판관은 급한 경우 성직자 한 사람만 입회시킨 채 그에게 임신한 여자와의 결혼을 실제로 실행할 것을 엄중히 요구하고 재촉해야 한다. (ALR 1794, 384쪽 이하)

괴테의 시에서 여자는 아이의 아버지와 합의하에 관계를 가졌다. 그녀는 "정직한 여자"(4행)로서 말하고 있다. 이는 그녀가 한편으로는 유혹당한 순진한 여자가 아닌 경험 많은 노련한 여자(그렇지 않았다면 "처녀"라고 했을 것이다)임을 밝혀주고 있으며, 다른 한편으로는 법조문 그대로 배상받을 권리를 갖게 해준다(ALR 1794, 385쪽, § 1037-47). 그러나 핵심은 그녀가 당대의 법 이해에 따라 결혼할 권리를 갖고 있음에도 불구하고 결혼을 전혀 원하지 않는다는 점이다. 이와 관련해서 프로이센 일반란트법에 있는 "전적으로 유효한 결혼은 사제의 주례를 통해 성혼된다"(ALR 1794, 355쪽)라는 규정은 1776년경 바이마르의 속지법과 그다지 다르지 않았을 것이다. 의무적인 법률혼은 1792년에서야 프랑스 혁명과 함께 관철되었으며, 독일에서는 1803년부터 점차 확산되었지만, 1875년에서야 비로소 독일제국에 일반적으로 도입되었기 때문이다.

이 여자의 목표는 교회법이나 시민법에 따라 체결되는 법의 형태로서의 결혼이 아니라 자유결혼 혹은 동의 결혼Konsensehe(게르만 법에서는 한때 "프리델 결혼Friedelehe"*이라고 불리었으며, 오늘날에는 "사실혼

* 중세의 결혼 형태 중 하나로서, 남녀 간의 사랑에 의한 결혼을 말한다. 남자는 여자에 대한 지배권을 갖지 못하고 여자도 아이의 상속권과 같은 결혼으로 인한 법적 권리를 갖지 못한다 – 역자주.

eheähnliche Gemeinschaft"이라 할 수 있다)이다. 1563년 트리엔트 공회 이전 시대에는 이 여자가 강조하는 동의 결혼이 사제 혹은 증인 없이도 충분히 유효한 결혼이었다고 한다(consensus facit nuptias = "서로의 의지가 일치하면 결혼은 성립된다"). 이 여자가 법정에서 보여준 날카로운 입증과정은 다음의 세 단계로 진행된다.

1. 자기를 변호하는 이 여자는 "내가 누구와 결혼했는지Mit wem ich mich traute"(5행)를 밝히지는 않지만, 언어와 문법을 교묘하게 사용한다. 한편으로 그녀는 자기의 파트너를 신뢰했을 뿐만 아니라, "이 관계를 감행했다"(재귀적 용법). 다른 한편으로는 그 남자와 "이미 결혼했다"(타동사)고 생각한다.** 후자의 의미를 가지려면 문법적으로는 결혼행위를 완성할 대상이[즉, 자기 자신을 결혼시키다] 필요하다. 이중적 의미로 언어유희를 하려면 그야말로 대담한 방식의 이중역할이 필요한 것이다. 다시 말해 그녀는 행위의 주체이자 대상이 되고자 한다.***
2. 마찬가지로 노련하게 그녀는 언제나 참이기 때문에 내용이 없는(동의반복) 논리적 어법을 통해 교회와 법의 권위자들을 바보로 만든다. 물론 그녀의 "애인"(6행)은 부자이거나("그는 금목걸이를 걸고 있다", 7행) 가난하거나("그는 밀짚모자를 썼어요.", 8행) 둘 중 하나이지 다른 가능성은 없다. 두 사람은 서로를 아주 잘 알며 마음

** 독일어 'trauen'은 재귀적 용법으로는(sich trauen) '감히 ~하다'라는 의미로 쓰이고, 타동사로는 '~를 결혼시키다'의 의미를 갖는다. 괴테는 이 두 의미를 이중적으로 사용하면서 언어유희를 하고 있다 – 역자주.

*** 재귀적 용법(sich trauen)의 '감행하다'라는 의미에서는 자신이 주체가 되고, 타동사를 사용할 때는 스스로가 결혼행위의 대상이 된다. – 역자주.

이 잘 맞는다. "그것은 하나님도 아신다"(12행). 더 높은 신의 권위를 가지고 여자는 자신이 추구하는 결혼의 모델을 정당화한다. 그것은 최고의 축복을 소유한 결혼이다. 이와 반대로 "사제"와 "법관"(13행)은 중요하지 않다. 그들의 관직은 기능을 상실해버렸다. 문법적 책략까지 고려해본다면, 이 여자는 심지어 성혼시키는 자의 지위를 달라고 요구하고 있으며, 다시 말해 일종의 여자 프로메테우스로서 신의 역할에 도전하고 있는 것이다(→7.3).

3. 이와 같은 전제하에 여자는 다음과 같은 결론을 내린다. "이 아이는 내 아이이고, 내 아이로 남을 겁니다. / 당신들이 보태준 건 정말이지 아무것도 없습니다."(15행 이하) 이 여자는 세상의 "조롱과 놀림"(10행)을 견딜 준비가 되어 있으며, 자신이 아이를 데리고 있으면서 그 남자와 함께 키우리라는 것을 확신한다. 다른 배상은 그녀에게 필요하지 않다.

여자는 법정에 서서 당당하게 자유롭고 자기규정적이며 합법한 관계에 대한 견해를 대변한다. 그리고 이 견해는 세상을 떠들썩하게 했던 프리드리히 슐레겔Friedrich Schlegel, 1772-1829의 소설 『루친데Lucinde』(1799)에서 가장 먼저 다시 부각된 것이 결코 아니다. 다음에서 다룰 24세의 소피 메로의 첫 소설 『감정이 꽃피는 나이Das Blütenalter der Empfindung』(1794)에서 이미 이 견해는 명백한 지지를 받고 있다. 신인으로서 그녀는 다음과 같이 썼다.

> 두 사람의 자유로운 존재가 함께 일하고, 함께 선행을 하고, 함께 고난당하기 위해 연합한다. 우리의 연합은 **우리 스스로의 힘**으로 존속된

> 다. 사제의 축복이나 시민의 명예, 괴로운 양심이라는 부서지기 쉬운 지지대는 결코 이 연합을 지탱해주지 못한다. **우리 스스로가** 우리 **자신을** 위한 우리의 보증인이다.(Mereau 1997a, 43쪽)

8.2 아버지의 결혼 중매를 거부하다: 소피 메로-브렌타노

프리드리히 실러의 드라마 『간계와 사랑Kabale und Liebe』(1784)에 등장하는 늙은 악사 밀러는 아무리 촌스럽고 융통성이 없다 해도 결혼 문제에 있어서만큼은 시대를 훨씬 앞서간 사람이다. 그의 집에 머물면서 그의 딸에게 구애하는 궁정 귀족을 향해 그는 이렇게 호통을 친다.

> 저는 딸에게 강요하지 않습니다. [...] 당신과 살아야 하는 사람은 제 딸이지 제가 아니잖아요. [...] 저는 딸에게 아무도 중매하지 않습니다. 더더구나 당신만은 중매하지 않겠습니다. [...] 아버지의 도움을 요청하는 애인을 저는, 죄송합니다만, 털끝만큼도 신뢰하지 않습니다. 그나마 좀 괜찮은 사람이라면, 자신의 재능을 이런 낡아빠진 경로를 통해 자기 애인 앞으로 가져오는 것을 부끄러워할 겁니다. 그에게 용기가 없다면 그는 겁쟁이이고, 그런 겁쟁이에게는 제 딸 루이제 같은 사람이 아깝지요-. (Schiller 1992이후, 제2권, 570쪽 이하)

이런 식의 말이 18세기 후반에는 좀처럼 보기 힘든 생각임을 밝히기 위해 반드시 통계 조사가 필요한 것은 아니다. 배우자를 선택할 때 직접 결정해도 되거나 심지어 위력을 가진 아버지의 뜻을 거스르는 여자들은 드물었고, 그렇게 했다 해도 비난받기 일쑤였다. 그러나 이러한 현실에 대한 비판 역시 존재했다. 예를 들면, 다니엘 호도비에츠키의 동판화인 12가지 〈결혼하는 이유와 그 결과들Beweggründe zum Heiraten und ihre Folgen〉(1789)(그림 22) 중에서 "연정"은 "오만", "설득" 혹은 "강요"보다도 드문 동기로 나타난다.

〈그림 22〉 다니엘 니콜라우스 호도비에츠키: 강요에 의한 결혼(1789)

소피 메로-브렌타노는 소설 『수도로의 도피』에서 자신이 선택하지 않은 결혼을 거부하는 문제를 다루고 있다. 이 소설은 〈1806년 문고판. 사랑과 우정에 바침Taschenbuch für das Jahr 1806. Der Liebe und

Freundschaft gewidmet〉에 실렸지만, 아마도 1790년대 말에 이미 창작된 것으로 추측된다. 작가는 1793년 법학자 프리드리히 에른스트 칼 메로Friedrich Ernst Karl Mereau와 결혼했지만, 1801년에 이혼했다. 1803년 그녀는 1799년부터 애정 관계를 맺고 있던 작가 클레멘스 브렌타노Clemens Brentano, 1778-1842와 결혼했다. 예나에서 메로와 결혼생활을 하는 동안 그녀는 1796년 9월/10월에 베를린에서 직접 선택한 연인을 갖게 되었다. 이 시기에 그녀는 직업배우로서 직접 생계를 유지해 보려고 노력했다. 다수의 여성 낭만주의자들처럼 소피 메로는 여성의 자기 결정에 찬성하였으며, 결혼을 중매하는 아버지에 대한 비판은 그녀의 작품의 중심 주제가 된다(Hammerstein 1994, 279-296쪽 참조). 『수도로의 도피』는 바로 이러한 신념을 다루고 있다. 이에 대해 메로의 전기작가는 다음과 같이 평가한다.

> 이 소설은 방식에 있어서 인접 문학에서 비교할 만한 예가 없다. 한 여자가, 그것도 한 소녀가 소설의 주인공으로서 모험적인 삶 속으로 뛰어들어 많은 남자들을 사랑한 후 정화되어 자신의 옛사랑과 결합한다는, 보통은 남자에게 주어지는 역할을 맡고 있기 때문이다. (Gersdorff 1990, 252쪽)

작가의 전기와의 유사성을 어느 정도는 배제할 수 없는 이 일인칭 소설은 숨막히는 본가로부터의 해방에 성공하는 한 젊은 여성의 이야기이다. 아버지는 구매한 귀족 증서만 가지고 소박하지만 그래도 귀족인 이웃집 아들을 자신의 딸과 '신분에 맞게' 혼인시키는 것에만 관심이 있다. 이와 반대로 어머니는 아무것에도 신경 쓰지 않는다. 그녀는 "오로지 커다란 책" 속에만 파묻혀 있는 여성 학자로 자기 연출을 하고 있기 때문이다(Mereau 1997, 203쪽). 어머니의 모습에서는 교육에 대한 여성의 갈망이 묘사되고 있는데, 이는 너무나도 정당하고 의심의 여지 없이 메로가 지지하는 것이지만, 희화화되기까지 과장되어 있다(Košenina 2003, 85–109쪽 참조). 이와 비슷한 모습은 몰리에르의 희극인 『배운 여자들Die gelehrten Frauen』(1672), 혹은 1716년 베르나르 피카르Bernard Picart의 동판화에서(그림 23) 규방에서 책을 읽고 있는 한 여성이 커다란 책에 너무 깊이 몰두해 있는 나머지 책과 함께 방바닥에서 돌아다니고 있는 어린아이들을 돌보지 않는 장면에서도 찾아볼 수 있다.

〈그림 23〉 베르나르 피카르: 독서하는 여성(혹은: 한 숙녀가 도서관에서 책을 읽는다), 동판화(1716)

소설의 화자는 미숙함에서 벗어나기 위해 스스로의 결정에 따라 학문이 아닌 연극을 택한다. 이를 볼 때 주인공은 단연코 칼 필립 모리츠의 주인공인 안톤 라이저(→5.3)나 괴테의 빌헬름 마이스터(→6.3)라는 남자 주인공과 쌍을 이루는 여성 주인공이다. 괴테의 소설에 나오는 인성 교육 프로그램이 여주인공에게도 적용되고 있다고 충분히 볼 수 있는 것이다. 왜냐하면 메로는 괴테의 『빌헬름 마이스터』에 대한 열정적인 서평에서(흔히 이 서평을 브렌타노가 썼다고 잘못 알려져 있다, Gersdorff 1990, 256–261쪽 참조) 이 프로그램을 명백하게 강조하고 있기 때문이다.

> 모든 인간은 자기 자신을 이해하기를 배워 그에 따라 행동해야 한다. 인간은 자신의 본성에 충실해야 하며, 자신의 성향과 삶에 대한 요구를 이성과 맥락 속에서 충족시키려고 해야 한다.(Mereau 1968, 235쪽 이하)

여성 화자는 이러한 변론과 전적으로 일치한 삶을 산다. 그녀는 마음껏 자신의 본성과 성향에 충실한 삶을 산다. 우선은 아마추어 극단에서 만난 연인이자 파트너인 알비노와 함께 B(베를린)시로 도주함으로써 아버지의 "여러 결혼 제안들"(Mereau 1997, 205쪽)에서 벗어난다. 하지만, 독자들은 결말에 가서야 알게 되지만, 베를린에서 그녀는 "순진한 미숙함 때문에 [...] 쉽게 사악한 사기꾼의 노획물"(Mereau 1997, 224쪽)이 된다. 펠릭스라는 사기꾼이 알비노에게 그의 연인이 수녀원으로 추방되었다고 속이고, 화자에게는 양가 아버지들이 알비노를 고향으로 유괴했다고 믿게 만들어 두 연인을 갈라놓는다. 화자에게 자신을 "새로운 존재의 창조자"(Mereau 1997, 213쪽)로 제시하려는 그의 목적은 신속하게 이루어진다. 더구나 그는 그녀가 전문 극단에 입단하도록 길을 열어준다.

하지만 자신이 바라던 바가 이루어지자, 이 거짓 애인은 곧바로 그 실체를 드러낸다. 그는 "자유롭고 즐거운 삶"을 살게 해주겠다는 약속에 대해서는 갑자기 모른 체하며 "폭군"으로 돌변한다(Mereau 1997, 218쪽 이하). 그와 헤어진 화자는 젊고 다정한 어느 예술가에게 마음을 주기도 하다가, 궁핍한 형편으로 어느 극단과 함께 돌아다니기도 하며, 또다시 베를린으로 도주하다가, 마침내 H시에 있는 어느 극단에 고용되지만, 갑자기 그녀의 동반자는 죽게 된다. 드디어 첫사랑 알비노를 다시 만나게 된 그녀는 그와 함께 행복하게 고향으로 돌아온다. 이제 가족들은 이들의 관계를 인정해준다.

이 젊은 여성이 보낸 방랑의 세월은 내적 성숙을 가져왔고, 극단에서 얻은 외적 성공은 이제는 부모에게도 "대담하고 훌륭한 정신의 결과"로 보인다. 즉, 성경의 돌아온 탕자 이야기(누가복음 15장 11–32절)와 조금은 유사하게 대도시로 도망친 딸이 돌아오고, 그녀는 "가벼운 나무 판자와 같은 흔들리는 삶의 토대를 안전한 고향에서의 삶"과 맞바꾼다(Mereau 1997, 227쪽). 이 이야기에서 아버지 세계에 대항하는 젊은이의 반란은 개혁된 시민적 질서를 더 이상 문제 삼지 않는다. 사회 시스템 자체가 경험을 선택할 수 있게 하고, 자유롭게 파트너를 선택할 수 있는 권리를 허용한다면, 시민적 질서는 인정받을 수 있다는 것이다. 물론 특히 속물적인 이성주의에 대해서는 건강한 거리를 두면서 말이다.

> 우리에게는 늘 즐거움과 사랑이 있었다. 우리는 성취보다는 더 많은 행복을, 이성보다는 더 많은 애정을, 영리함보다는 더 많은 가벼움을 누

리며 살았다. 우리에게 더 바랄 것이 있다면 열 배 더 사랑할 수 있기 위해 열 배 더 오래 사는 일이었다. (Mereau 1997, 227쪽)

8.3 불가해한 임신에 관한 클라이스트의 사례연구

반갑지 않은 사생활 영역 개입에 당당하게 저항하고(괴테의 담시에서), 가족의 만류에 저항하면서 오래 찾아다닌 끝에 만난 파트너를 독자적으로 선택하는(메로의 경우처럼) 모습은 클라이스트의 소설 『O 후작부인』에서도 부각된다. 그러나 이 소설에서 다루는 문제는 훨씬 더 복잡미묘하다. O 후작부인은 두 아이의 엄마이자 과부가 된 귀족부인으로 불가해한 임신을 하게 되었고, 급기야 신문광고를 내어 아직 태어나지 않은 아이의 아버지를 찾게 된다. 후작부인이 이렇게 특별히 용감한 행동을 하기로 결정한 것은 다음과 같이 해명의 필요성이 급박하였고 사회적으로도 극심한 배제를 당하고 있었기 때문이다.

1. 그녀는 신체적으로 임신의 징후를 느끼게 되는데, 임신은 그녀의 의식과 양심과 일치될 수 없는 것이었다.
2. 그녀는 어느 의사와 산파가 내린 진단 결과를 부인한다. 왜냐하면 일어나서는 안 되는 일이 일어났기 때문이다.
3. 임신에 책임이 있는 러시아인 F백작의 저돌적인 청혼과 암시적인 이야기는 누가 봐도 양심의 가책을 느낀다거나 예의라는 맥락에서 자백하려는 절망적인 노력의 표현으로 해석되지 않는다. 반대로 그는 후작부인을 집요하게 심문하면서 "자신이 살면서 저질렀

던 유일하게 무가치했던 그 행동"(Kleist 2004, 12쪽)이 정말로 임신의 원인이 되었는지를 알아내려고 한다.

4. 후작부인의 아버지는 딸의 무죄주장을 전혀 믿지 않는다. 그는 애인의 이름을 밝히지 않으려는 딸을 간교한 "위선자"(Kleist 2004, 34쪽)로 치부한다. 그는 딸을 집에서 쫓아낸다. 나중에서야 어머니는 시험삼아 꾸며낸 연극을 통해 남편의 의심을 털어낸다. 어머니는 딸이 찾고 있는 아이의 아버지를 본인이 안다고 속인다. 감동을 받은 딸은 신분 차이에도 불구하고 그를 아이의 아버지로 받아들이겠다고 한다 어머니의 선한 의도가 속임수와 왜곡의 가능성을 불식시켜 버린 것이다.

이 소설의 첫인상은 엉뚱하고 기괴할 정도로 억지스럽다. 하지만 법률 사례집의 맥락에서 보면(→4) 이러한 인상은 곧 사라진다. 실제로 여성들이 의식을 잃은 상태에서 임신이 되는 소위 불가해한 임신에 관한 온갖 이야기들이 존재하기 때문이다. 예컨대 부인과 전문 서적에서 다양하게 변주되는 한 사례가 〈베를린의 시대와 시대취향 기록집 Berlinisches Archiv der Zeit und ihres Geschmacks〉(1798)에 실제 사건으로 실린 적이 있었다. 이 사례는 가사 상태에서 강간을 당한 경우였다. 그 여자는 장례를 치르기 전에 깨어났으며, 아홉 달이 지나자 아이를 낳았고, 나중에 우연히 다시 돌아온 아이의 아버지와 결혼하게 된다. 이와 같은 성폭행 및 성범죄는 클라이스트 연구에서도 이미 충분히 연구되었다(Künzel 2003; Dane 2005 참조). 그런데 그와 같은 의심스러운 경우에 아이의 아버지가 누구인지를 수사할 수 있을지의 여부와 만일 할 수 있다면 어떻게 할 수 있는지에 대한 부인과 및 법의학적 문제는 아직 연구되지 않았다. 후작부인의 경우나 혹은 괴테의 시처럼 〈법정에 서서〉 소송하는 경우에도 강간이나 양육권 논쟁에 대한 형법적 해명을 위해 친부 조사를 한다는 것은 당대에도 이미 충분히 생각할 수 있는 가능한 일이었다.

클라이스트의 소설의 경우 임신은 신속하게 확인되었다. 아무리 그 시대에 의사는 고사하고 산파가 산부인과 차원에서 "정확한 검사"(Kleist 2004, 21쪽)를 실행하는 것이 흔한 일은 아니었지만 말이다. 이 작품에서 친부 관계 문제는 사회적으로 결정된다. 백작은 직접 면밀히 타진해본 후에 (복잡하게 전달된) 자백을 통해 자신이 친부임을 고백하고, 후작부인의 아버지가 "결혼계약"(Kleist 2004, 46쪽)을 통해 정한 조건으로 결혼할 것에 동의한다. 그는 세례받은 자신의 아이에게 2만 루블을 선물하고 아이의 어머니에게는 자신이 사망할 경우 그녀를 유일한 상속인으로 지정한다는 유언장을 양도한다. 만약 후작부인이 아이의 아버지의 이름을 말할 수 있었다면 그 남자가 전적으로 책임을 졌을 것이다. 아이가 출생하기 전 210~285일 동안 한 명 이상의 성적 파트너가 있었다 해도 일반란트법에 따르면 손해배상을 받을 수 있었다(Harms-Ziegler 1997 참조). 이 경우는 예를 들어 괴테의 소설 『빌헬름 마이스터의 수업시대』(1795-96)에서도 나오는데, 여배우 마리아네의 아들인 펠릭스가 우선은 노르베르크, 그 다음에는 빌헬름의 아이로 인정되면서 빌헬름으로부터 경제적 지원을 받게 되기 때문이다. 이러한 해결책이 필요했던 것은 당시의 의학적 수단이 여전히 매우 제한적이었기 때문이다. 혈액형 비교는 20세기 초에서야 가능하게 되었고, 유전자 테스트는 최근의 성과이기 때문이다. 18세기에는 모습이 닮았는지가 기준이 되었다. 이로 인해, 예를 들면, 『빌헬름 마이스터의 수업 시대』에서 금발에다가 매우 활달한 성격의 펠릭스는 검은 머리칼에 조용한 빌헬름보다는 노르베르크의 아들로 보는 것이 훨씬 타당했다고 한다(Krimmer 2004 참조).

클라이스트 소설 첫 문장에서 공지된, 의문의 친부관계를 신문광고를 통해 해명하고자 하는 O 후작부인의 전략은 그녀의 가족에게는 당연히 하나의 끔찍한 모욕을 의미한다. 소설의 정확히 중간 지점에서, 즉 28개의 문단 중 14번째 문단 말미에서 후작부인은 "그녀의 가족에게 자신의 무고함을 확신시키기 위해"(Kleist 2004, 28쪽) 자신의 명예를 걸기로 결심한다. 그러나 당혹스러우면서도 불가해한 자신의 임신 상황에 대해 부모와 형제를 이해시킬 수 없게 되자, 그녀는 급기야 가족으로부터도 추방당하게 된다. 그녀가 희생자에서 주체적인 역할로 급작스럽게 바뀌었음을 알려주는 것은 다음과 같은 단 하나의 의미심장한 문장을 통해서다.

> 자기 자신과의 이 힘겨운 싸움을 신문에 광고한 그녀는 마치 운명이 밀어 넣은 깊은 심연에서 스스로의 힘으로 올라온 것처럼 갑자기 뛰어올랐다. (Kleist 2004, 27쪽)

이 한 문장은 후작부인이 이제 "자립의 감정"을 갖게 되었음을 보여주는 것으로, 이 감정은 소설의 후반부를 지배하게 된다. 이제부터 그녀는 "세상의 발작에 대항하여"(Kleist 2004, 28, 29쪽) 결연하게 전쟁터로 나간다. 그녀는 성벽으로 둘러싸인 넓은 정원이 있는 별장인 자신의 은신처를 백작의 지속적인 집요한 행동으로부터 성공적으로 지켜내고, 아이의 아버지를 찾는 기사를 신문에다 싣는다. 앞에서 언급한 어머니가 꾸민 진실 테스트를 당당하게 통과하는 한편, 아버지가 후회하며 비참하게 용서를 빌도록 만들었고, 신문 광고를 통해 약속된 것이기에 결국에는 어쩔 수 없이 결혼하게 되었지만, 결혼과 관련한 모든 규정들을 직접 결정한다. F 백작은 결혼 계약에 의거해 "남편의 모든 권리는 포기"했지만, 모든 의무는 이행한다. 상당한 기간이 흐른 후 비로소(Kleist 2004, 46쪽) 그는

> 자신의 부인인 백작부인에게 새로이 청혼을 하기 시작했으며, 일 년이 지난 후에야 그녀에게 두 번째 결혼동의를 받아냈다. 그리하여 두 번째 결혼식도 치렀는데, 첫번째 결혼식보다 더욱 즐거운 결혼식이었다. 결혼식이 끝나자 모든 가족은 V시로 이사했다. 러시아 젊은이들이 행렬을 지어 이들의 뒤를 따랐다. (Kleist 2004, 47쪽)

냉소적이며 거의 조롱하는 투의 화자의 어조를 좀처럼 떨쳐버릴 수는 없지만, 1810년경의 독자들에게는 여전히 하나의 도발이었던 이 기상천외한 사건 자체가 달라진 것은 아무것도 없다. 여류화가인 요한나 도로테아 슈톡Johanna Dorothea Stock, 1760-1832처럼 많은 사람들이 이 이야기를 "그 어떤 여자도 얼굴 빨개지지 않고 읽을 수 없는"(Stock 1808, in: Kleist 1987년 이후, 제3권, 774쪽) 이야기라고 여겼다. 하지만 이 소설은 괴테의 시 〈법정에 서서〉 혹은 소피 폰 메로의 『수도로의 도피』와 같은 시리즈로는 최적의 작품이다. 물론 이들 작품에서 묘사된 여성들이 감행했던 역할은 그후로도 오랫동안 여전히 예외적인 것으로 남았다.

질문과 쟁점

- 계몽주의 시대에 스스로 선택한 사랑으로 인해 도덕관념이나 법률을 어기게 된 여성들은 무엇을 각오해야 했는가?
- 괴테 시대의 파트너 관계와 결혼의 모델에 대해 설명하고 이것이 문학에서 어떻게 묘사되었는지 설명해 보자.
- 소피 메로-브렌타노의 소설 『수도로의 도피』가 젊은 여성들에게 전하고 있는 메시지는 무엇인지 설명해 보자.
- 괴테의 담시 〈법정에 서서〉와 괴테의 송가 〈프로메테우스〉를 비교해 보자(→7.3).
- O 후작부인이 가족과 자신의 사회적 미성숙함에서 해방되기 위해 했던 노력을 작품을 꼼꼼히 읽으면서 추적해 보자. 그녀는 어떠한 외적, 내적 저항과 싸워야 했는가?
- 에릭 로메르Éric Rohmer의 영화 〈O 후작부인〉(1976)을 감상하고 특히 후작부인이 희생자에서 자기 운명의 주체로 변화되는 부분에 주목해 보자.

추천문헌

- Johann Wolfgang Goethe: Gedichte, hg. v. Stefan Zweig, Stuttgart 1998, S. 67 (RUB 6782).
  주해본: Ders.: Gedichte 1756–1799, hg. v. Karl Eibl (= Frankfurter Ausgabe, Bd. I, 1), Frankfurt a. M. 1987, 219쪽, 939쪽 이하.

- Heinrich v. Kleist: Die Marquise von O. . ., Das Erdbeben in Chili, hg. v. Sabine Doering, Nachwort v. Christian Wagenknecht, Stuttgart 2004 (RUB 8002).
  주해본: Ders.: Sämtliche Werke und Briefe, Bd. 3, hg. von Klaus Müller–Salget, Frankfurt a. M. 1980.

- Sophie Mereau–Brentano: Ein Glück, das keine Wirklichkeit umspannt. Gedichte und Erzählungen, hg. und kommentiert v. Katharina von Hammerstein, München 1997, 203–227쪽.

- Andrea van Dülmen(Hg.): Frauenleben im 18. Jahrhundert, München 1992.

☞ 여성의 규정, 배우자 선택, 결혼, 어머니 역할, 교육, 사교, 신앙, 직업, 여행, 질병 등에 관한 주제별로 발췌한 텍스트.

- Barbara Becker–Cantarino: Der lange Weg zur Mündigkeit. Frauen und Literatur in Deutschland von 1500 bis 1800, München 1989.
- ☞ 근대 초기 여성이 처한 상황을 조망한 책. 교회, 교육, 귀족/시민, 연극 영역에서 자기를 주장하는 문제를 각각의 장에서 다루고 있다.

- Hansjürgen Blinn: „... Bin doch ein ehrlich Weib". Das Frauenbild in Goethes Ballade „Vor Gericht", in: Gerhard Sauder(Hg.), Goethe–Gedichte. Zweiunddreißig Interpretationen, München 1996, 69–76쪽.

☞ 다른 관점의 해석들을 소개하면서 발터 뮐러–자이델(아래 참조!)의 해석을 보완하고 있다.

- Dirk Grathoff: Marquise von O. . ., in: Interpretationen. Erzählungen und Novellen des 19. Jahrhunderts, Stuttgart 1988, 97–131쪽. (RUB 17505).

☞ 특히 클라이스트의 소설에 나타나는 모호성에 대해 논하는 글.

- Alexander Košenina: Ratlose Schwestern der Marquise von O...: Rätselhafte Schwangerschaften in populären Fallgeschichten – von Pitaval bis Spieß, in: Kleist–Jahrbuch 2006, 45–59쪽.

☞ 클라이스트의 노벨레 『O 후작 부인』을 불가해한 임신에 관해 기록된 범죄사례의 맥락에서 조명한 논문.

- Walter Müller–Seidel: Balladen und Justizkritik. Zu einem wenig bekannten Gedicht Goethes, in: Gedichte und Interpretationen, Bd. 2, hg. v. Karl Richter, Stuttgart 1983, 437–450쪽. (RUB 7891).

☞ 담시 문학의 전통과 법의 역사와 연관되는 담시 문학을 개진한 기초적인 단독 해석.

- Jochen Schmidt: „Die Marquise von O...", in: Interpretationen: Kleists Erzählungen, hg. v. Walter Hinderer, Stuttgart 1998, 67–84쪽. (RUB 17505).

☞ 『O 후작 부인』에서 특히 수사 관련 내용의 구조와 여성의 해방이 이루어지는 단계를 강조한 간결한 해석의 논문.

제9장

관상학과 감정기호학

제9장

관상학과 감정기호학

〈그림 24〉 요한 카스파 라바터: 기질에 관하여, 동판화, 라바터: 인간에 대한 지식과 인간애를 장려하기 위한 관상학 단편 (1775-78)에서

목사이자 작가였던 요한 카스파 라바터Johann Caspar Lavater, 1741-1801는 "인간의 외면을 통해 인간의 내면을 알아내는 능력"(Lavater 1984, 21쪽)을 관상학Physiognomik이라고 정의한다. 삽화가 많이 수록되어 있는 그의 저서 『관상학 단편』을 가지고 그는 고대 이래 존재해온 해석학문인 관상학에 생명을 불어넣었다. 앞의 그림은 이 책에 들어 있는 343개의 도판 중 하나로, 이 도판들은 추가로 수록되어 있는 488개의 장식 그림과 함께 이 책을 당대 가장 화려하고 비싼 책 중 하나로 만들었다. 네 가지로 분류된 인간의 성격은 18세기에 이르기까지 의학에서 체액병리학Humoralpathologie의 기초가 된 인간의 네 가지 기질을 가리킨다. 즉, 인간의 성격 유형뿐만 아니라 질병 또한 이 네 가지 체액(라틴어: humores)이 특정하게 혼합된 결과로 본 것이다. 이는 사실상 오래 전부터 내려온 식상한 생각이지만, 이를 표현한 라바터의 공상적인 해석학의 양식과 기법은 가히 혁명적이었다. 인과적 근거를 제시하지 않고 절대적 진리만을 요구하는 그의 『관상학 단편』은 열광적인 외침과 대담한 과장, 빈번한 수식어로 가득차 있다.

라바터의 관상학은 시대정신을 정확히 꿰뚫고 있다. 계몽주의는 최대한 개방성을 추구하였고, 부상하고 있는 시민계급은 궁정의 위장술에 대항하며 정직함과 자연스러움과 솔직함을 동경하였다. 관상학은 이러한 욕구를 이용한 것으로 보인다. 처음에는 다수의 슈투름운트드랑 운동의 주도자들이 관상학에 열광하면서 글을 통해 이 사상을 지지했다. 그들 중에는 요한 볼프강 폰 괴테, 요한 고트프리트 헤르더 그리고 크리스토프 마틴 빌란트도 있었다. 심지어 나중에는 반대자가 되는 게오르그 크리스토프 리히텐베르크조차도 처음에는 이에 가세했다. 이러한 열광은 문학에도 흔적을 남겼다. 산문과 드라마의 인물 묘사는 더욱더 세심하게 외모에 치중되었으며 혹은 직접 관상가로 활동하는 인물도 작품 속에 등장했다. 하지만 라바터의 억지스러운 해석술이 점점 불신을 얻기 시작하자, 과도하게 설교하는 듯하며 반론을 허용하지 않는 라바터의 해석 방식을 모방한 리히텐베르크의 패러디처럼 수많은 패러디가 쏟아져 나왔다. 하지만 관상학의 진짜 위험은 마음이 읽혀질까봐 사람들이 두려워하게 되었다는 것이다. 인간을 더 많이 알고, 더 많이 드러내고 싶은 갈망이 오히려 그 반대 결과를 가져온 것이다. 바로 계몽주의가 독단으로 뒤바뀔 위험에 처한 것이다. 크리스티안 하인리히 슈피스의 사례 이야기는 자신의 내면이 감찰 당할까봐 두려워 광기에 빠진 한 남자를 보여준다.

9.1 외면을 기준으로 한 라바터의 성격 해석

1750년대 말 프랑스에서는 '가위 오리기Scherenschnitt'가 유행했었다. 곧이어 이 소박한 조형예술은 절약을 강조한 재무부장관 에티엔느 드 실루엣Étienne de Silhouette, 1709~1767의 이름으로 불리게 되었다. 이 예술이 프랑스에서는 재빨리 사라지게 된 반면, 스위스와 독일에서는 굉장한 인기를 누리며 "인간학"의 한 도구로 계속 발전하게 되었다. 『인간에 대한 지식과 인간애를 장려하기 위한 관상학 단편Physiognomische Fragmente zur Beförderung der Menschenkenntniß und Menschenliebe』(1775–78)은 신체의 모습을 기초로 한 요한 카스파 라바터의 성격구분론의 제목이다. 실습 교본인 『실루엣 그리기 지침서 [...] 관상학을 이용한 실루엣 그리기 입문과 함께Anweisung zum Silhouettenzeichnen [...] nebst einer Einleitung von ihren physiognomischen Nutzen』(1779)는 실루엣 그리기와 관상학이라는 두 개의 대중화된 방식이 하나의 책으로 엮어진 예이다. 초상화를 그리는 아마추어 화가들 외에 직업 실루엣 작가들이 생겨난 것도 유행을 만드는 데에 일조했다. 이 유행은 그야말로 사진이 등장했을 때와 완전히 비교할 만한 현상이다(Ohage 1999 참조).

특히 편지나 방명록에 우정의 선물로 그리거나 멀리 헤어져 있을 때 추억의 표시로 그린 실루엣이 인기가 있었다. 예를 들어 괴테의 베르테르는 로테의 초상화 그리기를 "세 번 시도"했지만 번번이 실패한 후에 "이어서 나는 그녀의 실루엣을 만들고는 그것으로 만족해야 했다"라고 설명한다(Goethe 1887~, 제1부, 제19권, 57쪽). 이별의 편지와 함께 그는 수천 번 키스한 로테의 실루엣을 로테에게 유산으로 남긴다. 괴테 또한 이미 학생시절에 실루엣 작법을 익힌 바가 있었다. 1775년 1월 26일, 그는 친구인 슈톨베르크 백작 형제의 누이 구스트헨에게 자신의 실루엣을 보내며 "당신의 실루엣을, 소형이 아닌 실물 크기의 실루엣을 부탁드립니다"라는 요청을 한다. 바라마지 않던 실루엣이 마침내 도착하자 그는 열광하며 다음과 같이 환호성을 지른다.

> 나와 나의 형제 라바터의 관상학에 대한 신념이 다시금 확인되었구나. 골똘히 생각에 잠긴 이 이마, 귀엽고 단호한 이 코, 사랑스러운 이 입술, 확고한 이 턱, 전체가 고귀한 모습이로구나! (Goethe 1887~, 제4부, 제2권, 230, 242쪽)

슈트룸운트드랑 시대의 가위 오리기와 관상학에 기초한 초상화가 감상주의와 사교계에서 유행되기 한참 전에 관상학 이론의 기초가 되는 사유는 이미 논쟁을 불러 일으켰다. 예를 들어 1741년 체들러의 〈일반 사전Universal-Lexicon〉은 관상학을 고전적 이해에 따라 중립적으로 정의하고 있다. 반면, 프랑스의 〈백과사전Enzyclopédie〉(1765)은 단호하게 비판적인 태도를 취한다. 체들러는 관상학을 "인체 사지의 외형적 특성 혹은 손금을 보고 그 사람의 본성과 정서적 기질을 알아내는 기술"(Zedler 1732~, 제41권, 단락 2239-2241)이라고 설명했다. 이와 반대로 가장 열성적인 백과전서파 중 한 사람인 루이 드 자쿠르Louis de Jaucourt, 1704-1779는 프랑스 사전에서 이 "터무니없는 학문"에 대해 이렇게 설명한다.

> 인간의 내면에서 일어나는 일을 행동에 따라 어떤 식으로 판단하고, 표정의 변화를 보고 당장의 마음 상태를 구별하는 일은 가능할 수 있다. 그러나 마음은 그 어떤 물질적 형태와 비교할 수 있는 형태를 갖고 있지 않기 때문에 신체의 형태나 얼굴 생김새를 보고 마음을 판단할 수는 없다. (Jaucourt, Selg/Wieland 2001, 324쪽)

자쿠르의 정당한 추론대로 기형적인 신체를 가졌다 해도 전적으로 아름다운 마음을 품을 수 있다. 그럼에도 불구하고 우리는 일상에서 외모에 따른 타인의 평가를 경험한다. 특히 근대 초기의 궁정 생활에서 그것은 다른 모든 사람들의 세련된 위장술과 정치적 지략prudentia politica을 꿰뚫어 볼 수 있는 가장 중요한 도구 가운데 하나였다. 거짓과 솔직함, 가장하는 것과 드러내는 것, 공적인 교류에서의 연기와 사적인 교류에서의 감상주의 사이를 재빨리 오가는 태도는 그 어느 시대보다도 사회적 행위를 규정했다. 이는 관상학을 신랄하게 비판한 사람들도 알고 있는 사실이다. 예를 들어 괴팅엔 출신의 실험물리학자인 리히텐베르크는 다음과 같이 간결하게 표현한다. “우리는 매시간 얼굴을 보며 판단하고 매시간 착각한다”(Lichtenberg 1968~, 제3권, 283쪽). 그리고 칸트는 이와 같은 일상적인 “숙련된 기술”을 그의 인간학 강의(1777)에서 조심스럽게 참작하고 있다.

> 모든 인간은 관상가[이다]. 그래서 언제나 관상에 의거해 판단한다. 하지만 비록 명시된 규정은 없다 해도 규정에 기초해야 한다. 그렇지 않으면 한 사람의 관상에 대해 내린 많은 사람들의 판단이 일치할 수 없게 되기 때문이다. (Kant 1997, 826쪽)

16세기 이래로 인간은 인간의 내면과 외면의 비밀스러운 관계를 아주 정확한 자연 관찰을 통해 ‘학문적으로’ 추적하고자 시도했다. 먼저는 동물학으로, 그 다음에는 성격학 연구로 이 관상학의 길을 연 것은 이탈리아의 의사이자 학자였던 지오반니 바티스타 델라 포르타Giovanni Battista della Porta, 1535?~1615였다. 그가 쓴 『인간관상학De humana physiognomonia』(1586, 독역판: Die Physiognomie des Menschen, 1930)에서는 동물과 인간을 체계적으로 비교함으로써 직관 대신 경험을 사용하고 있다. 그러나 근육의 미시적인 자극 기제를 알게 되고 심신 간의 상호작용을 인간학적으로 설명할 수 있게 되면서 비로소 새로운 이론적 수준의 논의가 가능해지게 된다. 그리하여 프리드리히 실러 같은 경우 1780년 의학 박사논문에서 심신의 상호작용 현상을 자주 반복되는 몸짓이 점차 굳어진 결과로 해석하게 된다.

> 교감을 통해 기계[신체-역자주]의 운동을 불러일으킨 감정이 자주 반복되면 이 감정 방식은 마음의 습관이 되고, 그러면 이 운동 역시 신체의 습관이 된다. (Schiller 1992~, 제8권, 156쪽)

그러나 라바터는 일상에서 누구나 사용했던 해석 방식에 대한 이와 같은 심신의학적인 원인 탐구에 그다지 관심이 없었다. 물론 라바터는 방대한 이론 체계를 필요로 한 것이 아니라 인간에 대한 단편적인 지식과 관찰을 제시하고자 했다는 사실을 참작해야 할 것이다. 방대한 『관상학 단편』보다 먼저 쓴 짧고 강령적인 논문인 〈관상학에 대하여Von der Physiognomik〉(1772)는 이미 커다란 주목을 받았었다. 이 글에서 라바터는 전적으로 "마음과 육체, 인간의 내면과 외면은 정확히 일치한다"는 인간학적 원칙에서 출발하고 있으며, 이러한 일치성에서, 실러가 말한 대로, "습관적인 특성"(Lavater 1991, 12, 18쪽)을 끌어내고 있다. 라바터는 관상가들에게 관상학에 적합한 전문지식을 요청하고 있는데, "인간의 마음과 세상, 습관과 관습에 대해서 알아야 할"뿐만 아니라 해부학, 생리학, 기질론 그리고 신경 체계도 어느 정도는 이해하고 있어야 한다는 것이었다(Lavater 1991, 60쪽).

아무리 네 권짜리 저작이라고 해도 한 명의 목사에게서 이러한 방대한 구상을 만족스럽게 풀어내는 내용을 기대할 수는 없을 것이다. 예컨대 칼 필립 모리츠가 〈경험심리학 잡지〉에서 독립된 장으로 다룬 "심리기호학Seelenzeichenkunde"에서처럼 경험적인 관찰 방법을 추구하는 대신, 라바터는 자연이라는 신성한 알파벳을 천재적인 사명 의식을 가지고 종교적이며 억지스럽게 해독하기 시작한다. "모든 외면은 내면의 특성을 표현한 것이라는", 말하자면 하나님의 필체(Lavater 1984, 39쪽)라는 그의 보편적 진리에 대한 요구 때문에 그는 당연코 비판을 받았다. "도덕적일수록 아름답다 / 비도덕적일수록 추하다"(Lavater 1984, 53쪽)라는 라바터의 거만하면서도 계시하는 듯한 어조와 오도된 명제는 그가 했던 많은 올바른 말들과 특히 인간의 외형을 묘사한 대단히 훌륭한 그림들까지도 불신에 빠뜨렸다. 모든 인간학자들과 마찬가지로 라바터에게도 "가장 품위 있는 관찰대상이자 유일한 관찰자는 바로 인간이다"(Lavater 1984, 25쪽)라는 문장은 중요했다. 그러나 그의 결론이 너무나 대담하면서도 억측에 가깝다 보니 어느새 그는 자연 탐구에 대한 이 고백에서 점점 더 멀어지게 된 것이다.

9.2 리히텐베르크의 관상학 비판

근대 초기의 라바터의 기호론은 소우주와 대우주 간의 놀라운 유사성을 밝혀냈으며 근본적으로 종교에 토대를 두고 있는 것으로, 괴팅엔의 실험물리학자인 리히텐베르크의 학문 개념과는 방법적으로 근본적 차이가 있었다. 그렇다고 해서 삶의 경험을 바탕으로 개개의 얼굴들을 특정한 행위와 연관시키는 관상의 직관을 배제하지는 않았다. "관상학은 책으로 익혔을 때 해로운 결과를 가져올 수 있는 그런 학문이다. 수공업자의 솜씨는 배워서 얻어지는 것이 아니다"(Lichtenberg 1968~, 제1권, 493쪽). 리히텐베르크의 이 말은 관상학이라는 현상이 현실의 일부임을 분명히 인정하는 것이기도 하지만, 동시에 체계적인 설명이 부족하다는 것과 학문으로 아직 분류되지 못했다는 점에서 유보적인 태도를 취한다는 의미이기도 하다.

1777년 가을 리히텐베르크가 펴낸 논쟁서인 『관상학에 대하여, 관상가들을 반대하며Über Physiognomik, wider Physiognomen』는 〈1778년도 괴팅엔 수첩Göttinger Taschen Calender vom Jahr 1778〉에 실렸는데, 곧장 별책으로 제2판을 찍을 정도로 성공적이었다. 부제는 '인간애와 인간에 대한 지식을 장려하기 위하여Zu Beförderung der Menschenliebe und Menschenkenntnis'(Lichtenberg 1968~, 제3권, 256쪽)로서 라바터가 사용한 부제['인간에 대한 지식과 인간애를 장려하는...' —역자주]에서 두 개념의 순서를 바꿔서 인용하고 있다. 순서를 바꾼 것은 하나의 암시인데, 곱사등이였던 리히텐베르크는 특히 흉한 신체에 대한 라바터의 평가에서 인간에 대한 사랑이 손상을 입었음을 보았기 때문이다. 그는 관상학의 범애적인 유용성에 대해 "전문 지식이 부족한 사람이 나서면 tätige Stümper"(Lichtenberg 1968~, 제3권, 264쪽) 오히려 커다란 해악을 끼칠 수 있다고 회의적으로 평가했다. 특히 그가 위험의 소지가 있다고 생각한 것은 "신중함"이 부족한 해석, 새로운 "미신"으로 이끄는 신적인 기호론에 대한 "불신감"의 결여, 마지막으로 "육체의 표면과 마음의 내면의" 결합에 관한 충분하지 못한 지식이었다(Lichtenberg 1968~, 제3권, 257쪽 이하). 한 마디로 리히텐베르크가 라바터의 관상학에 대해 유보적인 태도를 취하면서 주로 비판한 것은 과학에 토대를 두는 대신 반론을 허용하지 않는 종교에 토대를 두고 있는 방법론이었다.

리히텐베르크의 논문의 출발점은 우선 내용에 대한 반증이다. 즉, 그는 라바터의 구상에서 "감정의 변화를 보여주는 일시적인 기호"에 관한 내용이 빠져 있음을 아쉬워한다. 이를 그는 "감정기호학

Pathognomik"이라고 명명한다. 바로 "총체적인 감정의 기호학 혹은 감정 변화를 나타내는 자연적인 기호에 관한 지식을 감정의 모든 그라데이션과 혼합양상에 따라" 다루는 학문을 말한다(Lichtenberg 1968~, 제3권, 264쪽). 라바터가 주장하는 고정된 신체 형태 대신 감정기호학에서 중요한 것은 연기술에서 중요한(→10) 얼굴 표정과 몸짓에서 나타나는 표현이다. 리히텐베르크가 관상학에 반대하며 이러한 대안을 구상한 이유는 특히 다음과 같다.

1. 감정기호학은 거짓말을 하지 않는다. 왜냐하면 "만천하가 열정의 모든 단계적 차이 하나하나를 알 수 있는 몸짓언어"가 있기 때문이다(Lichtenberg 1968~, 제3권, 278쪽).
2. 고정된 신체 형태는 이와 반대로 속일 수가 있다. 왜냐하면 그것은 완성을 향하든 타락을 향하든 인간의 내적 발달과 일치하지 않기 때문이다. 게다가 신체 형태는 기후나 영양, 질병, 생활 조건과 같은 외부적인 물리적 요소에도 영향을 받기 때문이다.
3. 반대로 신체적 변화가 반드시 성격을 변화시키는 것은 아니다. 그렇지 않다면, "만일 납작코가 남의 불행을 기뻐하는 마음을 의미한다면, 어떤 사람의 코를 납작하게 눌러버리면, 그는 남의 불행을 기뻐"하는 사람이 되어야 할 것이다(Lichtenberg 1968~, 제3권, 267쪽).

그러나 리히텐베르크는 자신의 반대안을 독단적으로 주장하지는 않는다. 이미 앞에서 인용된 습관화라는 논거를 가지고 심지어 그는 논증할 수 있는 다리를 제공하기까지 한다. "감정을 진단할 수 있는 기호는 자주 반복되므로 꼭 완전히 사라져버리는 것은 아니다. 그리하여 그것은 관상학적 인상을 남기게 된다."(Lichtenberg 1968~, 제3권, 281쪽)

내용 비판보다 더욱 교육적인 것은 리히텐베르크의 근대적인 해석 방식으로, 그는 해석학적 "신중함"을 옹호한다(Lichtenberg 1968~, 제3권, 257쪽). 그가 쓴 〈호가스의 동판화에 대한 상세한 해설Ausführliche Erklärung der Hogarthischen Kupferstiche〉(1794)은 이를 잘 보여준다(→3.1). 즉, 리히텐베르크는 라바터가 그린 그림과 초상화 습작의 얼굴들과 신체 형태들에 대해 최대한 신중한 태도를 취했다. 그는 이들을 언어로 서술함으로써 생명을 불어넣어 관상학의 경직된 해석에서 해방시켰다. 가능한 한 그는 모든 관점을 동원해 이리저리 해석해보고, 가능성들을 타진해 보고, 확정 짓지 않고 오로지 암시적으로만 유희하고, 대안을 모색하고, 끊임없이 자신의 생각에 의문을 던지고는 또다시 자유롭게 관찰하기를 이어갔다(Wieckenberg 1992 참조). "나는 존재하는 것 중에서 그 어떤 것도 없다고 생각하거나 없다고 단언하지 않았다. 하지만 원하는 것은 아마도 첨가해서 생각해도 될 것이다."(Lichtenberg 1968~, 제3권, 665쪽).

『꼬리에 대한 단편Fragment von Schwänzen』(1783)에서 리히텐베르크는 이와 같은 신중한 해석기법의 정반대를 보여준다. 부제 '관상학 단편에 대한 글Ein Beytrag zu den Physiognomischen Fragmenten'만 이 글이 라바터에 대한 논박임을 알게 하는 것이 아니다. 그보다도 인쇄 형태나 책의 외관이나 수사법에 있어서 이 논문은 라바터의 『관상학 단편』을 상당히 모방하고 있기에(Joost 1992 참조), 마치 라바터 책의 증보판인 것처럼 보인다. 특히 라바터의 거드름 피우는 듯한 학문적 격정을 성공적으로 모방하고 있다. 리히텐베르크가 볼 때 라바터가 말하는 방식은 특유의 "라바터적인 것das Lavaterische"으로 재미없이 단조롭게 읊는 설교와도 같았다. 예를 들어 이런 표현이 있다. "그는 한 페이지를 내리 라바터했다Er hat eine Seite herunter geLavatert."(Lichtenberg 1968~, 제1권, 259, 253쪽). 라바터에게서 전형적으로 나타나는 독자에게 말을 거는 긴 첫 문장부터 당장 다음과 같이 마치 교인들에게 다짐을 받아 내고 있는 듯하다.

> 당신이 이 꼬리에서 보지 못한다면, [...] 명확하게 구별하지 못한다면 [...], 눈으로 냄새 맡지 못한다면, [...] 그러면 내 책을 덮으시오. 당신은 관상가가 되기는 틀렸습니다. (Lichtenberg 1968~, 제3권, 533쪽)

라바터에게서도 다음과 같은 비슷한 표현이 있었다.

> 이것을 이해하지 못하는 사람은 결코 관상 혹은 관상학에 대해 감히 한 마디도 지껄이지 못한다고? [...] 개개의 사람들을 처음 보았을 때 [...] 매력이나 반감을 느끼지 못하는 경우가 아주 많은 사람은 평생 관상가가 되지 못할 것이다. (Lavater 1984, 109쪽)

누가 봐도 의도치 않은 라바터의 셀프 패러디로 읽을 수 있는 이와 같은 예언자적 말투를 모방하는 것에서 그치지 않고 리히텐베르크는 엉뚱한 대상을 선택해 동물과 인간을 비교하기까지 한다. 그의 유머는 '땋은 가발' 혹은 페니스라는 이중적 의미를 갖는 "꼬리Schwanz"라는 단어를 가지고 언어유희를 하는 데서 발생한다. 물론 직접적이지 않은 정교한 언어유희다. 그는 여섯 개의 돼지 꼬리 실루엣(그림 26)을 본떠서 나열해놓고는 라바터가 그린 아홉 개의 이마 선(그림 25)과 유사하다는 황당한 연상을 하면서 다음과 같은 해설을 내놓는다.

이어지는 "여덟 개의 젊은이의 땋은 가발 실루엣"(Lichtenberg 1968이하, 제3권, 536쪽)은 관상을 훈련하는 데에 도움이 된다. 라바터처럼, 이 실루엣에 대한 너무나도 코믹한 설명에 이어 "여러가지 연습 문제"가 나온다. 예를 들면, "어떤 가발이 게으름을 피울까?" 혹은 "괴테는 어떤 가발을 착용했을까?"와 같은 문제들이다(Lichtenberg 1968~, 제3권, 538쪽). 의미를 부여함에 있어서 의심이나 다른 가능성이라곤 전혀 허용되지 않는다. 라바터의 권위적이고 당당한 말투로 부여된 의미는 단 한 가지뿐이기 때문이다. 예를 들어 첫 번째 실루엣의 의미는 단연코 "신중함보다는 에너지가 더 많음"을 나타내고, 반대로 두 번째 그림은 "어디를 보나 에너지보다는 신중함이 더 많음"을 나타낸다(Lichtenberg 1968~, 제3권, 536쪽).

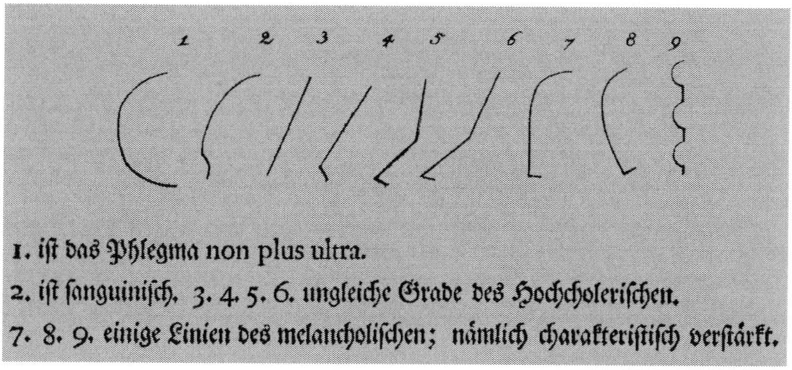

〈그림 25〉 요한 카스파 라바터: 이마 선, 출처: 라바터, 『인간에 대한 지식과 인간애를 장려하는 관상학 단편』(1775-78). "1. 가장 심한 점액질Phlegma non plus ultra 2. 다혈질sanguinisch 3./4./5./6. 정도가 다양한 심한 담즙질Hochcholerisch 7./8./9. 우울질melancholisch, 즉 성격적 특성이 강한 몇 가지 형태의 이마 선"(Lavater 1984, 333쪽).

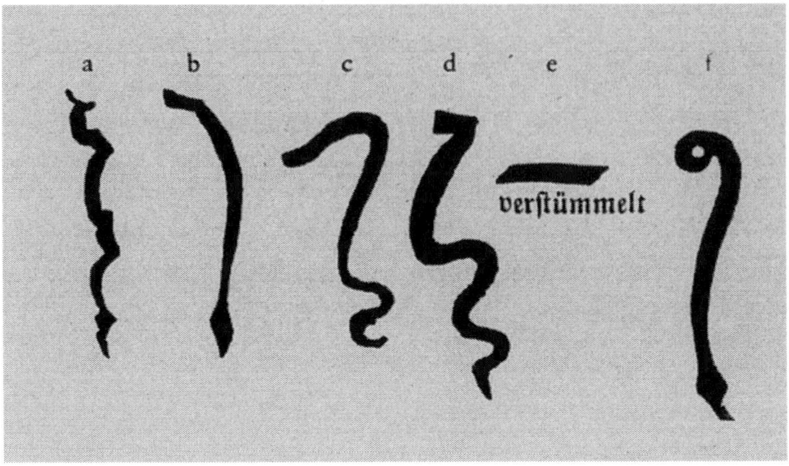

〈그림 26〉 게오르그 크리스토프 리히텐베르크: 대체로 활동하지 않는 익명의 돼지들의 몇 가지 실루엣, 출처: 리히텐베르크, 〈꼬리에 대한 단편〉(1783). "a. 약한 노동력 b. 신체적, 도덕적 비곗덩어리 c. 이해불가, 기형이거나 천상의 불꽃을 타오르게 하는 방랑자의 싹이 짓밟힘 d. 잘못 그린 것이 아니라면, 현혹시키고 화를 잘 내는 수퇘지 f. 비곗덩어리로 인해 활동력을 상실함."(Lichtenberg 1968~, 제3권, 535쪽 이하)

이를 통해 헤어스타일이라는 본래의 맥락을 물론 지시하고는 있지만("목", "대머리", "가발", "늘어뜨린 장식", "젊은이의 머리카락에다 붙이는", "네가 쓰고 있는 머리", "멋진 땋은 머리", "모대 가발", "수면 모자"), 누가 봐도 또 다른 외설적인 의미를 가지고 유희하고 있다는("자루 안에 있는 강철의 신축성", "장미 속에 들어 있는 부드러움", "멋쟁이 채찍", "채우고 싶은 충동", "총", "수평 방향으로", "작은 뿌리") 사실이 절대 은폐되지는 않는다(Lichtenberg 1968~, 제3권, 536쪽 이하). 어쨌든 리히텐베르크는 이와 같은 음탕한 장난으로 대성공을 거두는데, 이에 대해서도 역시 이중적인 의미를 가지고 다음과 같은 논평을 한다.

이로써 갈채를 받기 위해서는 무엇을 해야 하는지를 알 수 있다. 나로서는 이런 방식으로 동료들의 갈채를 받을 필요가 없어 다행이다. 나는 젊은이들의 꼬리를 잡고 끌고 들어가지는 않는다. 암퇘지의 꼬리는 더더욱 아니다."(Lichtenberg 1968~, 제4권, 499쪽)

9.3 마음 염탐: 슈피스의 사례이야기

리히텐베르크는 신체 외형의 불완전함을 영혼의 결점이라고 결론짓는 라바터의 시도가 비인도적인 오류를 갖고 있음을 부각시켰다. 그런데 또 한 가지 중요한 비판점은 보편적인 개방성과 진정성이라는 계몽주의 계명의 이면으로서, 무분별한 내면 탐색에 대한 것이다. 생각을 감추는 것dissimulatio이든 아니면 전혀 느끼지 않은 감정을 느끼고 있는 것처럼 속이는 것simulatio이든 어쨌든 이러한 왜곡하는 기술에 대한 반대전략인 암호해독기술은 근대 초기 궁정사회에서는 확고한 위치를 점하고 있었다(Geitner 1992; HWPh 1971~, 제11권, 938-942단락). 예를 들어 철학자 크리스티안 토마지우스Christian Thomasius, 1655-1728는 "매일 나누는 대화에서 상대방이 아무리 마음속에 숨겨도 숨긴 것을 알아내는 학문"(1691)을 널리 선전했다. 많은 대화 이론가들이 실제 매뉴얼을 만들어서 토마지우스의 입장을 추종했다. 칸트는 『실용적 관점에서 본 인간학』(1798)에서 이 기술을 관상학과 관련지어 "내면을 엿보는 기술Ausspähungskunst des Inneren"이라는 핵심적인 표현을 만들어 냈다(Kant 1983, 제6권, 640쪽).

문학작품에 등장하는 일련의 인물들이 바로 이렇게 누군가 자기 마음을 꿰뚫어 본다는 근대적 두려움으로 고통당하고 있는 예를 종종 볼 수 있다. 예를 들어, 프리드리히 막시밀리안 클링어Friedrich Maximilian Klinger, 1752-1831의 슈트룸운트드랑 드라마인 『쌍둥이Die Zwillinge』(1776)에서 쌍둥이 동생을 살해한 구엘포Guelfo는 카인의 행위가 자기 이마에 쓰여 있다며 두려워한다. 또 다른 경우는 에른스트 아우구스트 프리드리히 클링에만Ernst August Friedrich Klingemann, 1777-1831의 소설 『야경Nachtwachen』(1804)에 나오는 어느 정신병원을 방문하는 (→3) 장면에서 볼 수 있다. 정신병원 수감자 중 한 명은 "유리 가슴"에 대한 망상으로 고통당하는데, 그는 자신이 끊임없이 관찰당한다고 생각해서 "가슴을 꽁꽁 싸매어 놓는다"(Bonaventura 2003, 79쪽). 이러한 '강박관념Idée fixe'은 고대 우화에서 모모스Momos가 불의 신 불칸Vulkan에게 인간을 창조할 때 가슴에 창을 내어 인간의 내면을 볼 수 있게 하는 것을 잊어버렸다고 질책하는 모습을 떠오르게 한다. 바로 이러한 모티브를 심리학에 능통한 통속작가인 크리스티안 하인리히 슈피스Christian Heinrich Spieß, 1755-1799는 『광인전기Biographien der Wahnsinnigen』(1796) 제1권에서 다루고 있다.

벌써 『야콥 W***r』라는 제목부터가(1966년 신국판 제목에는 "유리 가슴을 가진 합리주의자Der gläserne Ökonom"라고 덧붙였다.) 이 소설이 심리학적 사례이야기의 전통을 따르고 있음을 보여준다. 고유명사인 이름의 약어를 사용하면서 이 이야기가 의학적인 개별 사례로서 표본적인 성격을 갖고 있음이 부각되고 있기 때문이다. 이 소설은 가족의 허락을 받지 못한 사랑 때문에 무너져 버린 티롤 출신의 야콥이라는 젊은이의 질병이야기를 묘사하고 있다. 크리스티안 토마지우스가 그의 저서 『이성적이면서 도덕적으로 사랑하는 기술에 대하여Von der Kunst Vernünftig und Tugendhaft zu lieben』(1692)에서 말한 것과 같이 계몽주의 철학자들은 비이성적인 사랑은 피해야 하고 약화시켜야 한다고 말했다. 야콥은 잘생기고 인기 많은 남자로 탁월한 합리적 이성을 가지고 있는 인물로 소개된다. 그런데 그는 불행하게도 자신의 하녀인 마리를 사랑하게 된다. 마리 역시 아름답고 똑똑한 여자이지만 수년 전 어느 광부에게 순결을 빼앗긴 일이 있었다. 야콥은 자신의 가족이 마리를 절대로 신부로 인정하지 않을까 봐 두려워한다.

야콥으로부터 사랑 고백을 받은 마리는 자신이 그와 걸맞지 않다고 느껴 체념하려고 한다. 야콥은 은밀히 한 친구에게 조언을 구하려고 했는데, 곧이어 이 사실은 그의 은밀한 애정과 함께 폭로되고, 그는 공개적으로 경멸당하는 처지에 놓이게 된다. 사회로부터 도망친 그는 알프스 산지의 건초더미에서 며칠 동안 숨어지낸다. 마침내 반쯤 굶어 죽어가는 모습으로 발견되었을 때, 그의 상태는 끔찍했다. 그러나 나중에 불려온 의사는 그에게서 그 어떤 외상도 확인할 수가 없었다.

> 그는 여전히 살아 있고 숨을 쉬고 있었지만, 아무도 알아보지 못했으며, 겨우 눈을 떴다가 다시 금방 감아버렸다. 그는 두 손을 가슴 위에 올려놓고 있었으며, 이 자세를 도무지 바꾸려고 하지 않았다. [...] 의사가 어쩌면 그 가슴 부위에 상처가 있을지 모른다고 추측했으나, 그의 손을 떼 내기 위해서는 많은 힘이 필요했다. 두 명의 힘센 하인들이 겨우겨우 그의 손을 떼 낼 수 있었다. 그러나 거기에는 아무런 상처도 없었다. (Spieß 1966, 49쪽 이하)

야콥이 더 이상 아무와도 이야기를 하지 않자, 그의 형제들은 그가 "미친 것이 아닐까" 의심하기 시작한다(Spieß 1966, 51쪽). 실제로 그가 보이는 증후들은 긴장으로 인해 미쳐버리는 긴장병Katatonie의 증상과 일치했다. 말하자면, 야콥이 가슴 위에 교차시켜 얹어 놓은 팔에서는 더 이상 근육경련이 나타나지 않았을 뿐만 아니라 마리를 향해서도 마침내 망상을 드러냈는데, 자기 신부가 갑자기 유리로 된 "등불"이 되었다는 것이다. 그는 말한다. "모두가 이제 내 마음을 보고 나의 가장 은밀한 생각을 그 자리에서 알아낼 수 있다면 그건 정말 끔찍한 일이야."(Spieß 1966, 52쪽)

〈관상학의 폐해에 대하여Vom Schaden der Physiognomik〉 장에서 라바터는 자신의 관상학이 오용될 가능성에 대해 논하고 있다. 말하자면, "마음속 비밀, 가장 은밀한 실수, 온갖 생각의 오류들"을 몰래 염탐하는 오류를 저지를 수가 있다는 것이다(Lavater 1984, 99쪽). 그러나 그에게는 관상학을 통해 인간을 알고 사랑할 수 있다는 유용함이 더 컸다. 더더욱 신중하라는 권고가 경시되지 않는다면 말이다. 야콥 W***r의 경우, 주변의 사회적 환경이 신중하지 못한 것은 확실했다. 그러나 그의 붕괴는 '외부'의 '현재적' 관상학적 탐색의 결과가 아니라, 그러한 관상학적 탐색에 '원칙상'(자신의 결함으로 인해) 무방비로 내몰리게 될 '내적인' 두려움의 결과인 것이다.

나중에 등장한 의사는 '경건한 속임수'를 통해 야콥의 망상에 개입한다. 말하자면 내면 치료를 하면서 당대로서는 가장 근대적인 치료에 대한 이해를 보여주고 있다(→13.3). 그는 "마치 야콥의 말을 완전히 확신하는 것처럼 보였다. 이를 통해 그는 곧장 광인의 신뢰를 얻게 되었고, 광인은 이제 처음으로 의사와 이야기를 하게 된다."(Spieß 1966, 53쪽) 그의 병력을 통해 야콥의 강박관념은 "과열된 상상력"과 양심의 가책에서 기인한 것임이 밝혀진다. 그는 돌아가신 어머니가 자기에게

"하얀 [옷을 입은] 여자로 다가와" 자신을 "치욕"의 원인이라고 질책했고, "네 가슴은 유리로 되어 있어. 모든 사람들이 너의 생각을 읽고 너를 조롱할 거야. 숨어라! 숨어!"라고 경고했다고 말한다(Spieß 1966, 54쪽 이하).

사려 깊은 의사는 두꺼운 고약으로 무분별한 시선들로부터 그의 투명한 가슴을 보호해주면서 5, 6주 후에는 유리 위로 다시 새 살이 돋을 것이라고 약속한다. 이 치료법은 당장에 효과를 보는 것 같았으나, 곧이어 야콥의 형은 야콥이 아직도 마리를 향한 열정이 자기 안에 있음을 **보고** 있다고 주장한다. 이후 야콥의 병은 재발되었고, 다시는 회복될 수 없게 된다. 그는 결코 집밖으로 나가지 않았고, 가슴은 두꺼운 가죽으로 싸서 무장했다.

7년 후 이 환자에게 이상한 '예언의 능력'이 있음이 발견된다. 낱낱이 읽힐 수 있다는 두려움이 사라진 것은 아니지만, 이제 두려움이 능력으로 뒤바뀌게 된 것이다. 즉, 다른 사람의 속마음을 꿰뚫어 보는 능력만이 아니라 카드 게임, 수확, 날씨 혹은 경제가 앞으로 어떻게 전개될지도 예언할 수 있는 능력이었다. 그는 죽기 며칠 전 자신의 광기를 환하게 통찰하는 밝은 순간을 경험했으나, 죽음과의 사투를 벌이는 동안 자신의 마음이 다른 사람들의 시선에 노출되지 않도록 관을 열지 말아 달라고 부탁했다.

하나의 학설을 무분별하게 수용했다고 해서 분명 그 학설 자체를 거부할 수는 없다. 그럼에도 불구하고 슈피스의 사례이야기는 철학자 아도르노Theodor W. Adorno와 호르크하이머Max Horkheimer가 『계몽의 변증법Dialektik der Aufklärung』(1944, D'APRILE/SIEBERS, 14장)에서 혹은 미국의 사회학자 리처드 세넷Richard Sennett, 1943~의 『공적인 삶의 몰락과 종말. 친밀성의 독재Verfall und Ende des öffentlichen Lebens – Die Tyrannei der Intimität』(1983, 원제: The Fall of Public Man, 1977)에서 서술한 역동성을 조명해준다. 이 저자들은 자칭 진보라는 것과 두려움의 원천을 점점 더 제압해나가는 과정 뒤편에서 서서히 나타나는 퇴행과 새로운 위험과 두려움, 문제들을 발견한다. 그리하여 인간적인 친밀함과 정직함, 온기를 추구하는 것이 그 자체로는 긍정적인 것이지만, 그 반대의 결과를 가져올 수도 있음을 지적한다. 예를 들어, 수치심에 상처를 주거나 친밀성을 파괴하거나 혹은 사방에서 관찰당할지도 모른다는 두려움을 불러일으킬 수도 있다는 것이다(Sennett 1983 참조).

질문과 쟁점

- 어떤 이유에서 구학문인 관상학과 신예술인 실루엣이 계몽주의 시대에 폭넓은 인기를 얻게 되었는가?
- 18세기에 관상학에 대해 가졌던 의구심은 어떤 것이었으며, 이를 지지한 경우 어떤 식으로 지지했는지 열거해 보자.
- 감정기호학과 관상학의 차이는 무엇인가? 차이에도 불구하고 어떻게 이 둘을 연결 지을 수 있는지 생각해 보자.
- 리히텐베르크의 신중한 해석방식과는 반대인 『꼬리에 관한 단편』에 나타나는 풍자 전략에 대해 설명해 보자.
- 관상학의 이면으로서 타인의 마음을 읽는기술에 대해 토론해 보자. 이와 관련된 문학작품의 인물들은 구체적으로 어떤 두려움에 사로잡혔는가?
- 지그문트 프로이트는 수치심과 관음증을 서로 대립되는 힘으로 정의한다. 이 정의를 사용해서 슈피스의 야콥 W***r의 사례를 분석해 보자. 이 이야기에서 수치심과 관음증은 어떤 식으로 함께 작용하고 있는가?

추천문헌

- Johann Caspar Lavater: Physiognomische Fragmente zur Beförderung der Menschenkenntnis und Menschenliebe. Eine Auswahl, hg. v. Christoph Siegrist, Stuttgart 1984 (RUB 350).

- Georg Christoph Lichtenberg: Schriften und Briefe, Bd. 3, hg. v. Wolfgang Promies, München 1972, 263-295쪽, 533-538쪽.

- Christian Heinrich Spieß: Der gläserne Ökonom, das ist: Die Geschichte von Jakob W***r, in: Biographien der Wahnsinnigen, hg. v. Wolfgang Promies, Neuwied/Berlin 1966, 44-61쪽.

- Wolfram Groddeck(Hg.): Physiognomie und Pathognomie. Zur literarischen

Darstellung von Individualität, Berlin/New York 1994.
☞ 연극이론, 드라마(레싱, 실러), 소설(괴테, 장 파울), 풍자(프리드리히 막시밀리안 클링어, 요한 카를 아우구스트 무조이스, 요한 페촐)에서 나타나는 관상학적 요소와 성격 모방술에 대한 논문 모음집.

• Alexander Košenina: Gläserne Brust, lesbares Herz: Ein psychopathographischer Topos im Zeichen physiognomischer Tyrannei bei Chr. H. Spieß und anderen, in: German Life and Letters 52, 1999, 151-165쪽.
☞ 슈피스의 사례 이야기에 나타나는 호기심과 수치심의 역동성은 자신의 마음이 완전히 간파될 수 있다는 두려움에서 나온다는 내용.

• Carl Niekerk: Zwischen Naturgeschichte und Anthropologie. Lichtenberg im Kontext der Spätaufklärung, Tübingen 2005, 143-164쪽.
☞ 이 논문은 서로 대립하는 라바터와 리히텐베르크의 학문에 대한 이해를 강조하면서 리히텐베르크의 관상학에 대한 기여를 인간학에 접목시키려고 시도한다.

• August Ohage: Von Lessings „Wust" zu einer Wissenschaftsgeschichte der Physiognomik im 18. Jahrhundert, in: Lessing Yearbook 21, 1989, 55-87쪽.
☞ 이 논문은 18세기 관상학 지식을 스케치하면서 라바터가 관상학 운동의 창시자도 아니고 체계적인 기획자도 아니었음을 보여준다.

• Stephan Pabst: Fiktionen des inneren Menschen. Die literarische Umwertung der Physiognomik bei Jean Paul und E.T.A. Hoffmann, Heidelberg 2007.
☞ 이 수준 높은 저서는 어떻게 '인간의 진짜 모습'이 관상학과 그림 해석의 영향을 받으면서 위기에 처하게 되었고 문학에 영향을 주게 되었는지를 보여준다.

• Nicolas Pethes: Literarische Fallgeschichten. Zur Poetik einer epistemischen Schreibweise, Konstanz 2016, 75-94쪽.
☞ 슈피스의 『야콥 W***』라는 "최초의 정신의학적" 사례 이야기에 관한 이 논문에서는 이 이야기를 대중문화의 맥락에서 다루면서 이 소설의 목적을 정신병이라는 위협적인 고통을 예방하고 이에 대해 미리 경고하는 것이라고 본다.

• Johannes Saltzwedel: Das Gesicht der Welt. Physiognomisches Denken in der Goethezeit, München 1993.
☞ 관상학적 사고는 라바터와 그를 비판한 클라우디우스, 리히텐베르크, 메르크, 니콜

라이, 빌란트를 거쳐 카를 구스타프 카루스, 괴테, 요한 게오르그 하만, 게오르그 빌헬름 프리드리히 헤겔, 요한 고트프리트 헤르더, 프리드리히 니콜라이, 아르투어 쇼펜하우어, 헨릭 슈테펜스에게서 조화롭고, 유비적이고, 유기적인 자연 계시라는 포괄적인 개념으로 전개된다.

10

제10장

심리를 표현하는 연기예술

제10장
심리를 표현하는 연기예술

〈그림 27〉 요한 빌헬름 마일: 메데아. 요한 야콥 엥엘의 『표정연기론』(1785)에 실린 동판화

요한 빌헬름 마일Johann Wilhelm Meil, 1733-1805의 동판화는 요한 야콥 엥엘Johann Jakob Engel, 1741-1802의 『표정연기론Ideen zu einer Mimik』(1785)에 실린 그림이다. 연기예술에 관한 선도적인 이론서인 이 책은 신체로 표현하는 달변의 감정 언어를 발달시키기 위해 표현이 풍부한 배우의 몸짓은 무엇인지를 제시하고 이에 대해 논하고 있다. 이 그림에서는 고대 신화에 등장하는 인물인 메데아가 묘사되고 있다. 메데아는 에우리피데스의 동명의 비극(기원전 431년)에서 부정을 저지른 남편에 대한 복수를 하기 위해 남편의 정부를 독살하고 자기 자식들을 죽인다. 그림에서 메데아는 자기 자신과 그리고 자신의 무서운 계획과 씨름하고 있다. "격분한 본성이 갑자기 어머니인 메데아의 마음에서부터 '무서운 생각이여! 죽음의 전율처럼 무서운 생각이 내 온몸을 뒤흔드는구나'라고 소리칠 때, 그녀는 흡사 자신에게 그렇게 하듯 얼굴을 돌리고, 손은 앞으로 뻗고 몸은 한껏 뒤로 빼면서 두려움에 주춤거린다"고 엥엘은 설명한다. (Engel 1785, 제1권, 199쪽)

바로크 시대와 비교했을 때 계몽주의 연극의 새로운 면모는 삶과 밀접한 주제라든가 시민계층을 등장인물로 삼고 있다는 것 외에도 배우들의 연기 스타일이 매우 많이 달라졌다는 점이다. 전자는 **문학 텍스트**에 반영되었고, 후자는 **공연 현장**에서 나타났다. 그리고 이 둘은 서로 밀접하게 연결되었다. 즉, (흔히 겸업을 했던) 무대작가, 연극론 및 연기예술 이론가들 그리고 배우들은 내적이고 심리적인 행위의 원동력과 갈등, 감정을 명확히 보여주기 위해 공동으로 노력했다. 이렇게 해서 "인간학적 소설"(→4.5)과 병행해서 "인간학적 연극문화"가 발생하게 되었다. 이 장에서는 어떻게 마음의 내적 상태가 외적 행위로 표현되어 자연스러우면서도 적절한 심리적 표현으로 관객들에게 전달될 수 있는가를 중점적으로 다루고자 한다. 레싱Gotthold Ephraim Lessing, 1729-1781은 이 논쟁의 중심에 선 인물이었다. 그는 프랑스어로 된 이론서를 번역했으며, 선구자로서 정련된 연기예술의 결핍이라는 독일이 당면한 문제를 지적했다. 그 다음으로는 엥엘이 『표정연기론』(1785/86)에서 이 문제를 다루었다.

10.1 감정형 배우와 성찰형 배우

배우와 연설가의 노련한 기술에 대한 실제적인 지침에 관한 연구는 고대 이래 수사학의 과제였다(Keller). 수사학의 체계에서 마지막 단계는 연설 혹은 연극에서의 역할actio을 구두로 실행하는 것이다. 이를 신체적 달변eloquentia corporis의 단계라고 말한다. 신체적 달변은 발음pronuntiatio과 얼굴 표정vultus 그리고 몸짓gestus으로 이루어져 있다. 고대부터 근대 초기에 이르기까지 수사학 교재에서 신체적 달변은 대부분 간략하게 다루어졌다. 이는 또한 공연은 텍스트보다 덜 중요하다는 아리스토텔레스의 평가와도 관련이 있다. 또한 당시 수사학 이론가들은 구두 실행을 위한 실질적인 지식은 오히려 일반 수업에서 전달되는 것이기에 교재에서 자세히 다룰 필요가 없다고 보았다.

퀸틸리아누스Marcus Fabius Quintilianus, 약 35-약 96는 예외적인 경우인데, 그는 저서 『웅변가 교육Institution oratoria』(95년경)에서 한 장을 길게 할애하여 특정 동작과 자세에 맞는 개별적인 감정 혹은 표정의 의도를 분류해놓았다. 물론 부자연스럽고 의도적인 몸짓 표현이 아닌, 관습적이고 합의에 따른 몸짓의 코드였다. 그런데 그러다 보니 무대에서는 오히려 경직되고 학습된 인상을 주었다. 바로크 후기 저작인 프란키스쿠스 랑Franciscus Lang, 1654-1725의 『연기예술론Dissertatio de Actione Scenica』(독일어 판본: Abhandlung über die Schauspielkunst, 1727)에 들어 있는 삽화를 보면(그림 28) 특정 목록에 따라 취한 낭독 자세 (예를 들면, 발을 교차시키고 있는 자세crux scenica)와 엥엘이 『표정연기론』에서 말하는 감정을 나타내는 몸짓의 차이를 단번에 알 수 있다.

〈그림 28〉 프란키스쿠스 랑: 『연기예술론』(1727)에 나오는 삽화

자연스러운 몸짓을 관찰하는 대신 수사학에 맞춘 규범을 발달시키긴 했지만 퀸틸리아누스는 마음과 신체언어 간의 자연스러운 관계 또한 알고 있었다. 이러한 심신상관은 그보다 앞서 키케로가 『웅변가에 관하여De Oratore』(B.C. 55)에서 처음으로 지적한 바 있다.

> 정서의 움직임 하나하나의 특징은 본래부터 표정, 어조, 몸짓에서 표현되고 있기 때문이다. 한 인간의 신체 전부와 그가 짓는 온갖 표정의 유희 그리고 그의 목소리의 총목록은 한 악기의 현과 같은 소리를 낸다. 악기의 현 하나하나가 각각 해당하는 정서의 움직임을 튕기는 것처럼 말이다.(Cicero 1986, 582쪽 이하)

왜 그러한가에 대해서는 18세기의 인간학 연구를 통해 비로소 자세히 탐구되었다. 이를 위해 감정기호학적 신체언어(→9.2)를 정확하게 관찰하고 기술하였다. 예를 들면, 특정한 심리상태에서 얼굴이 빨개진다거나 창백해진다거나 몸이 떨리는 것과 같은 변하지 않는 자연 상태를 탐구하는 한편, 심리학에 숙달된 연기 이론가들은 어떻게 배우들이 특징적인 신체 표현으로 각각의 감정을 실제로, 그러니까 진짜로 느끼는 것처럼 **보이게 할** 정도로 연기할 수 있는지 연구했다. 그러니까 **인위적인** 연기를 통해 마음의 움직임이 **자연스럽고** 가능한 한 무의식적으로 반영되도록 하는 것이 중요했다. 이러한 존재와 가상의 어떤 착종적인 관계를 레싱은 4행짜리 시 〈어느 배우의 족보에서In eines Schauspielers Stammbuch〉(1779)에서 이렇게 묘사했다.

> 예술과 자연은

무대에서만 하나가 된다고 한다.
예술이 자연으로 변신하면,
자연은 예술과 거래한 것이다.
(Lessing 1985~, 제3권, 827쪽)

이 주제를 이보다 더 간결하고 핵심적으로 파악할 수는 없을 것이다. 즉, 계몽주의 연극은 예술과 자연을 결합시켰고, 심리적 통찰을 통해 사실과 가깝게 캐릭터를 묘사하여 일상 세계와 완전히 일치시킨 것으로 보였다. 그러나 이러한 기만적 효과를 얻기 위해서는 기교와 장비, 연출, 명확한 발음 등 비싼 비용을 들여야 한다. 그러다 보면 예술 자체는 뒷전이 되고, 그것이 실제적이라는 환상만 부각되었다. 오늘날 극장에서 마음을 온통 사로잡는 영화를 보면서 관객들은 자신이 극장에 있다는 사실을 잊어버리는 것과 같은 현상이다.

이렇게 심리적으로 현실처럼 보이게 하는 연극은 당대의 시대적 취향이었으며, 함부르크(1767년 창단), 만하임(1779년 창단) 혹은 베를린(1786년 창단)의 국립극단과 같은 대표적인 다수의 극단에서는 이와 같은 스타일의 공연이 실제로 무대에 올려졌다. 물론 바이마르 왕립극단에서는 괴테의 감독하에 이와는 다른 연극을 공연하려고 했다. 당시 아우구스트 빌헬름 이플란트August Wilhelm Iffland, 1759-1814 혹은 아우구스트 폰 코체부August von Kotzebue, 1761-1819와 같은 배우들이 등장한 오락극은 독일 전역의 공연 레퍼토리를 장악하고 있었는데, 눈물을 짜내는 연출에 대해 바이마르에서는 예술적이지 않고 통속적이라고 비난했다. 이와 반대되는 연극은 숭고한 그리스 비극을 지향하는 고전주의 예술의 이상을 결코 은폐하지 않고 분명하게 드러내는 연극이었다. 『도적떼Die Räuber』(1781), 『피에스코Fiesko』(1783), 『간계와 사랑Kabale und Liebe』(1784)과 같은 청년기에 썼던 심리 드라마에서 완전히 전향한 프리드리히 실러 또한 비극 『메시나의 신부Die Braut von Messina』(1803) 서문에서 "예술에 있는 자연주의에게 공개적이고 정직하게 선전포고를 하라"(Schiller 1992~, 제5권, 285쪽)고 요청한다. 이를 위해 그는 이미 고대 이래 알려져 있는 관객과 무대에서 일어나는 사건 간의 거리두기를 위한 모든 수단을 동원하라는 명령을 내린다. 즉, 일상적인 화법 대신 운문 형식을, 풍부한 표정 대신 가면을 그리고, 행위를 논평하거나 분석하는 외부적 수단으로 환상을 깨는 코러스와 같은 것이 요구되었다 (Borchmeyer 1984 참조).

하지만 계몽주의 시대의 심리적인 자연 연극 모델을 고수한다면, 어떻게 묘사된 캐릭터의 마음을 **실제로** 통찰할 수 있을까라는 문제가 여전히 남아 있다. 이 문제를 해결해야 연극은 1785년 실러가 부여한 "인간의 마음속으로 들어가는 가장 비밀스러운 통로의 확실한 열쇠"로 사용되는 역할을 감당할 수 있게 된다(Schiller 1992~, 제8권, 194쪽). 이 문제에 대해 일찍이 프랑스에서는 두 개의 서로 반대되는 답을 제시한 바 있다. 레싱은 이 두 개의 답을 모두 독일어로 번역해서 소개했다. 하나는 작가인 피에르 레몽 드 생트-알빈Pierre Rémond de Sainte-Albine, 1699-1778의 『배우Le Comédien』(1747, 독역판 Der Schauspieler, 1772; 레싱의 발췌본 1754)이며, 다른 하나는 배우 프란체스코 리코보니 Francesco Riccoboni, 1707-1772가 쓴 글인 〈연기예술L'Art du théâtre〉(1750, 독역판 Die Schauspielkunst, 1750)이다. 생트-알빈은 배우가 자신의 역할과의 동일시를 통해 자연스럽게 연기하는 것을 강조한 반면, 리코보니는 거리두기와 성찰을 강조했다.

생트-알빈이 말한 배우의 독자적인 연기예술과 "유머Witz"(즉, 에스프리Esprit, 정신, 영감), "불"(즉, 활발함과 변신능력) 그리고 "진실"이라는 연기의 상위 목표에 대해서는 논박의 여지가 없다(St. Albine 1747, Lazarowicz/Balme 1991, 139쪽 이하). 하지만 다음과 같은 그의 주요 주장에 대해서는 문제가 좀 다르다.

> 비극을 연기하는 배우들이 [...] 우리를 속이고자 한다면, 스스로를 먼저 속여야 한다. 그들은 자기가 상상하고 있는 그것이 실제로 그렇다고 스스로를 속여야 한다. 광기를 제대로 연기하려면 관객들이 연기자 스스로가 배반당해 추방된 자라고 확신해야 한다. 이러한 상상은 상상에서 나와 연기자의 마음속으로 흘러 들어가야 한다. 그리하여 상상 속의 불행이 연기자들의 진짜 눈물로 흘러나와야 하는 것이다. (St. Albine 1747, Lazarowicz/Balme 1991, 141쪽)

레싱은 이러한 관점이 그다지 현실적인 응용 가능성이 없다고 보았으며, 이를 단지 "연기예술에 대한 아름다운 비유"라고 여겼다(Lessing 1754, Lazarowicz/Balme 1991, 142쪽). 레싱처럼 연극 현장에 있던 사람들은 이러한 주장에 대해 배우가 매일 저녁 똑같이 자기를 속일 수는 없으며, 감정을 순식간에 바꾸는 일도 어려운 것이고, 특히 주어진 감정에 대해 힘들이지 않는, 말하자면 자연스러운 연기를 하게 되면 무대 표현력이 너무 미약할 것이라며 이의를 제기했다.

> 관객은 오로지 무대에서만큼은 정서와 정념이 어느 정도만이 아니라 [...] 더 좋게, 더 완전할 수 없을 정도로 가장 완전하게 표현되는 것을

보고 싶어 한다. (Lessing 1754, Lazarowicz/Balme 1991, 142쪽 이하)

리코보니는 이와 같은 완전한 연기는 고도의 계산적이고 성찰적인 기법을 통해서만 가능하다고 주장하면서, 감정형 배우에 대한 명제에 반대했다. 그에게 있어서 연기의 목표는 감정을 그럴듯하게 "표현"하는 것으로, 감정에 "직접 빠진 것처럼 보이는 것이지" "실제로 [...] 빠지는 것"이 아니다. 맡은 역할과 완전히 동일시되는 것을 리코보니는 "불행"이라고 표현했는데, 이 불행으로 인해 배우는 "연기할 수 있는 능력을 잃어버리게 된다". 연기 중에는 심리상태가 일상에서보다 더 빨리 연이어 바뀌게 되는데, 배우가 어느 감정에 완전히 몰입된다면, "순간적으로 가슴이 죄어오고 목소리가 막혀버릴 것이다". 그러면 어찌할 수 없이 연기에 대한 통제력을 상실하게 될 것이다. 당연히 무대 위에서는 일상에서와 같은 모습을 요구하지 않는다. 연기는 더 밀도 있고, 더 함축성 있게, 더 분명한 발음으로 해야 하므로 "자연적인 것에서 어느 정도는 벗어나야" 한다(Riccoboni 1750, Lazarowicz/Balme 1991, 145, 146, 148쪽). 노골적인 상투성과 불쾌한 과장 사이에서 균형을 유지하는 것이 연기의 최대 과제 중에 하나인 것이다.

이와 같은 예술의 이상은 현실에서 세세하게 관찰된 전형화된 몸짓에 토대를 둔다. 리코보니는 궁정의 기품에 손상되지 않은 자연 그대로의, "감정을 제어할 줄 모르는 천민"을 바라볼 것을 권한다(Riccoboni 1750, Lazarowicz/Balme 1991, 148쪽에서). 더 나아가 특히 재능 있는 배우들을 모범으로 삼는다. 가장 유명한 배우로는 런던에서 활동했던 데이비드 개릭David Garrick, 1717-1779, 함부르크, 하노버, 고타에서 활동한 콘라드 에크호프Conrad Ekhof, 1720-1778 혹은 만하임과 베를린에서 활동한 아우구스트 빌헬름 이플란트가 있다. 예를 들어 개릭은 리코보니가 생트-알빈에 반대하며 비판한, 신속하게 바뀌는 감정을 표현하는 연기의 명수였다. 드니 디드로는 『배우에 관한 역설Paradoxe sur le comédien』(사후출판 1830; 1769년부터 집필, Lazarowicz/Balme 1991, 155-163쪽)에서 자연스러운 감정과 '성찰형 배우comédien de réflexion'를 위하여 인위적으로 만들어 낸 신체언어 간의 대립적인 논쟁을 결론지으면서, 논증을 위해 바로 개릭을 인용하고 있다.

> 개릭이 머리를 문틈으로 집어넣는다. 그는 4-5초 내로 광란의 기쁨에서 적당한 기쁨을 나타내는 표정으로, 그리고 이 적당한 기쁨에서 다시 안정을 찾고, 안정감에서 다시 깜짝 놀라고, 깜짝 놀라다가 경악하고, 경악하다 슬퍼하고, 슬퍼하다 의기소침해지고, 의기소침에서 두려움으로, 두려움에서 공포로, 공포에서 절망으로, 그리고는 절망이라는 가장 깊은 단계의 감정에서 다시 원래의 출발지점으로 돌아간다. (Diderot 1984, 500쪽 이하)

이처럼 연기에 대해 세세하게 서술한 글은 특히 그림 자료와 결합하여 계몽주의 시대의 이론형성에 크게 기여한 하나의 독자적인 장르로 발전하였다. 리히텐베르크가 개릭의 연기에 대해 쓴 〈영국에서 온 편지Briefe aus England〉(1776-78, 잡지 〈독일 박물관Deutsches Museum〉에 실림, Lichtenberg 1968~, 제3권, 326-367쪽), 칼 아우구스트 뵈티거Karl August Böttiger, 1760-1835의 〈14개의 그림으로 본 이플란트 연기의 발전 과정Entwicklung des Ifflandischen Spiels in vierzehn Darstellungen〉(1796) 혹은 무대 위의 이플란트를 그린 빌헬름 헨셸Wilhelm Henschel, 1785-1865의 약 500

개의 그림(Härle 1925 참조)이 그 예이다. 이 그림들은 마치 애니메이션처럼 움직이는 그림 같다. 예를 들어 몰리에르의 『수전노Der Geizige』(1682)는 62개의 그림으로 그래픽 공연을 올리기도 했다(→11.1).

이와 달리 셰익스피어 작품의 연기자로서는 스타와도 같았던 개릭의

〈그림 29〉 셰익스피어 작품의 여러 역할을 연기하는 데이비드 개릭(리어 왕, 맥베스. 리차드 3세, 햄릿), 동판화 (1770년경)

연기 장면을 그린 '단독화'는 거의 멈춰있는 듯 보인다(그림 29). 비교적 관습을 따르는 동판화 역시 마찬가지로 동적이지 않았다. 맥베스를 연기한 개릭을 그린 요한 하인리히 퓌슬리Johann Heinrich Füssli, 1741-1825의 어두운 색조의 수채화와 유화들(1766년, 1812년)은 맥베스가 던컨 왕을 살해한 직후 광기로 번뜩이는 눈과 피 묻은 두 자루의 단검을 손에 들고 있는 모습에서 압도적인 표현주의적 표현력으로 넘쳐난다(Füssli 2005, 208쪽 이하 참조).

연극의 현실을 비추는 유용한 거울을 마련한 레싱의 『함부르크 연극론Hamburgische Dramaturgie』(1768-69, Lessing 1985~, 제6권, 181-694쪽) 또한 상당 부분 이와 같은 공연기록 전통에 속한다. 이와 같은 원전자료를 통해서만 연기이론과 함께 요구되는 실제의 무대 실습에 접근할 수 있다. 예를 들어 레싱이 『함부르크 연극론』 제13편에서 자신의 비극작품인 『미스 사라 샘슨Miß Sara Sampson』(1755)에 나오는 죽음을 맞이하는 긴 장면 묘사를 여배우 소피 프리데리케 헨젤Sophie Friederike Hensel, 1738-1789을 통해 서술하고 있는 글을 보면, 연극체험이 인간학적 성찰에 직접적인 영향을 끼치고 있음을 잘 알 수 있다. 죽어가는 자는 마지막 단계에서 "손가락으로 자신의 옷이나 침대를 쥐어뜯기 시작한다는" 의학적 소견을 알고 있어야 여배우는 이 섬세한 뉘앙스를 장인답게 효과적으로 살릴 수 있다.

> 영혼이 그녀에게서 빠져나가는 순간에 갑자기, 하지만 단지 굳어버린 팔의 손가락으로만 미약한 경련이 표현되었다. 그녀는 치마를 잡아 뜯었다. 치마는 약간 올라가다가 이내 다시 내려갔다. 마치 꺼져가는 불빛의 마지막 너울거림 같았다. (Lessing 1985~, 제6권, 250쪽)

레싱은 너무나 열광한 나머지 "죽어가는 자가 하는 쥐어뜯는 행위에 대하여Von dem Zupfen der Sterbenden" 당장에 공개적인 의학 논쟁을 벌이려고 애를 썼다(Lessing 1985~, 제11.1권, 467쪽). 마음의 움직임과 몸짓 간의 관계에 의미를 부여한 이러한 상세한 묘사는 자연스러운 연기론의 정점이라고 할 수 있다. 엥엘의 『표정연기론』이 나오기 전까지는 말이다.

10.2 레싱과 엥엘의 인간학적 연기예술

『함부르크 연극론』에서 앞에 인용한 말을 하기 이미 오래전에 레싱은 감정Affekt과 표현, 마음의 움직임과 신체언어 간의 숨겨진 관계에 대해 지대한 관심을 드러냈다. 생트-알빈의 『배우』 번역서에서 레싱은 "외적인 신체적 변화는 마음의 내적 상태로 인한 자연스러운 결과"라는 이 책의 단순한 전제를 비판한 바 있었다(Lessing 1754, Lazarowicz/Balme 1991, 142쪽). 레싱 스스로가 그러한 심신상관성이 존재한다는 사실에 대해서는 조금도 의심하지 않았지만, 이러한 연관성이 일방적으로 내면에서 외면으로, 그러니까 마음의 감정에서 신체적 행위로 작용하는 것으로만 보지는 않았다. 레싱은 오히려 생트-알빈의 논증을 거꾸로 생각했다. 감정 자체를 (먼저) 느끼고 이로 인해 자연스러운 표현이 나오는 것이 아니라, 배우는 신체적 행위를 모방해서 자신의 마음에서 '인위적으로' 감정이 일어나게 하고, 이러한 정교한 방식으로 스스로는 감정에 휘말리지 않으면서 (연기가) '자연스럽게' '보이도록' 해야 한다고 생각했다.

> 우리는 경험을 통해 신체가 나타내는 모든 외적인 표식과 특징과 모든 변화들은 특정한 어떤 것을 표현한다는 것을 배우게 된다. 배우가 이러한 신체의 외적 특징들을 모방할 줄 안다면, 배우의 마음은 감각을 통해 마음에서 일어나는 인상으로 인해 저절로 자신의 동작, 자세, 어조에 부합하는 상태에 놓이게 될 것이다. (Lessing 1754, Lazarowicz/Balme 1991, 143쪽에서)

마음이 신체에 미치는 일반적인 영향influxus animae에 따르는 대신 레싱은 모방한 신체적 행위를 통해 내적인 영향을 받지 않아도 영향을 받았을 때와 똑같이 표현할 수 있을 정도로 마음을 동요시킬influxus corporis 수 있다고 생각한다. 이로써 생트-알빈의 동일시 제안은 거부되고 리코보니의 거리두기에 대한 요구가 부각된다. 10년이 훌쩍 지난 후 레싱은『함부르크 연극론』제3편에서 이 발상을 또다시 언급한다. 그는 "감정은 내적인 것으로" "외부로 드러나는 특징"에 의해서만 "판단"될 수 있음을 반복해서 말하는 한편, 또한 이를 관장하는 법칙을 말하고 있는데, 바로 "신체의 어떤 변화를 가져오는 마음의 변화가 거꾸로 신체의 변화를 통해서도 발생된다"는 법칙이다(Lessing 1754, Lazarowicz/Balme 1991, 152쪽). 따라서 이 두 번째 자연법칙은 "기계적인 흉내내기"가 순식간에 지나가버리는 무의식적인 것이라 해도 진실하게 보이는 몸짓의 근간이 될 수 있다는 주장의 전제가 되고 있다. 배우는 이런 식으로

> 마음에서 시작되는 감정들이 갖고 있는 지속성과 불을 가질 수는 없지만, 위장하는 순간 나도 모르게 일어나는 신체의 변화에서 뭔가

> 를 생산해낼 수 있을 정도로 충분히 강력한 감정에 도달하게 된다. 우리가 내적 감정을 신빙성 있게 추론할 수 있는 거의 유일한 근거는 이렇듯 신체의 변화가 존재하기 때문이라고 생각한다. (Lessing 1754, Lazarowicz/Balme 1991, 152쪽)

레싱은 이러한 기본원칙을 간단히 설명하는 것으로 끝내고 있다. 생트-알빈 번역서에서 공지한 〈신체적 달변에 관한 저작Werk über die körperliche Beredsamkeit〉(Lazarowicz/Balme 1991, 144쪽)은 결국 미완으로 남았다(Lessing 1985~, 제3권, 320-329쪽 참조). 그러나 『함부르크 연극론』 결말에서 말하고 있는 "배우는 있지만, 연기예술은 없다"라는 한탄과 "모두가 알고 있는 명료하고 정밀한 특수규정들"(Lessing 1985~, 제6권, 638쪽)이 없다는 그의 한탄이 사장되지만은 않았다.

레싱의 유산을 물려받은 사람은 『표정연기론』을 쓴 요한 야콥 엥엘이다. 본 장 맨 앞에 실린 그림은 바로 이 책에 들어 있는 삽화이다(그림 27). "마음의 내적 작동을 표시하는 수단"(Engel 1785, 제1권, 73쪽)으로서의 신체언어에 대해 엥엘은 레싱보다 더 깊게 파고들었다. "내적 정서의 움직임이 신체에 끼치는 작용은 [...] 자연이 비밀스러운 연대를 통해 내적 열정/고통과 연결시킨 표시"라는 것을 그는 다음의 질문에 대한 대답으로 인식한다.

> 왜 슬픈 생각은 눈물샘에 작용하고, 우스운 생각은 횡격막에 작용하는가. 왜 두려우면 뺨이 창백해지고, 수치심을 느끼면 빨개지는가...(Engel 1785, 제1권, 98쪽 이하)

엥엘은 인간학적인 '신체의 영향influxus physicus'의 작용을 자연적인 사실로 확정할 뿐만 아니라 이를 의학-심리학 전문 서적을 뒤지면서까지 탐색한다. 1773-76년에 엥엘은 라이프치히 대학의 의학 교수이자 『의사와 철학자를 위한 인간학Anthropologie für Aerzte und Weltweise』(1772)의 저자인 에른스트 플라트너Ernst Platner, 1744-1818와 친구가 된다. 엥엘은 『표정연기론』에서 플라트너의 이름을 언급하지는 않고 있지만, 대신 유사한 사상을 가진 철학 의사인 요한 아우구스트 운처Johann August Unzer, 1727-1799를 언급한다. 운처는 자신이 발행하는 주간지Wochenschrift인 〈의사〉(1759-64) 그리고 『감정 변화에 대한 신이론Neue Lehre von den Gemüthsbewegungen』(1746) 혹은 『생리학의 기초Erste Gründe einer Physiologie』(1771)와 같은 저서에서 엥엘이 관심을 갖고 있는 신체언어를 심리학적으로 설명할 수 있는 단서를 제공하고 있다. 배우가 외적인 동작을 모방함으로써 자기 자신과 감응을 일으킨다Selbstinduktion는 레싱의 탁월한 생각이 1770년경 이미 얼마나 대중화되었는가는 무엇보다도 임마누엘 칸트가 1772-73년에 했던 인간학 강의에서 다음과 같이 보여주고 있다. "모든 감정은 표정을 만들어낸다. 그리고 어떤 표정을 흉내 내면 이로 인해 그 감정 상태에 빠지게 된다."(Kant 1997, 230쪽)

얼굴표정을 동시대 인간학으로 규명하는 것은 본서의 맥락에서 강조되는 점이지만, 이것이 엥엘의 주요 관심사는 아니었다. 그의 관심은 자연(본성)관찰과 문학 텍스트 분석 그리고 탁월한 배우들의 연기에서 볼 수 있는 다양한 성격의 역할을 토대로 상세하면서 표본적으로 신체언어에 대해 논하는 것이었다. 어쨌든 수사학적 의미에서 고정된 규정 목록을 만드는 것이 그의 목표는 아니었다. 또한 바이마르 고전주의자들이 강조했던 미와 예술 역시 엥엘에게는 진실과 심리적 투명성과는 거리가 먼 것이었다. 회화 대신에 표현, 즉 외면의 모방 대신에 내면의 묘사가 바로 그의 모토였다. 그는 다음과 같이 설명한다.

> 나에게 회화란 [...] 마음이 생각한 사물 자체를 하나하나 감각적으로 묘사한 것이다. 표현은 마음의 사고 수단인 이해력과 심성을 하나하나 감각적으로 묘사한 것이다. (Engel 1785, 제1권, 79쪽)

엥엘은 자신의 이러한 생각을 소논문 〈음악적인 회화에 대하여Über musikalische Malerey〉(1780)에서 회화보다 더 표현력 있게 그리고 매우 상세하게 설명하고 있다. 이 글에서도 예를 들면, 큰 소리 나는 팀파니로 굉음을 내는 천둥 번개를 표현하는 것처럼 한 대상을 외적으로 모방하는 것보다는 "이 대상이 마음에 남기곤 하는 인상을 [...] 중요시한다"(Engel 1780, 12쪽). 천둥 번개로 인해 흥분하는 인간의 마음을 떨리는 현악기의 트레몰로로 표현하는 것처럼 말이다. 작곡가 역시 배우와 마찬가지다. "그는 표현해야 한다. 그리는 것이 아니다"(Engel 1780, 34쪽). 베토벤도 교향곡 제6번 〈전원〉 1악장에서 엥엘의 원리를 똑같이 언급하고 있다. "그리기보다는 감정표현을 더 많이 할 것". 특히 몸짓 언어와 관련하여 문학적 행위에도 똑같은 원칙이 통한다(→5.1). "신체적 변화는 그것이 마음을 통해 작용하여 마음을 표현하는 한에서만 유효하다"(Engel 1964, 201쪽).

그러므로 표현심리학에서는 하나의 명확한 목표를 위해 다양한 예술들이 서로 연결된다. 이 목표란 내면 상태, 동기 그리고 인간의 심리 발달이 남긴 인상을 전달하는 묘사기법을 개발하는 것이다. 이미 레싱은 연극에서 심리적 진실과 개연성을 얻기 위해 이러한 방법이 필요함을 표방했다. 그는 실용적으로, 즉 "일련의 원인과 작용"으로 전개되는 캐릭터를 구상하라고 제안했다. 『함부르크 연극론』 제32편에 따르면, 이를 위해 작가는 다음과 같은 시도를 해야 한다.

> 정념이 단계를 거치면서 서서히 작동되어야 어느 단계에서나 자연스럽고 정상적으로 정념이 전개되는 모습을 지각할 수 있게 된다. 그리고 등장인물로 하여금 거쳐 가게 한 각 단계마다 우리라도 그와 같은 정도의 정념을 갖게 된다면 [...] 등장인물과 똑같은 행동을 했을 것이라는 고백을 하게 된다.(Lessing 1985~, 제6권, 338쪽)

바로 이러한 심리적 공감 가능성을 추구한 점이 레싱의 연민시학Mitleidspoetik의 현실적인 측면이라고 할 수 있겠다. 이 개념은 다음 장에서 살펴보게 될 연출지시문, 공연평 혹은 장면그림Szenenbilder의 형태로 드라마투르기를 포함하는 드라마 분석 방법의 토대를 형성하게 된다. 이런 방식을 통해 캐릭터의 심리적인 내적 영역은 읽는 텍스트를 넘어 더 정확하게 이해될 수 있어야 한다.

질문과 쟁점

- 새로운 인간학에 토대를 둔 신체언어에 대한 이해는 이전의 수사학에 토대를 둔 이해와 어떻게 다른가?
- 생트-알빈과 리코보니의 상반되는 배우론의 특징을 말해 보자.
- 심리학적인 표현연극과 고전주의적인 바이마르 연극론의 차이를 설명해 보자.
- 배우의 마음과 신체를 서로 매개하기 위한 레싱의 제안은 무엇인지 서술해 보자.
- 레싱의 연기예술론을 더욱 발전시킨 요한 야콥 엥엘의 연기이론과 서사이론을 비교해 보자(→5.1).
- 이 장에서 논의된 내용과 리코보니와 레싱의 전통을 뚜렷하게 잇고 있는 콘스탄틴 세르게예비치 스타니슬랍스키Konstantin Sergejewitsch Stanislawski, 1863-1938의 연기론(1925)을 연관 지어 살펴보자(Lazarowicz/Balme 1991, 256-269쪽 참조).

추천문헌

- Johann Jakob Engel: Ideen zu einer Mimik. Erster/Zweyter Theil. Mit erläuternden Kupfertafeln, Berlin 1785/1786, (재판)Darmstadt 1968.

- Texte zur Theorie des Theaters, hg. v. Klaus Lazarowicz und Christopher Balme, Stuttgart 1991 (RUB 8736).

☞ 이 책이 원전으로 삼고 있는 생트-알빈(138-144쪽), 리코보니(144-149쪽), 레싱(149-155쪽)의 작품 중 발췌된 부분은 다음 비평본에서는 더 많은 분량으로 수록되어 있다. Gotthold Ephraim Lessing: Werke und Briefe in zwölf Bänden, Frankfurt a. M. 1985-2003, 제3권, 304-311쪽; 제1권, 884-934쪽; 제6권, 196-212쪽.

- Wolfgang F. Bender: „Mit Feuer und Kälte“ und – „Für die Augen symbolisch“.

Zur Ästhetik der Schauspielkunst von Lessing bis Goethe, in: Deutsche Vierteljahrsschrift 62, 1988, S. 60–98.

☞ 18세기의 연기이론 관련 자료를 풍부하게 모아놓은 연구사적으로 중요한 논문.

• Wolfgang F. Bender(Hg.): Schauspielkunst im 18. Jahrhundert. Grundlagen, Praxis, Autoren, Stuttgart 1992.

☞ 연기예술의 문법, 신체언어, 목소리와 공연 실습에 대한 논문(드니 디드로, 요한 야콥 엥엘, 고트홀트 에프라임 레싱, 장 조르주 노베르에서 괴테와 실러까지)이 수록된 중요한 논문집.

• Manfred Brauneck: Die Welt als Bühne. Geschichte des europäischen Theaters, Bd. 2: Renaissance und Aufklärung – 18. Jahrhundert, Stuttgart 1996.

☞ 공연장, 연출, 레파토리, 무대실습, 그리고 특히 프랑스, 영국, 독일의 연극배우들에 대한 광범위한 정보를 제공하며, 삽화도 풍부하게 포함된 연극사의 기본서. 레싱, 렌츠, 괴테 그리고 실러에 대해서는 독립장(791–865쪽)으로 다루고 있다.

• Monika Fick(Hg.): Lessings Hamburgische Dramaturgie im Kontext des europäischen Theaters im 18. Jahrhundert, in: Lessing Yearbook 41, 2014, 9–305쪽.

☞ 〈레싱 연간학회지〉에서 다룬 이 중점 주제는 레싱의 『함부르크 연극론』을 드라마 이론과 인간학을 위한 토론장으로, 여러 예술(시학, 음악, 회화, 연극)의 협연으로, 그리고 영향시학 및 장르시학, 도덕 및 효율성으로서 조명하고 있다.

• Erika Fischer–Lichte/Jörg Schönert(Hg.): Theater im Kulturwandel des 18. Jahrhunderts. Inszenierung und Wahrnehmung von Körper – Musik – Sprache, Göttingen 1999.

☞ 신체 표현, 무대와 춤과 음악의 상호매체성, 연극과 공공성의 연관성을 연구한 논문들로 구성된 스펙트럼이 넓은 책이다.

• Erika Fischer–Lichte: Semiotik des Theaters. Eine Einführung. Bd. 2: Vom „künstlichen" zum „natürlichen" Zeichen. Theater des Barock und der Aufklärung, Tübingen 1983, 5. Auflage 2007.

☞ 디드로, 엥엘, 레싱, 리히텐베르크, 리코보니, 생트–알빈에 관한 내용과 함께 18세기의 신체언어를 통한 표현예술의 발생에 대해 연구한 고전서.

• Hermann Korte u. a.(Hg.): Medien der Theatergeschichte des 18. und 19. Jahrhunderts, Heidelberg 2015.

☞ 요한 야콥 엥엘의 연극이론 혹은 요한 프리드리히 쉬크의 『드라마투르기에 대한 단편 글』에 대한 논문들 외에 연극 프로그램, 프롤로그와 에필로그 혹은 조형예술에 관한 논문들이 실려있다.

• Alexander Košenina: Anthropologie und Schauspielkunst. Studien zur, eloquentia corporis' im 18. Jahrhundert, Tübingen 1995.

☞ 수사학, 처세술, 의학, 연극예술에서 몸과 마음의 상호작용으로서의 신체언어의 발달을 재구성한 책. 하인리히 빌헬름 폰 게르스텐베르크, 아우구스트 빌헬름 이플란트, 프리드리히 막시밀리안 클링어, 아우구스트 폰 코체뷔에, 레싱, 실러에 대한 예시적인 해석이 들어 있다.

• Alexander Košenina/Stefanie Stockhorst(Hg.): Lessing und die Sinne, Hannover 2016.

☞ 이 책에 수록된 논문들은 레싱의 이론이 특히 바움가르텐, 샤를 뒤 보스, 디드로, 리차드슨 진영에서 중시하는 하위 인식능력에 대한 인간학 및 미학 논쟁에 그리고 이들이 레싱의 시와 드라마에 끼친 영향력에 뿌리를 두고 있음을 증명하고 있다.

제11장

마음의 거울: 인간학과 드라마

제11장
마음의 거울: 인간학과 드라마

〈그림 30〉 프란츠 루드비히 카텔: 프란츠 모어 역할을 하고 있는 아우구스트 빌헬름 이플란트, 요한 메노 하스의 동판화(1806)

프란츠 루드비히 카텔의 동판화는 베를린의 배우이자 극장 감독이었던 아우구스트 빌헬름 이플란트가 1806년 프란츠 모어의 역할을 연기하고 있는 모습을 그리고 있다. 그는 1781년 실러의 드라마 『도적떼』의 만하임 초연에서 이미 이 역할로 엄청난 성공을 거둔 바가 있었다. 바로 이 비극 제4막에서 양심의 가책과 추적망상이 악한 프란츠 모어를 점점 더 갉아먹기 시작하는 장면의 중요한 독백 연기가 이플란트에게 성공을 가져다 준 것이다. "누가 내 뒤에서 살금살금 다가오고 있나? (눈알을 무섭게 굴리면서)"(Schiller 1992~, 제2권, 256쪽) 괴테가 "개성" 때문에 칭송했던 이 그림(Goethe 1887~, 제40권 제1부, 171쪽)은 이플란트가 발행한 <연극 및 연극애호가를 위한 1807년 연감Almanach für Theater und Theaterfreunde auf das Jahr 1807>에서 상세한 해설과 함께 처음 선을 보였다. "마음의 공포"와 자신을 향해 다가오는 카를의 "복수" 앞에서 확연히 "몸이 굳어버린 모습"에 대한 다음과 같은 해설이 실려 있다. "자세는 굳어 있고, 얼굴은 더 이상 세세한 해석이 불가한 표정을 짓고 있다. 마음에서 일렁이는 모든 물결은 이마 위에서 같은 높이로 출렁인다. 눈만이 부글거리는 내면에서 나오는 덩어리들을 여기저기에 하나씩 하나씩 던지고 있다."(Almanach 1807, XII쪽)

텍스트에 나와 있는 연출지시문과 함께 이와 같은 그림들과 공연평은 당시의 연극 현장을 통해 '레제드라마'의 의미를 더욱 분명하게 해석할 수 있는 기회를 제공한다. 연민을 가장 많이 가질 수 있는 인간을 가장 훌륭한 인간으로 옹호하는 레싱의 연극론이나 혹은 연기예술론(→10)은 이런 식으로 **실제적** 차원으로 확장된다. 이는 다음과 같은 질문으로 이어진다. 어떻게 실제로 감동을 불러일으킬 것인가? 마음을 통찰할 수 있다고 어떻게 보증할 수 있는가? (최소한 상상으로라도) 작품의 공연은 작품의 해석을 어떻게 돕고 변화시키는가? 다음에 이어지는 두 작품에 대한 개괄적 해석은 실제 무대를 고려하는 것이 드라마를 더 깊이 이해할 수 있게 해준다는 주장을 공표하는 것이다. 배우의 연기에 대한 공연평은 텍스트를 보완하는 시각에서 인물과 행위를 파악할 수 있게 해준다. 이러한 생각은 현대에 와서 텍스트 이해를 심화시키기 위해 문학의 영화화Literaturverfilmung를 수용하는 것과 유사한 것이라 할 수 있다. 물론 결정적인 차이는 희곡작품은 또 다른 매체라고 할 수 있는 연극무대를 위해 처음부터 구상된 것이라면, 영화화된 산문 텍스트는 그렇지 않다는 점이다.

11.1 연민의 연극론: 레싱의 『에밀리아 갈로티』

연민시학은 바로 레싱의 시민비극론에 정착된 개념이다. 레싱은 1755-57년 그의 베를린 친구들인 철학자 모세스 멘델스존Moses Mendelssohn, 1729-1786과 출판업자 프리드리히 니콜라이Friedrich Nicolai, 1733-1811와 나눈 자세한 대화를 통해 연민시학의 가닥을 잡았다. 1910년 이래 이들의 논쟁은 〈비극에 관한 서신교환Briefwechsel über das Trauerspiel〉으로 따로 분리되어 재발행되었다(Lessing 1985~, 제3권, 662-736쪽). 니콜라이는 비극은 특히 강렬한 정념을 제시하여 관객에게 감동을 불러일으켜야 한다는 일반적인 요구를 한 반면, 멘델스존은 관객이 거리를 두고 정신적 성찰을 하면서 감탄하게 만들어야 한다고 요구했다. 그러나 레싱은 이 두 요구에 모두 반대하며 비극에서 다음과 같은 것을 요구한다.

> 연민을 가장 많이 느낄 수 있는 인간이 가장 훌륭한 인간이다. 그는 모든 사회적 덕성과 모든 종류의 관용에 가장 관심이 많은 사람이다. 그러니까 우리가 연민을 느끼도록 만드는 사람이 우리를 더 나은 사람으로, 덕성을 더 갖춘 사람으로 만드는 것이다. 따라서 연민을 불러일으키게 하는 비극은 우리를 더 나은 사람이 되게 만들기도 한다. 혹은 우리를 더 나은 사람이 될 수 있게 하려는 목적으로 비극은 연민을 불러일으키게 만든다. (Lessing 1985~, 제3권, 671쪽)

감정의 격동, 감정의 순화, 도덕적 개선을 둘러싼 이 논쟁(Lessing 1985~, 제3권, 1381-1391쪽)은, 레싱 작품의 고전 판본에는 간략하게 요약되어 있지만, 이후 연구에서 격렬하고 지속적인 논쟁을 불러일으켰다(Schings 1980a; Michelsen 1990; Martinec 2003 참조). 결론적으로 논쟁의 주제는 계몽주의 시대에 새롭게 뜨거운 주목을 받았던 아리스토텔레스의 비극의 정의에 대한 분분한 해석이었다(D'APRILE/SIEBERS, 10). 그런데 이러한 미학적 요구가 성취되기 위해 어떻게 **실제로** 관객의 연민을 불러일으킬 수 있는가라는 본서에서 제시한 흥미로운 이 질문은 좀처럼 연구되지 않았다. 즉, 다음과 같은 질문들이다. 인간 본성에 대한 연구와 탁월한 배우들에 대한 관찰은 연기예술론(→10)을 넘어 무대장치의 개선에 어떤 기여를 할 수 있는가? 희곡 텍스트 자체에 드라마투르기와 관련한 어떤 지시사항이 들어 있는가?

1772년 3월 12일 브라운슈바이크에서 초연된 레싱의 『에밀리아 갈로티Emilia Galotti』는 시민 비극의 표본으로 간주된다. 우선 소재가 이를 말해준다. 독재적이고 무책임한 영주 헤토레 곤자가Hettore Gonzaga와 간사한 그의 시종장인 마리넬리Marinelli로 대표되는 궁정 세계와 오도아르도 갈로티Odoardo Galotti와 그의 부인 클라우디아Claudia 그리고 그의 딸 에밀리아로 이루어진 시민 가족 간의 갈등이 작품의 주제이다. 귀족계급의 권력자에게 시민계급의 순진한 여성이 유혹을 당하고 아버지의 손에 희생되는 이야기는 비극의 극치를 이룬다. 하지만 레싱이 에밀리아를 경탄의 대상이 되는 여주인공 혹은 순교자의 모습보다 더 강렬하게 묘사하고 있는 것은 너무도 인간적인 연약함 속에서 공격당하기 쉽고 상처 입기 쉬운 한 젊은 여성으로서의 심리이다. 오도아르도가 딸을 찌르기 직전, 그는 딸에게 그녀의 순결이 그 어떤 폭력보다도 숭고하지 않냐는 수사학적 질문을 던진다. 이에 대한 에밀리아의 대답은 아버지가 받아들일 준비가 되지 않은 고백과도 유사하다.

> 폭력! 폭력! 폭력에 대들지 않을 수 있는 사람이 어딨겠어요? 폭력이라고 하는 것은 아무 것도 아니에요. 유혹이야말로 진짜 폭력이에요. 아버지, 제 몸속에는 피가 흘러요. 한 여자로서 아주 젊고 따뜻한 피가요. 나의 감각도 감각이에요. 나는 그 어떤 것을 위해 존재하는 사람이 아니에요. (5막 7장; Lessing 1989, 77쪽)

그러나 『에밀리아 갈로티』는 주제로만 전형적인 시민비극이 아니다. 이 작품은 무대 위에서도 현실에 근접한 사실적인 연출로 획기적인 작품이 되었다. 작품에 감탄해서 관객들이 열광한 것이 아니라 감정에 의해 압도당하고, 동일시될 정도로 사실적으로 묘사된 인물들과의 공감으로 인해 관객들이 열광했던 것이다. 브라운슈바이크 카롤링 학교의 언어학자였던 요한 아르놀트 에베르트Johann Arnold Ebert는 볼펜뷔텔에 있는 작가 레싱에게 첫 공연 내내 "소리가 날 정도로 몸이 떨렸으며" "공연을 보기 전에 작품을 읽어보지 않아서" 기뻤다는 말을 전했다. 하지만 작품을 읽을 때에도 "처음부터 끝까지 그 어디에도 지루한 긴 대사나 냉랭한 문장들을" 찾아볼 수 없었다고 일간지 〈함부르크의 공정한 통신원의 국가 및 지식인 신문Staats- und Gelehrte Zeitung des Hamburgischen Unpartheyischen Correspondenten〉은 적고 있다(Ebert 1772, Dane 2002, 79, 83쪽). 에베르트의 브라운슈바이크 동료교수이자 문학사가인 요한 요아힘 에센부르크Johann Joachim Eschenburg는 초연을 기해 성공의 원인을 심리학적인 내면의 행위 논리가 제대로 작동한 것이라고 말했다. 그 이유는

> 주체의 발달에 속한 모든 상황이 흥미로워하는 관객의 눈앞에서 곧장 혹은 차례차례 전개되는데, 작용하는 정념과 행위하는 극중인물에게 설정된 캐릭터의 본성이 요구하는 바로 그 방식대로 전개되기 때문이다. (Eschenburg 1772, Dane 2002, 84쪽 이하)

괴테 역시 이러한 실용적인, 즉 원인과 작용에 근거한 줄거리 구조(→5.1, 10.2)를 헤르더에게 보내는 편지에서 인정하고 있다. 말하자면, 항상 "모든 장면, 모든 단어에서 왜 그렇게 되는지를 [...] 찾아낼 수 있다"는 것이다(Goethe 1772, Dane 2002, 110쪽). 이러한 인과성의 원칙에는 "자연이 창조한 모습 그대로의 그리고 여전히 창조할 수 있는 모습 그대로의 진실한 캐릭터 [...]"가 맞다고 시인 칼 빌헬름 람러Karl Wilhelm Ramler는 강조했다(Ramler 1772, Dane 2002, 87쪽). 이때 진실한, 그러니까 실제와 일치하는 캐릭터란 긍정적이고 정직하고 마음이 열린 인물만을 말하는 것은 아니다. 오히려 이 비극은 그 누구보다도 에밀

리아와 같은 위장하지 않은, 솔직하고, 감정이 풍부한 인물들과 자기 자신의 의도는 조금도 드러내지 않으면서 다른 사람들에게서는 부지불식간에 마음을 비추는 거울과도 같은 신체언어를 탐색하는 간사한 궁신 간의 갈등으로 인해 그야말로 생명력을 얻는다.

"끊임없이 지껄이는 소인배 궁신"인 마리넬리는(4막 3장) 독일문학사에서 가장 흥미로운 모략가이자 위선자로서 뻔뻔한 권모술수와 더불어 그 누구보다도 "아첨하고 설득하는 기술"(3막 3장)을 능수능란하게 사용한다. 그는 시작부터 사랑에 눈이 멀어 마음이 약해진 영주를 꿰뚫어 본다. 그는 영주를 위해 사고와 구조를 가장한 에밀리아의 유괴를 기획하고, 이를 실행에 옮기는 중에 살해당한 에밀리아의 약혼자에 대한 모든 책임을 거부한다. 그는 에밀리아의 아버지 오도아르도와 교활하지만, 그사이 영주에게 버림받은 영주의 정부 오르지나가 하는 모든 탐색을 방해한다. 이미 18세기의 동시대인들은 마리넬리가 이 작품의 숨겨진 주인공임을 알아보았다. 이 "간신"(5막 4장)은 내내 무대를 떠나지 않고 있지만, 200개가 넘는 연출지시문 중 극히 일부만이 그를 지시하고 있을 정도로 눈에 띄지 않게 존재한다.

마리넬리는 드라마에 등장하는 모든 인물들의 몸짓을 주의 깊게 읽어내고 있지만, 그 자신의 신체언어는 침묵으로 일관한다. 그 스스로는 아무것도 드러내지 않으면서 눈썹 하나 까닥하지 않은 채 거친 모욕을 모두 감수한다. 이에 대해 프리드리히 실러는 논문 〈우아와 품위Über Anmut und Würde〉(1793)에서 그에게 맞는 범주를 만들어냈다. 즉, 가짜 품위는 "마음의 모방 유희를 모두 소멸하며", **엄숙함** 때문에 자연스러운 모든 표현은 사라지고, "전인은 봉인된 편지처럼 되어버린다."(Schiller 1985~, 제8권, 393쪽 이하). 마리넬리 역할을 연기하는 이플란트를 그린 빌헬름 헨셀의 여러 장의 무대그림은 이처럼 거리를 두는 마리넬리의 폐쇄성을 반영하고 있다(Härle 1925, 표 XXII). 또한 이는 연출지시문에서도 **"차갑게"**, **"더 차갑게"**, **"가장 무심하게"** 등으로 표현된다.

〈그림 31〉은 3막 1장 마지막 부분에서 암살자인 안젤로가 에밀리아가 탄 마차를 습격한 후 가면을 쓴 채로 돌아오는 모습을 보자, 즉시 영주에게 "가면은 보실 필요가 없습니다"(3막 1장)라고 경고하는 마리넬리의 모습이다.

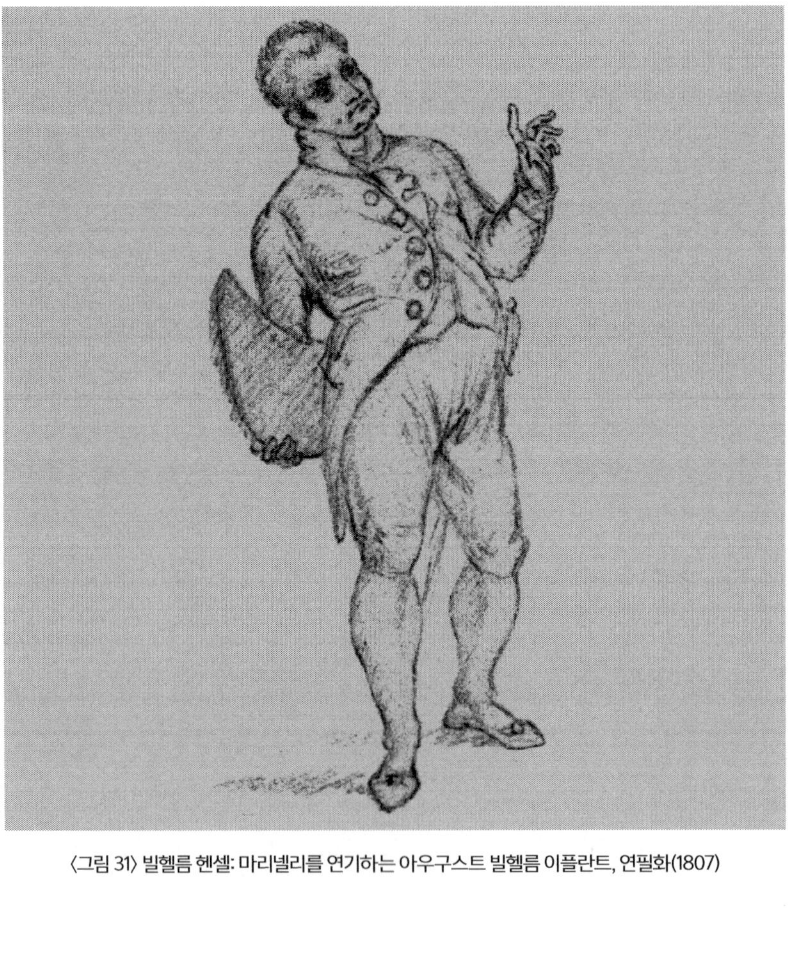

〈그림 31〉 빌헬름 헨셀: 마리넬리를 연기하는 아우구스트 빌헬름 이플란트, 연필화(1807)

마리넬리의 가장 중요한 상대역은 오르지나 백작부인으로, 그녀는 상처 입은 마음에 질투심에 싸여 영주의 "별장"으로 달려간다. 그곳에서 닫힌 문 뒤에서 나는 "끽끽거리는 소리, 날카로운 소리"(4막 3장)가 그녀로 하여금 억측을 하게 만든다. 영주를 보호하고 다른 인물들이 모여들지 못하게 막고 있는 '문지기' 마리넬리를 향해 이제까지 쌓인 그녀의 불만이 "궁정의 쓰레기 같은 인간"에 대한 보편적인 비판의 소리로 폭발한다. "하는 말마다 다 거짓이야!"(4막 3장) 오르지나는 모든 위장술의 기호를 통달하고 있으며, 사랑을 얻기 위한 정교한 간계를 꿰뚫어 본다. 그녀는 영주와 마리넬리를 살인과 사기로 고발하면서 불쌍한 아버지 갈로티에게 이 모든 불행에 대해 깨우쳐준다.

> 약혼자는 죽었어요. 그리고 당신의 딸인 약혼녀는 죽음보다 더 나쁜 상황에 놓여 있어요. [...] 자, 하나하나 짜 맞춰 보세요! 아침 미사에서 영주가 당신의 딸에게 말을 걸었고, 오후에는 그녀가 그의 쾌락.. 쾌락의 성인 별장에 있단 말입니다! (4막 7장)

텍스트를 읽을 때 우리는 이러한 소식을 들은 모욕당한 아버지의 마음속에서 어떤 내적 소란이 일어날지를 어렴풋이 느낄 수 있을 것이다. 곧바로 분노에 사로잡혀 "발을 동동 구르고, 입에 거품을 물면서"(4막 7장), "사납게 왔다 갔다 하다가"(4막 8장), 5막에서는 내적 흥분을 자제하려고 애쓴다. "그래, 훨씬 더 냉정해져야 해."(5막 2장) 오도아르도는 탄원하는 사람처럼 영주의 성에서 에밀리아의 운명이 어떻게 될지 더 알기 위해 기다린다. 그는 궁정 예법에 묶여 있지만, 다른 한편으로는 그 누구보다도 위선적인 궁정 세계를 향해 대놓고 반기를 들고 싶어 한다.

이로써 배우가 자유롭게 해석할 여지가 생기는데, 특히 텍스트에서 천 개가 넘는 줄표(–)를 통해 대사를 멈추게 함으로써 해석을 하도록 유도하는 의도가 뚜렷하게 나타난다. 예를 들어 유명한 배우였던 콘라드 에크호프는 오도아르도 역할을 맡았을 때, 아버지 오도아르도가 숙고하면서 내적 씨름을 하는 모습을 침묵의 연기로 표현했다. 1773년 베를린 초연에서 에크호프는 4막 7장 마지막에서 그의 모자 깃털을 잡아 뜯기 시작했다. 이에 대해 상세히 기록한 프리드리히 니콜라이는 (Nicolai 1807 참조) 에크호프가 5막의 여러 독백 장면에서(5막 2장, 4장, 6장) 모든 것을 결정 짓는 물음에 대해 철저히 홀로 골몰하는 모습을 표현하기 위해, 작지만 섬세한 뉘앙스를 갖는 이 제스처를 다시 취했을 때 환호했다. 오도아르도의 물음은 이것이다. 내면의 상처를 입고 자기 앞에서 날뛰는 오르지나가 과연 진실을 말하고 있는 것일까? 저 간사한 궁신과 유혹자인 영주를 죽이고 딸은 수녀원에 처넣고 자신은 심지어 자살해야 하는 걸까?

에밀리아는 이 작품에서 가장 때묻지 않은 자연스러운 인물이자 궁정 세계의 위장술에 대한 경험이 가장 없는 인물이다. 유혹과 간계의 시련에 그녀는 속수무책으로 내던져진다. 이는 이미 그녀가 처음 등장할 때 **"무서워서 정신없이 집안으로 뛰어들며"**(2막 6장)라는 연출지시문에서 분명하게 알 수 있다. 조금 전 영주는 자칭 안전한 공간이라고 하는 교회에서 그녀에게 접근했으며, 감각을 통해 허락 없이 그녀의 내면으로 침입했다. 에밀리아는 귀를 닫을 수가 없었다. 그녀는 사랑에 빠진 그의 속삭임을 듣고 싶지 않았지만, 그것을 느끼지 않을 수 없었다. 어머니가 기대했을 신체언어로 저항하는 전략이 그녀에게는 익숙하지 않았던 것이다.

> 클라우디아: [...] 나는 네가 **단 한 번의** 시선으로 그가 받아 마땅한 모든 경멸감을 드러낼 정도로 스스로를 충분히 통제하게 되길 바란다.
>
> 에밀리아: 어머니, 저는 그런 사람이 아니었어요! 그를 처음 보고 난 후에는 그에게 두 번째 시선을 던질 마음을 갖질 못했어요. 저는 도망쳤어요 – (2막 6장)

에밀리아의 마음은 감각적 지각이라는 이 절망스러운 원죄로부터 죽고 싶은 소망으로 직결된다. 에밀리아는 좀처럼 제어할 수 없는 어둡고 혼란스러운 마음 하위의 힘(→1)이라는 감각에 침범당하고 제압당할 것 같은 두려움에 파멸한다. 독문학자 모니카 피크Monika Fick는 한 논문에서 에밀리아가 무의식적인 영혼의 기체fundus animae에서 영주라는 타인의 감정을 자신의 감정으로 혼동하여 "자신의 어두운 지각 속에서 [자신을] 악의 공범자로" 느낀다고 예리하게 분석했다(Fick 1993, 161쪽). 초기 계몽주의의 능력심리학Vermögenspsychologie에서 기인한 이러한 정서는 무대 위 연출을 통해 강화된다. "무서워서 정신없이"(2막 6장)라는 의미심장한 첫 연출지시문에 이어 불확실함과 당황함을 표현하는 지시문이 계속 이어진다. 갈등을 마음의 문제로 보게 되면서, 오르지나가 "끽끽거리는 소리, 날카로운 소리"(4막 3장)를 들으며 아주 구체적으로 추측한 대로 에밀리아가 "유혹"이라는 외적인 "폭력"(5막 7장)에 무너졌는지 아니면 그보다는 마음의 심연에 매복하고 있던 유혹당할 수 있는 자신의 취약성이라는 내면의 힘에 무너졌는지, 이 질문은 열린 채로 남게 된다.

11.2 통속심리학:
이플란트의 시민비극 『알베르트 폰 투르나이젠』

본 장 서두에서 무대 위의 초상화로 소개된 아우구스트 빌헬름 이플란트(그림 30)는 무대예술 이론가이자 드라마 작가로도 활동했다. 그가 쓴 약 60편의 드라마 중 다수의 작품들은 대중적인 인기를 많이 누렸다. 문학, 이론, 현장 사이에서 이플란트가 중요한 위치를 차지하고 있기에 재미있는 그의 심리 드라마 중 하나를 표본으로 삼아 연출의 시각에서 충분히 소개할 만하다. 그가 쓴 첫 드라마인 『알베르트 폰 투르나이젠, 4막짜리 시민비극Albert von Thurneisen, ein bürgeliches Trauerspiel in vier Aufzügen』은 1781년 5월 27일 만하임에서 초연되었다. 그러니까 실러의 첫 작품 『도적떼』에서 이플란트가 프란츠 모어 역을 맡기 1년 전이었다. 부제에 적힌 장르 명칭은 같은 해에 사망한 레싱을 모방한 것이 분명함을 알려준다. 실제로 이플란트는 같은 시기에 프리드리히 막시밀리안 클링어, 야콥 미하엘 라인홀트 렌츠 혹은 실러 같은 작가들의 대담한 슈트룸운트드랑 드라마가 사회적, 정치적, 심리학적 갈등을 주제로 진보적인 무대를 장악하고 있을 때(D'APRILE/SIEBERS, 11), 연민 시학과 감상적인 멜로드라마의 유산을 이어받아 작품을 썼다.

이플란트의 작품에서는 시민계급의 도덕적 틀이 전혀 파괴되지 않고, 단지 점잖은 방식으로 시험대에 오를 뿐이다. 『알베르트 폰 투르나이젠』의 여자 주인공 소피는 아버지가 정해준 약혼자 호엔탈 백작과 결혼을 앞두고 있다. 그녀의 아버지 돌치히 장군이 원하는 이 결혼을 그녀는 막을 수 없으며, 막으려고 하지도 않는다. 그러나 그녀가 실제 사랑하는 사람은 투르나이젠 남작으로, 그는 소피가 약혼한 사실을 전혀 모르고 있다. 이 단순하면서 흔한 변주된 통속극과 같은 플롯은 이 작품의 경우 극도의 시간적 압박으로 인해 빠른 속도감으로 진행된다. 당장 도시가 점령되었음에도 불구하고 장군은 딸의 결혼식을 그 다음 날로 앞당긴다. 따라서 소피는 아직 아무것도 모르는 자신의 애인인 남작에게 급하게 이 사실을 설명해야 할 처지에 놓이지만, 애인은 지금 전략적으로 중요한 임무를 맡고 있는 중이다. 군사적 의무와 사랑하는 애인의 절망스러운 다그침 사이의 역설적 상황에서 그는 부대에서 탈영하여 소피에게로 달려간다. 이로써 그는 당시 통용되던 전쟁법에 따라 목숨을 잃게 된다. 더군다나 그가 불법으로 부대를 이탈해 있는 동안 그의 부대는 공격을 당하게 되나 다행히 우연을 통해 겨우 보존될 수 있었다. 이러한 비싼 대가를 치렀지만, 그가 소피로부터 듣게 된 고백은 그녀가 자기를 배신하고 호엔탈 백작과 약혼했다는 사실이다. 소피는 아버지에 대한 의무감과 자신이 했던 약속에 대한 의무감에서 백작과 결혼하려고 한다는 것이다. 한마디로, 투르나이젠은 군인으로서는 명예를 상실한 동시에, 인간적으로는 애인을 잃어버렸고 자신의 목숨도 위태로워진 것이다. 소피는 사랑하는 사람을 잃었고, 자신에 대한 아버지와 약혼자의 신뢰가 흔들리게 만들었다. 그럼에도 불구하고 이들은 소피와 희생된 남작을 너그럽게 용서한다. 소피는 유혹에 취약하다는 약점을 에밀리아 갈로티와 공유하면서도 남작과의 부정을 계획했다는 점에서는 그녀를 능가한다. 이제 소피는 체념하지 않을 수 없게 된다. 사실상 이 비극에서 모욕을 당한 인물인 호엔탈 백작은 이 모든 것을 너무나 고매하게 용납하고 심지어 자신의 (미지의) 연적인 투르나이젠 남작과 우정을 맺으면서 절절한 감동의 절정을 만들어낸다.

오늘날의 관점으로 보면 너무나도 감상적이고 키치적인 줄거리이지만, 문학사가로서 볼 때는 이 작품을 그렇게 간단히 폄하해서는 안 되는 다음과 같은 이유가 있다.

첫째, 오늘날 통속문화의 전략은 놀라울 정도로 이 18세기의 작품과 유사하다.
둘째, 이 작품에서 일반적인 시대정신과 한 문화의 사고방식의 많은 부분을 읽어낼 수 있다.
셋째, 관객몰이를 하기 위해 사용한 기법들이 아주 수준급인 점이 많아 유용하다.

레싱, 괴테 혹은 실러와 같은 고전적 작가들이 18세기의 연극무대 혹은 문학계를 총체적으로 지배했다는 널리 퍼져 있는 가정은 역사적으로 사실이 아니기 때문에 당장에 폐기되어야 한다. 산문과 특히 범죄이야기(→4)에 대해 "독자의 마음을 사로잡는 삼류 [작가]를 보고 배우라는"(Schiller 1992~, 제7권, 450쪽) 질투 섞인 실러의 권고는 이 드라마에도 유사하게 적용된다. 이렇게 볼 때 이플란트와 코체부는 괴테 시대의 가장 유명하고 인기 있는 대표 작가들이다. 물론 고전주의 작가들은 이 두 작가의 작품이 자신들의 작품보다 훨씬 더 많이 공연되었다는 사실을 결코 달가워하지 않았다.

이와 같은 관계는 괴테가 1791년부터 1817년까지 이끌었던 바이마르 궁정극단에서도 마찬가지였다. 그의 배우자인 크리스티아네 불피우스 Christiane Vulpius, 1765-1816가 1799년 이플란트의 『알베르트 폰 투르나이젠』(1798년도 제2판본)을 보고 "정말로 감동"했을 때, 그때 바로 예나에 머물고 있던 극장 감독 괴테는 이러한 작용에 대한 원인을 그녀에게 이렇게 가르쳐주었다. "이 작품은 처음부터 그 누구도 눈물을 흘리지 않고는 쉽게 극장을 나가지 못하도록 만들어진 거야."(Goethe 1887~, 제4부, 제14권, 21쪽) 비록 괴테가 고전주의적 거리를 두라는 자신의 강령을 가지고 스스로가 그 어떤 식의 감동이라도 모두 반대하긴 했지만(→10.1), 그는 관객 유치를 보장했던 이플란트의 자질을 단연코 높이 평가할 줄은 알았다. 바이마르 초청공연에서 호평을 받았던 배우이자 연기예술 이론가인 이플란트에게 괴테는 이와 같은 존경심을 가졌던 것이다. 이플란트는 『연기예술론Briefe über die Schauspielkunst』(1781~82)과 『독일의 연극과 인간의 묘사Fragmente über Menschendarstellung auf deutschen Bühnen』(1785)에서 인간의 심리에 충실한 연극론의 토대로서 인간학 연구를 널리 선전했다. 배우는 이러한 연극론을 가지고 텍스트에 표명된 캐릭터에 대해 독자적으로 '전인'을 창조해낸다(Košenina 1995, 233–236쪽 참조).

『알베르트 폰 투르나이젠』은 이러한 목표설정에 대한 훌륭한 증거자료이다. "남작을 사랑하는 마음의 **충동**과 백작을 사랑해야 하는 **의무** 간의 싸움"(1막 5장; Iffland 2008, 20쪽)이라는 소피의 해결될 수 없는 감정적 갈등은 이미 극적 구조에서 분명하게 나타난다. 첫 장면에서 비극적 갈등 요소는 추가된다. 즉, 투르나이젠은 전략상 중요한 자신의 진영에 다른 장교를 대신 세운다. 그리고는 사랑 때문에 그 진영을 잃게 된다. 소피의 아버지인 돌치히 장군은 **"일종의 도취감에 젖어"** 딸의 결혼 계획을 서두른다. "내일이야! 적에게 포위당하고 있지만 그래도 결혼식은 내일이야!"(1막 4장) 그러나 결혼식보다도 소피는 내면에서 요동치는 마음의 괴로움을 사촌 루이제에게 토로한다. 이 결정적인 5장은 레싱의 『에밀리아 갈로티』의 '화가 장면'과 똑같은 작용을 한다(1막 4장). 두 작품 모두 한 그림을 바라보면서 은밀한 금지된 사랑을 누설하고 있기 때문이다. 레싱의 작품에서는 막 배달된 에밀리아 갈로티의 초상화를 바라보면서 자신의 신체언어에 대한 자제력을 완전히 잃어버린 영주 곤자가의 감정을 화가 콘티가 곧바로 꿰뚫어 본다. "전하의 마음은 전하의 눈에 완전히 담겨 있습니다"(1막 4장) 라고 예리한 관찰자인 화가는 말한다. 이플란트의 작품에서 루이제는 심심하다는 핑계로 소피의 "실루엣 수집책"을 들쳐 보면서 의도적으로 아주 특정한 그림 하나를 꺼내 들고 소피의 내면을 체계적으로 탐색한다.

> 루이제: [...] 소피, 이 사람 누구야?
>
> 소피: (약간 당황하며) 투르나이젠 남작이야 –
>
> 루이제: 그 사람이 누군지를 말하는데 왜 눈을 똑바로 뜰 수 없는 거야?
>
> 소피: 글쎄, 왜 내가 이 실루엣을 보면서 눈을 내리깔아야 하는지 모르겠네. [...] 정말이지, 네가 무슨 소리 하는지 모르겠어.
>
> 루이제: 모르겠다구? 나를 봐. [...] 정말 몰라? [...] (벽에 걸려 있는 백작의 실루엣을 가리키면서. 그것을 벽에서 떼어 내고, 대신 남작의 실루엣을 건다.)
>
> 소피: (이를 보고 크게 당황한다.) (1막 5장)

마음을 염탐하는 이런 방식은 말하자면 관상학 이론(→9)에 힘을 실어주는 것이다. 왜냐하면 그림 자체가 아니라 관찰자의 감정기호학적 반응이 탐색되고 있기 때문이다. 신체언어로 하는 고백이 먼저고, 언어로 하는 고백은 그 다음이다. 수많은 줄표(–)와 쉼표로 말이 중단되고 감정이 흔들리는 제스처("그녀의 손을 움켜쥐면서", "목을 끌어안으며")를 동반하면서 소피는 더듬거리며 조금씩 조금씩 고백하기에 이른다. "그를 사랑하고 있어."(1막 5장) 이 사랑의 불꽃은 어느 불쌍한 군인을 막 사면시킨 감상적인 기사인 투르나이젠 남작을 단 한 번 보았을 때 점화되었다. 바로 이 불쌍한 군인은 결말 부분에서 한때는 자신의 구원자였지만 이제는 몸소 사형선고를 받게 된 투르나이젠의 사면을 위해 애를 쓰게 된다. 하지만 결국 아무런 소용이 없었다. 물론 이러한 결말은 너무 비극적이고 억지스러운 면이 많다.

그러나 이 감동적인 마지막 장면에 대한 고찰을 끝내기 전에 이후의 비극적 전개에 대한 몇 가지 암시를 소개하는 것이 좋을 것 같다. 원래 이 작품이 "사랑과 의무의 싸움"이라는 제목으로 계획된 것처럼, 이 작품에는 해결될 수 없는 갈등들이 충분히 다양하게 표현되고 있다. 먼저, 약혼녀와 딸로서의 소피의 의무가 파기된 점이다. 소피는 호엔탈 백작과 아버지 돌치히 장군과의 감동적인 대화에서 자신이 이러한 의무를 파기한 것을 후회하게 되고, 결국 이는 그녀가 세상을 등질 결심을 하게 되는 동기가 된다. 또 한 가지는 투르나이젠의 명령불복종 행위는 이에 상응하는 엄중한 결과를 초래했다는 것이다(1798년 제2판본에서는 그가 버린 진영이 적에게 함락당한다). 물론 이렇게 커다란 문제를 낳게 된 결정적인 장면인 알베르트와 소피가 만나는 장면은 최고의 시간적 압박과 강렬한 신체언어를 통해 드라마의 절정을 이룬다. 소피는 "얼굴을 돌리고" "절망스럽게"(2막 3장) 자신의 죄를 고백한다. 알베르트는 "극도로 격렬하게" 반응하며, "극도의 분노와 긴장"을 느끼게 되고, 심지어 "칼을" 잡는다. 그러다 당장 눈앞에 다가온 소피의 결혼식을 알게 되자, 결국에는 "정신이 나간다". 이 장면을 실제로 연기해야 하는 이플란트는 이 대목에서 텍스트에 다음과 같은 각주를 달아 놓았다.

> 이러한 전개 과정을 묘사할 방법을 느끼지 못하는 배우들에게는 그 방식에 대해서 아무리 각주를 달아 설명해도 소용이 없다. 그럴 경우 나는 이 가엾은 아가씨를 그저 가혹하게만은 다루지 않기로 하겠다. (2막 3장)

그러니까 슈트룸운트드랑의 광포한 인물이 요구되는 것이 아니라 인간의 심리를 섬세하게 분별할 줄 아는 배우로서 장면이 끝나기 전에 다시 마음이 움직여 화해할 수 있는 그런 배우가 요구되었다. "그는 그녀가 내민 손수건을 받아 눈물을 닦는다"라는 말이 연출지시문에 덧붙여 있다. 3막과 4막은 연민과 감정으로 충만하다. 인간으로서 모두가 서로를 용서하지만, 투르나이젠은 군인이기에 법에 따라 죽을 수밖에 없다. 그에게 충격을 준 것은 판결 자체가 아니라, 아마도 전쟁법에 따라 완고한 판결을 내리는 재판관들의 부족한 인간미였을 것이다(→4). 그들에게서는 "그 어떤 말이나 표정, 시선, 정중하게 어깨를 움찔하는 태도"(3막 10장)를 볼 수 없었다. 이와 같은 공적 영역과는 반대로 가족이라는 사적 영역에서는 모든 것이 용서되면서 해결되었다. 사형판결에 서명하기에 앞서 오랫동안 씨름하는 돌치히의 모습은(3막 7장) 바로 이러한 내적 분열을 묘사하는 것이다. 즉, 사형판결을 내리는 것은 군대의 최고 지휘관으로서는 의무이지만, 감정을 가진 사람으로서는 어려운 시험을 의미한다. 임마누엘 칸트는 1784년에 쓴 계몽주의 논문에서, 이 장교의 경우처럼 인간에게 주어진 국가 시민으로서의 역할과 자유롭게 생각하고 느낄 수 있는 인간의 자기결정권을 구분한다. "마음껏 생각하라. 그 어떤 생각을 해도 좋다. 단, 복종만 하면 된다."(Kant 1784, Aufklärun 1974, 17쪽)

이러한 이중성 속에서 작품은 끝난다. 즉, 작품에서 화해하지 못한 사람은 없다. 연적인 백작과 남작조차도 "서로 얼싸안는다"(4막 9장). 하지만 이와 동시에 국가와 군대의 차원에서 사형판결을 내릴 수밖에 없는 필연성과 공정에 대해서는 어떤 인물도 이의를 제기하지 않는다. 이플란트와 코체부의 감상적인 작품들에서 볼 수 있는 전형적인 결말 장면은 역사의 한 장면을 생생하게 그려놓은 듯한데, 이는 다시 한번 모든 극중 인물들을 결합시켜 조화로운 하나의 성공적인 무대가 되게 한다. 투르나이젠 남작과 호엔탈 백작은 서로 얼싸안고, 소피는 한없는 고통 속에서 "큰 소리로 훌쩍이고"(4막 10장), 투르나이젠은 그녀 앞에 무릎을 꿇고 그녀에게 키스한다. 장군이 아버지처럼 그를 축복하자, 제목과 동명의 주인공은 "소피를 향해 뒤도 돌아보지 않은 채" 남자답게 운명을 향해 걸어간다. 막이 내리는 동시대 관객들의 박수갈채가 쏟아진다.

질문과 쟁점

- 가능한 한 관객들로 하여금 강한 연민을 느끼게 하라는 레싱의 목표는 연극공연을 통해 어떻게 성취될 수 있을까?
- 레싱의 『에밀리아 갈로티』와 같은 희곡 텍스트에는 연출을 위한 어떤 사전 원칙과 권장 사항들이 들어 있는가?
- 『에밀리아 갈로티』에서 궁신 마리넬리, 감상적인 오도아르도, 연민을 불러일으키는 에밀리아의 신체언어와 심리적 특징들을 서로 비교해 보자.
- 오락적인 희곡 작품을 연구함으로써 얻을 수 있는 인식은 무엇인지 설명해 보자.
- 『알베르트 폰 투르나이젠』에서 소피가 사촌과 대화할 때 묘사된 마음 염탐 장면(1막 5장)을 『에밀리아 갈로티』의 화가 장면(1막 4장)과 함께 논해 보자.
- 괴테 시대에 창작된 드라마 공연을 직접 감상하고, 연출가가 무대 영향력을 강화하기 위해 어떤 드라마투르기를 사용했는지 생각해 보자. 이어서 짧은 공연평을 작성해 보자.

추천문헌

- August Wilhelm Iffland: Albert von Thurneisen. Ein Trauerspiel in vier Aufzügen. Mit einem Nachwort hg. v. Alexander Košenina, Hannover 1998, 2. Auflage 2008.

- August Wilhelm Iffland: Beiträge zur Schauspielkunst. Mit einem Nachwort hg. von Alexander Košenina, Hannover 2009.

☞ 이 판본에는 이플란트가 인간학적 연극 구상을 개진한 『연기예술에 관한 서한집』(1781/82)과 『인간 묘사에 관한 단편 글』(1785)이 실려있다. 이는 『알베르트 폰 투르나이젠』과 나란히 발행된 글들이다.

- Gotthold Ephraim Lessing: Emilia Galotti, Stuttgart 1989 (RUB 45).

주해본: Ders.: Werke und Briefe in zwölf Bänden, Bd. 7, hg. v. Klaus Bohnen, Frankfurt a. M. 2000.

- Peter-André Alt: Tragödie der Aufklärung. Eine Einführung, Tübingen/Basel 1994.

☞ 레싱의 연민시학(5장)과 『에밀리아 갈로티』(7.2장)에 관한 대목은 고트쉐트에서 실러에 이르는 계몽주의 비극의 큰 파노라마에 속한다.

- Gesa Dane: Gotthold Ephraim Lessing, Emila Galotti (= Erläuterungen und Dokumente), Stuttgart 2002 (RUB 16031).

☞ 각 부분에 대한 논평 외에 레싱의 비극 개념 및 무대와 문학비평 그리고 『에밀리아 갈로티』의 연구사가 제시된다.

- Markus Fauser(Hg.): Gotthold Ephraim Lessing. Neue Wege der Forschung, Darmstadt 2008.

☞ 레싱에 관한 최신 연구를 개관한 편저. 특히 예를 들어, 시민 비극, 『에밀리아 갈로티』에 나타나는 심리학과 신체언어 또는 레싱의 고대 비극 수용에 관한 논문들이 실려 있다.

- Monika Fick: Lessing-Handbuch. Leben - Werk - Wirkung, Stuttgart/Weimar 2000, 4. Auflage 2016.

☞ 『비극에 관한 서신 교환』(135-146쪽), 연기예술(259-279쪽), 『함부르크 연극론』(279-298쪽) 그리고 『에밀리아 갈로티』(316-343쪽)에 대해 기초 지식과 더불어 명료하게 조망하고 있다.

- Werner Frick: Klassische Präsenzen. Die Weimarer Dramatik und das Berliner Nationaltheater unter Iffland und Graf Brühl, in: Ernst Osterkamp(Hg.), Wechselwirkungen. Kunst und Wissenschaft in Berlin und Weimar im Zeichen Goethes, Bern u. a. 2002, 231-266쪽.

☞ 바이마르의 고전 극장과 대조적으로 심리를 강조한 베를린의 무대 스타일을 작품목록과 연기예술과 관련하여 그려내고 있다.

- Bengt Algot Sørensen: Herrschaft und Zärtlichkeit. Der Patriarchalismus und das Drama im 18. Jahrhundert, München 1984.

☞ 이 책은 시민 비극에 묘사된 가족 내 갈등을 다룬 일군의 주제와 하인리히 빌헬름

게르스텐베르크, 아우구스트 빌헬름 이플란트, 프리드리히 막시밀리안 클링어, 요한 안톤 라이제비츠, 야콥 미하엘 라인홀트 렌츠, 레싱, 실러, 하인리히 레오폴트 바그너에 대한 개별 해석을 연결짓고 있다.

제12장

꿈과 몽유

12.1 인간학적 꿈해석
12.2 꿈의 희생자: 실러의 프란츠 모어
12.3 몽유병자: 클라이스트의 홈부르크 왕자

제12장
꿈과 몽유

〈그림 32〉 프란시스코 호세 데 고야 이 루시엔테스: 이성의 잠은 괴물을 낳는다. 애쿼틴트 판화(1797/98)

꿈은 계몽주의 인간학의 최대 난제 중 하나였다. 꿈은 직접 관찰할 수 없으며 꿈에 관한 온갖 이야기들은 주관적 접근일 뿐, 무엇보다도 그 어떤 합리적 통제를 받지 않는 것이기 때문이다. 꿈이 어떤 위력을 가지고 인간을 지배하며 두렵게 하는 동시에 판타지를 타오르게 할 수 있는지를 인상적으로 보여주고 있는 그림이 바로 18세기 스페인 화가 프란시스코 드 고야Francisco José de Goya y Lucientes, 1746-1828의 판화연작 <로스 카프리초스Los Caprichos>(변덕스런 기분들, 1793-98)에 들어 있는 <이성의 잠은 괴물을 낳는다El sueño de la razón produce monstruos>이다. 이 그림에는 종이와 펜이 놓여 있는 책상에 엎드린 채 잠들어 있는 사람이 묘사되어 있다. 올빼미와 박쥐 같은 위협적인 야행성 동물들이 그의 머리 주위를 날아다니고 있다. 이들은 'sueño'라는 단어의 이중적 의미를 그리고 있다. 즉, '잠'을 의미한다면, 이성이 정신에 대한 통제를 상실하게 되는 것이고, '꿈'을 의미한다면, 이성은 괴물들을 직접 끄집어내는 것이다. 초기 판본에서는 꿈의 환영으로 심지어 남자의 얼굴이 배경에 나타나 있기도 했다.

장 파울이 에세이 〈꿈꾸는 것에 대하여Über das Träumen〉(1799)에서 "낮 동안에는 이성이 쇠사슬로 묶어놓은 온갖 야생동물이나 늑대들이 밤이 되면 자유롭게 이리저리 배회하는 모습이 보인다"(Jean Paul 1962, 980쪽)라고 한 말은 마치 이 그림에 대한 해설처럼 들린다. 꿈은 계몽주의 시대부터는 방해받거나 조종될 수 없는 '하위 인식 능력'으로 파악되었다. 이제 이 무의식적 현상은 성스럽거나 악마적인 기호가 아니라 정신(마음)의 표현으로 해석되었고, 인간의 심리적, 신체적 본성에서 이에 대한 자연스러운 설명을 찾는 것이 중요해졌다. 또한 문학에서도 꿈은 더 이상 옛날에 신탁이 하던 기능을 담당하지 않고 점점 더 텍스트의 심리적 논리 속으로 통합되었다. 실러의 드라마 『도적떼』(1781)에 등장하는 물질주의자인 프란츠 모어Franz Moor는 꿈의 위력을 부인하지만, 자신의 내면을 바라보게 되자 스스로 목숨을 끊을 정도로 경악한다. 클라이스트의 드라마 『프리드리히 폼 홈부르크 왕자Prinz Friedrich von Homburg』(1811)에서 주인공은 전쟁에서 승리를 거둘 때까지 줄곧 반의식(半意識) 상태에 처하게 된다. 당대의 범죄심리학적 이해에 따르면 그는 행위 시점에서 스스로를 통제할 수 없었기 때문에 규정을 어긴 행동에 대해 단지 조건부 책임만 지면 되었을 것이다.

12.1 인간학적 꿈해석

계몽주의 시대에 와서 꿈이 신 혹은 악마에게서 유래한다는, 고대 이래로 널리 퍼져 있던 생각은 거의 무효화되었다. 예를 들어 체들러Johann Heinrich Zedler의 〈학문 및 예술 일반 완전 대사전Grosses vollständiges Universal-Lexicon aller Wissenschafften und Künste〉(1731–1754)에서는 〈꿈〉 항목을 자세하게 기술하고 있는데, 기존의 설명은 개연성이 없고 시대에 맞지 않은 것으로 거부하고 자연 현상으로서의 꿈에 집중하고 있다. 즉, 꿈은 신체적으로 잠들어 있는 사람이 감각적 자극을 받아 꾸는 것이거나 심리적인 흥분, 즉 상상력의 연상으로 인해 생겨나는 것이다(Zedler 1732~, 제45권, 173–209단락). 이처럼 꿈의 원인에 대해서는 사실상 고대부터 논의되어왔지만, '자연적인 꿈insomnia'은 '예언하는 꿈somnia'에 비해 그다지 중요하게 여기지 않았다. 전통적으로는 오직 예언하는 꿈만 해석했는데Oneiromantik, 이는 본래, 말하자면 밤에 나타나는 형상들Phantasmata을 언어로 포착하는 것을 의미했다.

고대 철학자 아리스토텔레스는 꿈을 낮 동안에 받은 감각적 인상이 생리적 흔적을 남긴 것으로 보았던 최초의 사람이다. 이에 더해 고대 의사 히포크라테스와 갈레노스Claudius Galenus, 129-199(?)로 대표되는 체액설 전통에서 꿈은 특정한 신체적, 심리적 상태를 반영하는 거울로 여겨졌다. 예를 들어 약사인 발터 헤르만 리프Walter Hermann Ryff, 1500-1548의 글인 〈온갖 꿈/환상과 밤의 환영을 [...] 해석하기 위한 진실하고 확실하며 속임수를 쓰지 않는 지침Wahrhaftige gewisse vnnd vnbetrügliche vnderweisung wie alle Träum/Erscheinungen vnnd nächtliche gesicht [...] außgelegt werden sollen〉(1540)에서는 담즙질Choleriker인 사람은 예를 들면, 화재폭풍 꿈을, 우울질Melancholiker인 사람은 어두운 황무지 꿈을, 점액질Phlegmatiker인 사람은 물과 배가 나오는 꿈을, 다혈질Sanguiniker인 사람은 춤과 즐거운 만찬에 대한 꿈을 꾼다고 가르친다.* 18세기에 와서야 이러한 도식적인 분류는 체계적인 관찰과 심리의학적 해석으로 극복되었다. 그리하여 이 주제를 다룬 독일어, 영어, 프랑스어로 발간된 전문잡지의 숫자가 급증하였다(M. Engel 2003 참조).

이 중에서 두 개를 예로 들어 보자. 요한 아우구스트 운처Johann August Unzer, 1727-1799는 후에 대중 의학 주간잡지인 〈의사Der Arzt〉(1759-64)를 통해 유명해졌는데, 일찍이 의학 박사논문을 완성하기 전에 『잠과 꿈에 대하여Gedancken vom Schlafe und denen Träumen』(1746)를 발간하

---

* 4체액설에 따른 네 가지 기질의 특징은 다음과 같다. 담즙질은 화를 잘 내지만 지도자적인 성격으로 4원소 중 불의 성질을 가지고 있으며, 우울질은 흙의 성질로 내면으로 침잠하지만, 집중도가 높고 섬세한 성격이다. 점액질은 물의 성질을 가지고 있으며, 포용적이고 지구력이 있으나 둔감하고 느린 성격이다. 다혈질은 바람의 성질을 가지고 있으며, 밝고 명랑하나 산만한 성격이다. 이렇게 각 기질을 대표하는 원소는 꿈해석에도 그대로 반영되고 있다 – 역자주.

였다. 이 글에서 그는 전적으로 신(新)인간학의 의미에서 자신의 입장을 "형이상학 전문가와 의학자"(Unzer 2004, 5쪽) 중간에 두려 하고 있다. 여기에서 문제의 핵심은 인간이 자는 동안 현실을 표상할 수 있느냐는 것이다. 데카르트는 『인간론Traité de l'homme』(1632)에서 자는 동안에는 모든 정신활동이 멈춘다고 했다. 모든 '동물적 정기esprits animaux/Lebensgeister'가 깨어 있었을 때 완전히 소진되었기 때문이라는 것이다. 한편, 철학자 크리스티안 볼프Christian Wolff, 1679-1754는 『신, 세계 그리고 인간의 영혼에 대한 이성적 사유Vernünftige Gedanken von Gott, der Welt und der Seele des Menschen』(1719)에서 이 주장에 반대하고 있다. 인간은 자는 동안에는 전적으로 불분명하고 어두운 감정을 갖게 되는데, 꿈을 꾸는 동안에는 이 감정이 무질서하더라도 심지어는 명료하고 분명하게 나타난다고 주장한다.

운처는 이 두 입장 사이를 중재한다. 그는 데카르트의 경제성에 의거한 모델을 받아들여 전면적인 수면 상태를 생기Lebensenergie가 완전히 소진된 상태로 정의한다. 생기라는 개념은 운처에게는 신경액Nervensaft이라는 개념으로 더 구체적으로 등장한다. 밤사이 재생되는 이 물질이 때로는 낮 동안 완전히 소진되지 않을 때도 있다. 더구나 완전히 지치지 않은 채 밤을 맞이하는 경우에는 더욱 그러하다. 낮에 쓰고 남은 잔여 에너지는 밤동안 관찰가능한 임의적인 움직임과 이야기가 있는 꿈의 형태로 온갖 소동을 벌인다. 이로써 볼프가 말한 "수면과 각성의 중간 상태"(Unzer 2004, 34쪽)에 있는 어두운 표상들이 관여하게 되는데, 이 표상들은 무엇보다도 생리적 이유에서 생겨난다.

하지만 어떻게 신경액의 잔여 에너지에서 꿈이 생성되는가에 대해서는 운처 역시 답을 제시하지 못했다. 이 공백을 메운 것이 바로 상상력(상상)이다. 그것은 초기 계몽주의 시기에 감각과 의식을 중재하는 심리학적 범주로 사용된 것으로, 미학에서 창작의 중추이기도 하며, 망상의 원인 혹은 유전이나 심지어 기형의 기원으로 간주되기도 했다(Dürbeck 1998 참조). "상상력은 꿈의 드라마투르기의 연출자로서 감정 작업과 기억이라는 경험의 잔재와 결합하여 두드러진 기능을 한다."(Alt 2002, 167쪽) 상상력이 꿈에서 일어나는 사건에 연루되면서 앞서 보여준 고야의 그림에서 암시된 "잠/꿈"의 활동적이고 생산적인 기능이 명확해진다. 바로 정확히 이러한 의미에서 에른스트 플라트너(1772)부터 칸트(1798)에 이르는 인간학자들은 꿈을 "꾸며낸 거짓 의식"(Platner 1772, 56쪽) 내지는 "건강한 상태에서의 무의식적 창작"(Kant 1983, 제6권, 495쪽)이라고 규정지었다. 이와 같은 상상력에 대한 알레고리(그림 33)로 프랑스 화가 장-바티스트 부다르Jean-Baptiste Boudard, 1710-1768의 『도상집Iconologie tirée de divers auteurs』(1759)에 나오는 머리에서 버섯과 같은 판타지의 형상들이 피어나는 한 여자의 그림을 예로 들 수 있다.

요한 하인리히 퓌슬리의 유명한 그림인 〈악몽Der Nachtmahr〉(1781)에서 잠들어 있는 젊은 여인에게 상상력은 심지어 흉측한 악몽에 나오는 악마로 나타난다. 악마는 침대 위로 등을 대고 떨어지듯 누워 있는 모델의 민감한 명치 위에 웅크리고 앉아 있는 모습이다(Füssli 2005, 137-140, 193쪽).

〈참조: 요한 하인리히 퓌슬리, 악몽, 1781〉

〈그림 33〉 장-바티스트 부다르: 상상, 『도상집』(1766)에 들어 있는 동판화

칼 필립 모리츠의 〈경험심리학 잡지〉 제5권과 제6권의 공동발행인이었던 칼 프리드리히 포켈스는 상상력의 생산적인 요소보다 위협적인 성격을 더욱 강조했다. 잠자는 동안 인간은 "무의식적으로 상상력의 유희에 내맡겨지고", 그런 다음에는 흔히 "우리의 수치심을 모욕하는" "음란한 그림들"과 마주하게 된다는 것이다(Pockels 1787, Moritz Magazin 1986, 제5권, 168쪽 이하). 포켈스의 〈꿈에 대한 사유 외에 우리

의 표상과 감정으로 들어오는 어둠의 영향에 대하여Über den Einfluß der Finsterniß in unsere Vorstellungen und Empfindungen, nebst einigen Gedanken über die Träume〉라는 글에서는 특히 신체적 이완 상태, 나체상태와 기억으로 인해 이와 같은 현상이 생긴다고 보았다. 그러나 그는 어떻게 "음탕한 술어들"이 가장 먼저 마음속에서 떠오르고 "왜 생각은 다른 식이 아닌 바로 그런 식으로 연상되는지"(Pockels 1787, Moritz Magazin 1986, 제5권, 169, 171쪽)에 대해서는 답할 수 없었다. 그래도 포켈스는 꿈을 꾸게 되는 원인을 다음과 같이 설명하였다.

1. 외적인 감각적 자극(예를 들어 사랑에 빠진 여자가 개를 안고 잠드는 경우)
2. 신체의 내적 변화(예를 들어 소변이 마려운 경우)
3. 종종 저절로 어떤 감정에 대한 부적절한 반대 감정을 만들어내는 마음의 힘의 움직임

꿈의 본성과 생성에 대한 이와 같은 명제에 더해 포켈스는 1788/89년에 계속해서 〈꿈과 몽유병자에 대한 심리학적 의견Psychologische Bemerkungen über Träume und Nachtwandler〉을 내놓았다(Pockels 1788, Moritz Magazin 1986, 제6권, 232-241쪽; 제7권, 58-95, 140-164쪽). 이 장문의 글 제1부에서는 꿈(밤의 환영Nachtgesicht)의 내적 구조에 대해 중점적으로 다루고 있다. 포켈스가 특히 주목한 것은 낮 동안의 일상적 경험과는 반대로 꿈에서는 지능이 무심해지고 단순해져서 모순이나 인과성의 결여, 논리적 도약, 도덕의 결여 등에 대해 아랑곳하지 않는다는 것이다. 또한 바로 다음에 일어날 일을 알 수 없으며, 감각적 인상에 대한 강한 기억력도 강조하고 있다. 반대로 제2부와 제3부에서

는 “깨어 있는 상태와 꿈꾸는 상태 사이의 어떤 중간 상태”를 집중적으로 다루고 있다. 이 명료하고 희미한 관념 사이에서 “의식과 표상은 놀라울 정도로 많은 단계”를 가지고 있다고 한다(Pockels 1789, Moritz Magazin 1986, 제7권, 62쪽). 포켈스는 특히 전문 서적에서 많은 사례들을 수집하여 몽유 현상 연구에 몰두하였다. 몽유에 대한 문학적 사례인 클라이스트의 작품 『프리드리히 폰 홈부르크 왕자』를 다룰 때에 이 현상에 대해 다시 살펴보게 될 것이다.

12.2 꿈의 희생자: 실러의 프란츠 모어

18세기의 그 어떤 텍스트에서도 실러의 드라마 『도적떼』(1781)에서보다 고야가 묘사한 위협적인 밤의 형상들이 보다 실제적으로 삶을 위협하는 텍스트는 없다. 악한 프란츠 모어는 사랑의 결속력을 파괴하려는 자신의 공격성과 아버지와 형에 대한 계획적 살인 그리고 무엇보다도 한계를 모르는 자신의 권력의지를 물질주의적 철학을 통해 합리화하려고 시도한다. 그러다가 마지막 장에서 세계 종말에 관한 묵시록적인 꿈을 꾸고는 너무나 깊은 충격을 받아 극심한 두려움 속에서 스스로 목숨을 끊게 된다. 계몽주의 시대에 경험을 바탕으로 한 탐구를 통해 극복된 악마와 연관 짓던 꿈의 해석은 이 작품에서 병적인 모습을 띠고 다시 돌아온다. 즉, 프란츠는 악마한테 붙들려간 게 아니라 양심의 가책으로 인해 죽게 된 것이다. 자기 자신의 마음에서 일어난 망상이 그를 자살로 내몬 것이다.

이 자기파괴 장면은 당시의 인간학 이론과 정확하게 맞아떨어지고 있다. 앞서 진행된 비극적 줄거리에서 맏형인 카를이 죽었다고 공표하고는 그의 신부를 빼앗으려 하고, 아버지를 감정의 심신상관적 작용을 통해 죽이거나 혹은 감옥에서 아사시키려고 했던 프란츠 모어는 제5막에서 나약해지고 정신이 혼란해져 완전히 절망에 빠진 인물로 등장한다. 배우 이플란트의 연기에서 볼 수 있듯이(그림 31), 그는 살인죄로 기소된 자신의 모습을 선명하게 상상하면서 내적으로는 이미 추방당한 채 무대에 들어선다. 그리고는 바로 자신이 꾼 끔찍한 악몽을 하인 다니엘에게 이야기한다. 영혼, 신, 초자연적인 것은 그 어떤 것도 믿지 않는 신념에 찬 물질주의자인 그는 여전히 꿈에 그 어떤 의미도 부여하지 않으려고 한다.

> 아니야! 난 떨지 않아! 그건 단지 꿈이었을 뿐이야. 죽은 자들은 아직 부활하지 않고 있잖아. 내가 떨고 있고 창백하다고 누가 그래? [...] 꿈은 아무 의미도 없어. 그렇지 않나, 다니엘? 꿈은 그냥 감정의 산물이야. 그러니까 아무 의미도 없는 거야 [...]. (Schiller 2001, 128쪽 이하)

그러나 이러한 가정은 이 장면에서 이중으로 반박당한다. 먼저 신체언어가 이를 반박한다. 인물의 대사와 연출지시문을 보면 이를 확인할 수 있다. 먼저 프란츠는 창백하고 야윈 모습이 된다. 그러다가 불안해하며 정신이 혼란해진다. 어느덧 발음이 불분명해지고, 실신하거나 점점 더 거칠고 무서운 태도를 취하다가 결국에는 완전히 넋이 나가 광기 상태에서 모자 끈으로 목매달아 자살한다. 두 번째는 그의 경건한 하인이 그를 반박하며 전통적인 견해를 제시한다. "꿈은 하나님이 주시는 겁니다."(5막 1장) 이 선언은 함께 등장한 목사 모저가 아버지와 형을 살해한 죄는 가장 무거운 죄라는 메시지를 통해 강화되면서 확신에 찬 무신론자인 프란츠를 굴복시킨다. 그가 자살하기 직전의 무대지시문은 **"무릎을 꿇고" "기도하면서"**(5막 1장)라고 적혀 있다.

초자연적이고 신적인 꿈의 기원을 주장하는 다니엘의 명제에 대해 프란츠는 근대적인 심신상관적 설명으로 반대주장을 한다. 먼저, 그는 꿈이 "감정에서aus dem Bauch" 연유한 것으로 생각한다. 하지만 다른 한편으로는 먼저 뇌수에 물질적으로 각인된 기억에서 만들어진다고도 생각한다.

> 유모들과 보모들의 어리석음은 저주나 받아라. 그들은 우리의 상상력을 무서운 동화로 망쳐버리고 형벌의 심판에 대한 공포스러운 그림들을 우리의 부드러운 뇌수에 각인시켰다. 그리하여 어느새 공포로 인해 남자의 사지를 얼어붙게 하는 두려움에 떨게 만들었고 우리의 가장 대담한 단호함을 묶어버리고 잠에서 깨어난 우리의 이성을 미신의 암흑의 사슬로 묶어버렸다 [...]. (5막 1장)

그러나 이렇듯 저주받은 계몽주의의 반대 세력들, 즉, 미신, 허황된 옛날이야기, 형벌의 심판은 바로 4막에서 프란츠의 꿈속에 나타나 그를 괴롭힌다. 그가 밤에 본 환상은 세세한 부분에 이르기까지 성경(특히 요한계시록)과 프리드리히 클롭슈톡Friedrich Klopstock, 1724-1803의 종교서사시 〈메시아Der Messias〉에서 나오는 장면들이다(Schiller 1992-, 제2권, 1,107쪽 이하, 해설 참조). 꿈속에서 프란츠는 눈부시게 밝은 빛과 천둥과 나팔 소리와 함께 다가온 최후의 심판을 맞이하게 된다. 용서의 저울판이 그가 저지른 대죄와 무게가 같아지자마자 한 노인이(아마도 그의 아버지일 것이다) 나타났는데, "그의 은발 머리카락 중 곱슬머리 한 가닥"(5막 1장)으로 인해 저울은 죄의 저울판으로 기울게 된다. 이렇게 프란츠의 운명은 결정된다. 그는 죽음의 공포에 완전히 휩싸인 채 잠에서 깨어난다.

이 꿈에 대한 실러의 해석은 그의 의학 박사논문인 〈인간의 동물적 본성과 정신적 본성의 관계에 대한 시론〉(1780)에서 가장 분명하게 제시된다. 이 논문에서는 "모어의 삶. 크레이크의 비극, 5막 1장Life of Moor, Tragedy by Krake, Act. V., Sc.1"(Schiller 1992–, 제8권, 145쪽)이라고 꾸며댔지만, 실은 『도적떼』에 나오는 장면을 인용한 것으로, 이 장면은 "정신적인 고통은 [신체]기계의 건강의 기반을 파괴한다"라는 명제에 대한 예라고 할 수 있다.

> 그가 유년 시절에 빨아들였을, 그리고 성인이 되었을 때는 세뇌되어 버린 미래의 심판에 대한 모든 그림은 꿈을 꾸면서 흐릿해진 이성을 기습했다. **감각**이 너무나 혼란스럽게 뒤엉켜서 더 느린 이성의 행보로는 도저히 이를 따라잡아 엉킨 것을 한 번 더 풀어낼 수 없을 것 같았다. [...] 여기에서 갑자기 올라오는 순수한 꿈의 영상이 어두운 생각의 체계 전체를 움직이게 하고, 마치 사고기관의 밑바닥 전체를 뒤흔드는 것 같았다. (Schiller 1992–, 제8권, 144–146쪽)

꿈에 의해 "흐릿해진 이성"의 조절 능력과 방어 능력은 무력해졌고, 먼 과거에 받아들였던 "미래의 심판에 대한 그림이" 무방비상태로 밀고 올라와 분석적인 "이성의 행보"를 차단해 버린다. 이성은 뒤엉킨 **감각적 인상**perceptio confusa을 더 이상 "풀어내지" 못한다. 그리하여 마침내 "**어두운 생각**ideae obscurae"은 "**영혼의 기체**fundus animae"에서 치명적인 횡포를 부리고, "마음은 심연에서부터 뒤흔들린다"(Schiller 1992–, 제8권, 146쪽). 이 라틴어 개념들은 모두 '하위의 정신 능력'에서 감각적 인식이 도출된다는 아이디어에서 나온 개념들이다(Adler 1988; Riedel 1994a 참조).

합리적으로 생각한다면 프란츠는 신이나 악마로부터 유래한다고 해석된 꿈에 대한 "통속철학이나 통속적인 두려움"(5막 1장)을 간단히 무시해버리면 된다. 하지만 자신의 내면의 심연을 들여다본 그는 무너져버린다. 꿈에서 한 인물이 "번쩍이는 거울"을 보여주면서 "이 거울은 진실이다"(5막 1장)라고 말한다. 꿈에서 사용된 이 소품은 양심, 자기 대면 혹은 소외로 번역될 수 있을 것이다. 프란츠 모어는 자신의 가장 내밀한 마음으로부터 "기습"을 당하게 된 것이다(Schiller 1992–, 제8권, 145쪽). 꿈은 이 마음을 단지 분명하게 보여줄 뿐이다. 오늘날 이를 표현하는 개념인 "무의식적인 것"은 바로 이 지점에서 탄생한다. 신학문분과로서 인간학의 공동 창시자인 에른스트 플라트너는 이 표현을 1776년에 처음으로 사용한다(HWPh 1971–, 제11권, 124–133단락 참조).

12.3 몽유병자: 클라이스트의 홈부르크 왕자

오늘날 학교교육에서 클라이스트의 『프리드리히 폰 홈부르크 왕자』(1811)를 통해 여전히 전달하고 싶어 하는 것은 먼저 순화된 마음으로 자신의 죄를 깨닫는 것이 용서를 받기 위한 전제조건이라는 도덕적 메시지이다. 다시 말해, 실수를 통해 배워야 한다는 가르침이긴 하나, 그 근거가 좀 희박한 면이 있다. 왜냐하면 이 드라마의 주인공은 자신이 무엇을 하고 있는지를 정말로 모르고 있기 때문이다. 승리하긴 했지만 그는 애초에 명령을 어기고 전투에 참여할 계획이나 의사가 없었다. 홈부르크에게는 특별한 기준이 필요하다. 그는 몽유 상태에서somnambul 행동했기에 사법적으로는 완전한 책임능력이 있다고zurechnungsfähig 볼 수 없는 것이다. 작가 테오도르 폰타네Theodor Fontane, 1819-1898와 같은 비판가에게 이 몽상가는 황당하기 그지없는 사람이다. 그는 "영웅도 아니고 브란덴부르크의 전사도 아니다." 폰타네는 그러한 "허황되고 병적이고 독단적인 겁쟁이"를 전혀 동정하지 않는다(Fontane 1872, Sembdner 1984, 472쪽 이하). 그러나 1827년 철학자 하인리히 구스타프 호토Heinrich Gustav Hotho는 다음과 같이 아주 다르게 판단한다.

> 그러나 바로 이러한 약점이나 꿈속의 예언과 깨어 있을 때의 이성적인 의식의 상황이 이 드라마의 내용을 구성하는 문제이지, 상관에 대한 복종이란 무엇인가라는 문제가 아니다. (Hotho 1827, Sembdner 1984, 452쪽)

작품은 시작과 같은 방식으로 끝난다. 즉, 결말에서 홈부르크가 실신하는 장면은 승리의 화관과 권력의 금목걸이 그리고 공주의 손이 나오는 똑같은 장면연출로 이어진다. "내가 지금 꿈을 꾸고 있는 건가요?" 잠에서 깬 그가 묻는다. 그리고는 이런 대답을 듣는다. "꿈이 아니고 무엇이겠어요?"(Kleist 2011, 5막, 11장) 포켈스가 많은 사례에서 기록했듯이, 이와 같은 "중간 상태"에 있는 몽유병자들은(Pockels 1789, Moritz Magazin 1986, 제7권, 62쪽) 놀라운 행위를 할 수 있다고 한다. 그들은 안정적으로 움직이고, 부르는 소리에 반응하며 질문에 대답하기도 한다. 하지만 이를 기억하지 못할 뿐이다. 1800년경에는 이와 같은 상태를 심지어 인위적으로 만들어내기도 했다. 논란이 분분한 의사 프란츠 안톤 메스머Franz Anton Mesmer, 1734~1815는 자신의 이름을 따서, 자기력을 환자에게 전이시키는, 말하자면 최면술의 초기 형태라고 할 수 있는 메스머리즘Mesmerismus을 창시했다. 클라이스트는 메스머리즘에 집중적으로 몰두했었고, 특히 몇몇 문학 작품들은 그 흔적을 분명하게 남기고 있다(Weder 2008 참조). 예를 들어, 드라마 『슈로펜슈타인 가(家)Die Familie Schroffenstein』(1803)에서는 옷을 교환하는 장면에서(5막 1장) 최면에 걸리는 인물(아그네스Agnes)과 손을 대지 않은 채 신체를 따라가며 쓰다듬어야 하는 최면술사(오토카르Ottokar) 사이에(그림 34) "라포Rapport"가 형성될 때 신체적으로 곧장 가까워지게 된다.

〈그림 34〉 다니엘 도드Daniel Dodd를 모방한 이베네제르 시블리Ebenezer Sibly: 최면술사Magnetiseur, 시블리의 〈메스머리즘, 최면을 걸고 있는 최면술사Mesmerism, The Operator Inducing a Hypnotic〉(1794)에 들어 있는 동판화

또한 『케트헨 폰 하일브론Das Käthchen von Heilbronn』(1810)에서 케트헨 폰 하일브론이 꿈을 꾸면서 프리드리히 백작과 대화를 나누는 장면 역시 앞의 예와 견줄 수 있는 대화이다. 이 대화에서는 원본 이야기인 의학적 사례이야기를 다루고 있다.

『프리드리히 폰 홈부르크 왕자』는 정치적으로는 영리하지만 심리적으로는 순진한 선제후 뒤에 최면술사가 숨어서 실험을 하고 있다는 다소 억지스러운 이야기다. 그럼에도 불구하고 최면술사가 왕궁의 정원에서 주도한 장난은 단순한 "장난" 그 이상의 의미를 갖는다. 이는 예리한 관찰자인 호엔촐러른 백작이 5막에서 이 장면을 상세하게 분석하면서 드러난다. 그의 분석에 따르면, 왕자에게는 "처녀와 월계관과 명예로운 장식품"이라는 암시가 사랑의 성취와 정치적 권력과 군인으로서의 명성에 대한 암시로서 매우 진지한 "표식"으로 보였던 것이다. 그리고 이 표식은 전투가 시작될 때까지 지속되고 있는 그의 최면상태를 지배했다. 목격자인 호엔촐러른은 "다음 날 아침이 되어서야 [...] 그는 현실로 다시 돌아왔다"라고 확인해준다.

텍스트는 이 해석을 대변하고 있다. 1막 4장이 시작될 때 호엔촐러른이 "아르투어!"라고 외치며 그를 깨우자 홈부르크는 몽유상태에서 빠져나오기는 하지만 그렇다고 완전히 잠에서 깨어 의식이 돌아온 상태는 아니다. 여전히 그는 방향감각이 없으며 ("내가 어디에 있는지 [...] 모르겠어"), 공주 나탈리의 이름도 도무지 떠오르지 않는다. 그는 "멍하니 누워서 꿈을 꾸고 있다." 무엇보다도 그는 1막 5장 내내 실제적인 꿈의 잔여물, 즉 나탈리가 몽유병자인 그를 보고 놀라 물러설 때 그가 그녀에게서 벗겨낸, 지금 자신의 손에 들려 있는 장갑에 대해서 골똘히 생각한다. 완전히 멍한 상태에서 그는 명령하달식에 참석하고 각각의 명령을 그 의미를 파악하지 못한 채 기계적으로 되풀이한다. 그는 꿈꾸는 듯 오로지 장갑에만 주목한다.

2막 2장에서 전장에 도착한 홈부르크는 그 어떤 명령도 기억할 수가 없다. 그는 지금까지의 자신의 상태를 "정신이 산만한 – 정신이 나뉜"이라는 상투적인 표현으로 알맞게 표현한다. 당대의 의학에서 몽유 현상은 예외적인 질병으로 간주되었다. "그 젊은이는 아파요"라는 선제후비의 말은 모성적인 관심을 넘어 전문가의 진단과도 일치한다. 독일 정신병학의 창시자이자 베를린의 교수로서 클라이스트가 아주 잘 알고 있던 요한 크리스티안 라일Johann Christian Reil, 1759-1813은 〈심리치료법을 정신착란증에 응용하는 것에 대한 랩소디Rhapsodien über die Anwendung der psychischen Curmethode auf Geisteszerrüttungen〉(1803)에서 몽유병자를 "명료한 의식이 없는 자동기계"로 판단한다. 몽유병자는 "정신의 산만과 몰입의 중간"인 "분별력"을 가질 수 없다는 것이다(Reil 1803, 10, 109쪽).

특이한 점은 인간은 "정신이 산만한 중에도 동시에 몰입"할 수 있는데(Reil 1803, 109쪽), 홈부르크 또한 군대투입에 관한 논의를 할 때 명령을 '**산만하게**' 반복하는 동시에 장갑이 누구의 것인지 정확하게 알기 위해 '**몰입**'하기도 한다는 점이다. 그러다가 갑자기 점화된 대포처럼 "강한 감각적 인상"을 받게 되면 혼란 상태에서 빠져나와 다시 정신을 차릴 수 있다고 라일은 말한다(Reil 1803, 236쪽). 클라이스트의 작품에서는 바로 이러한 상황이 벌어지고 있는 것이다. 2막 2장의 전투 장면에서 연출지시문은 대포와 소총을 곧장 다섯 번 쏘고, 이어서 커다란 승전의 아우성이 들리도록 하라고 요구한다. 이 모든 신호는 홈부르크가 (자신의) 명령에 위배 되는 전투를 하게 되는 결과를 낳는다.

궁정사회에서 왕자의 병적인 소양을 가지고 가벼운 장난을 친 결과 이러한 행위가 발생했다는 사실은 당대의 법 이해로는 간과할 수 없는 일이다. 금치산자Unzurechnungsfähigkeit에 대한 범죄심리학적 논의(Schmidt-Hannisa/Niehaus 1998 참조), 즉 어떤 행위를 판결할 때 도덕적, 심리적 판결도 면밀하게 보완되었다는 것은(→4) 프로이센 일반란트법Allgemeines Landrecht für die Preußischen Staaten에까지 그 흔적을 남기고 있다. 이 법에는 다음과 같이 명시되어 있다. "외적인 자유 행위에 대해서만 법 규정이 가능하다." 혹은 "고의가 아닌 행위로 인해 초래된 손상은 행위자에게 책임을 물을 수 없다."(ALR 1794, 67, 91쪽) 이러한 규정은 완전한 각성 상태에 있지 못해 규정을 어기기까지 한, 즉, 전적인 의식상태에서 행동하지 못한 몽유병자인 홈부르크 왕자에게도 해당된다. 철학자 유스투스 크리스티안 헤닝스Justus Christian Hennings, 1731-1815는 프로이센일반란트법이 제정되기 10년 전 논문인 〈꿈과 몽유병자에 관해서Von den Träumen und Nachtwandlern〉(1784)에서 이미 이러한 사건들에 대해 다음과 같이 규정하고 있다.

> 몽유병자들은 꿈을 통해 자신의 행위를 결정하기 때문에 그들의 행위 또한 그 자체가 자유에서 나온 행위가 아니다. 따라서 그들이 도모한 일 또한 보상이나 형벌을 받을 수 없다. (Hennings 1784, 563쪽)

이와 같은 인간학적, 법의학적인 평가를 통해 클라이스트의 교훈극은 또 다른 시각에서 바라볼 수 있다. 이 작품을 통해 주인공은 자신의 죄를 인정함으로써 자의식을 가진 개인으로 성숙한다는 학교 교사들의 메시지에 더해 모든 범죄행위는 특히 피고인의 판단 능력과 책임능력을 포함한 모든 정황에 대한 신중한 검토를 필요로 한다는 통찰을 얻을 수 있다. 오늘날까지도 유효한 이 원칙은 클라이스트가 문학적으로 형상화한 계몽주의의 성과이다.

질문과 쟁점

- 경험심리학의 정신에서 꿈을 자연 현상으로 설명하려는 어떤 시도들이 있었는가?
- 꿈은 얼마나 현실법칙에서 벗어나 있는지 포켈스와 연관지어 설명해 보자.
- 실러의 드라마 『도적떼』의 5막 1장에서 프란츠 모어가 하인 다니엘과 모저 목사에게 항변하면서 제시한 논증을 서술해 보자.
- 악몽에서 나타나는 프란츠 모어의 "절망의 철학"은 『도적떼』 1막 1장의 도입 장면에서 제시되는 인간학적 명제와 어떤 관계를 갖는가?
- 클라이스트의 『프리드리히 폰 홈부르크 왕자』에서 꿈꾸는 듯한 의식이 갖는 연극론적 기능의 특징을 서술해 보자.
- 재판관 혹은 법심리학자의 입장이 되어보자. 프란츠 모어와 프리드리히 폰 홈부르크 경우 꿈과 몽유병은 유죄 여부에 어떤 영향을 주는가? 본인의 견해에 대한 근거를 말해 보자.

추천문헌

- Heinrich v. Kleist: Prinz Friedrich von Homburg. Ein Schauspiel. Studienausgabe, hg. von Alexander Košenina, Stuttgart 2011 (RUB 18860).
  주해본: Sämtliche Werke und Briefe, Bd. 2, hg. v. Ilse-Marie Barth und Hinrich C. Seeba, Frankfurt a. M. 1987, 555-644쪽.

- Karl Friedrich Pockels: Über den Einfluß der Finsterniß in unsere Vorstellungen und Empfindungen, nebst einigen Gedanken über die Träume, in: ΓΝΩΘΙ ΣΕΑΥΤΌΝ oder Magazin zur Erfahrungsseelenkunde als ein Lesebuch für Gelehrte und Ungelehrte, Bd. 5 [1787], hg. v. Petra und Uwe Nettelbeck, Nördlingen 1986, 164-174쪽.

- Friedrich Schiller: Die Räuber. Ein Schauspiel, Stuttgart 2001 (RUB 15).
  주해본: Kommentierte Ausgabe: Ders.: Werke und Briefe in zwölf Bänden, Bd. 2,

hg. v. Gerhard Kluge, Frankfurt a. M. 1988, 11-160쪽.

• Peter-André Alt: Der Schlaf der Vernunft. Literatur und Traum in der Kulturgeschichte der Neuzeit, München 2002.
☞ 고대부터 지그문트 프로이트, 프란츠 카프카, 토마스 만에 이르기까지 철학 및 의학적 꿈 개념과 문학적 꿈 개념을 연대기 순으로 다루고 있다.

• Jürgen Barkhoff: Magnetische Fiktionen. Literarisierung des Mesmerismus in der Romantik, Stuttgart/Weimar 1995, 257-267쪽.
☞ 클라이스트의 『프리드리히 폰 홈부르크 왕자』에 나오는 꿈 연출 장면은 이 책의 맥락에서는 메스머리즘 방식의 최면이라는 의도적인 행위로 나타난다. 이를 통해 선제후는 자신의 부하 장교인 홈부르크 왕자의 야심을 자극하려고 한다.

• Stephanie Bölts: Krankheiten und Textgattungen. Gattungsspezifisches Wissen in Literatur und Medizin um 1800, Berlin, Boston 2016, 353-389쪽.
☞ 클라이스트의 『프리드리히 폰 홈부르크 왕자』에서 홈부르크 왕자의 몽유적 기질과 왕자가 전혀 알지 못한 채 궁정사회가 그에게 행한 심각한 실험을 새롭게 검토하는 글이다. 이러한 병리적인 모습은 한편으로는 규정을 따라야 하는 전쟁이라는 상황과 대조되고, 다른 한편으로는 이 드라마의 고전적 형식과도 대조를 이룬다.

• Manfred Engel: Traumtheorie und literarische Träume im 18. Jahrhundert. Eine Fallstudie zum Verhältnis von Wissen und Literatur, in: Scientia Poetica 2, 1998, 97-128쪽.
☞ 꿈에 관한 철학적, 의학적, 인간학적 담론을 살펴보면서 이 꿈담론이 사무엘 리차드슨의 『클라리사』, 장-자크 루소의 『신엘로이즈』, 크리스토프 마틴 빌란트의 『아가톤』, 괴테의 『젊은 베르테르의 고통』 그리고 실러의 『도적떼』에서 문학화된 꿈에 끼친 영향을 개괄하고 있다.

• Walter Hinderer: Traumdiskurse und Traumtexte im Umfeld der Romantik, in: Romantische Wissenspoetik. Die Künste und die Wissenschaften um 1800, hg. v. Gabriele Brandstetter und Gerhard Neumann, Würzburg 2004, 213-241쪽.
☞ 철학적, 의학적 꿈담론(칼 구스타프 카루스, 고트힐프 하인리히 슈베르트, 헨릭 슈테펜스, 아르투어 쇼펜하우어)과 실러, 노발리스, E. T. A. 호프만에 대해 다루고 있다.

• Alexander Košenina: Vorbewußtsein und Traum in Kleists Anthropologie, in:

Peter-André Alt/Christiane Leiteritz(Hg.), Traumdiskurse der Romantik, Berlin/New York 2005, 232-255쪽.

☞ 전의식 상태와 직관적 상태에 대한 클라이스트의 찬양은 마음의 하위 능력 심리학에서 나온 것으로, 이 개념으로 홈부르크 왕자를 해석하고 있다.

- Wolfgang Riedel: Die Aufklärung und das Unbewußte: Die Inversionen des Franz Moor, in: Jahrbuch der deutschen Schillergesellschaft 37, 1993, 198-220쪽.

☞ 실러의 『도적떼』에 등장하는 프란츠 모어의 권력 의지는 실러의 사랑의 철학과 인간학이 전도된 모습으로 나타난다. 그의 음험한 살인 계획은 자기 자신을 향해 되돌아오게 되고, 그를 기습한 끔찍한 악몽은 그가 자살하도록 몰아간다.

- Cornelia Zumbusch: „nichts, als leben". Affektpolitik und Tragödie in Prinz Friedrich von Homburg, in: Nicolas Pethes(Hg.), Ausnahmezustand der Literatur. Neue Lektüren zu Heinrich von Kleist, Göttingen 2011, 270-289쪽.

☞ 이 논문은 클라이스트의 홈부르크 왕자가 자신에게 내려진 사형판결을 받아들일 때만 삶을 선물로 받을 수 있다는 결말의 역설을 해결하기 위해 미셸 푸코의 '생명권력Biomacht' 개념을 끌어온다. 낡은 주권-모델의 특징을 띠는 실러의 숭고함의 시학과는 다르게 클라이스트는 가중된 형벌인 사형판결의 드라마를 다룬다. 그것은 정치적인 새로운 삶의 원칙을 강화하는 문제로서, 이러한 삶의 원칙은 홈부르크 왕자가 죽음을 받아들일 준비가 되어야만 가능해진다.

제13장

예술과 광기

13.1 신성으로 좀 더 가까이: 티크의 소설
『윌리엄 로벨』에 나오는 한 가지 사례
13.2 광기는 더 높은 차원의 건강이다:
클링에만의 소설 『야경』
13.3 예언의 능력을 가진 광인:
호프만의 『은자 세라피온』

제13장
예술과 광기

〈그림 35〉 외젠 들라크루아: 정신병원에 갇힌 타소, 1840.

이탈리아의 시인 토르콰토 타소Torquato Tasso, 1544-1595는 1579년 정신병원에 수감되었다. 그가 궁정에 있는 사람들을 무위도식자에다 악당들이라고 욕함으로써 예의 규정을 위반했기 때문이었다. 시인 바이런 경은 그의 시 <타소의 비가The Lament of Tasso>(1817)에서 그래도 이와 같은 부당한 감금에 대해 타소가 분노할 수 있게 해준 반면, 외젠 들라크루아의 그림 <정신병원에 갇힌 타소Le Tasse dans la maison des fous>(1840)에서 타소는 무감각한 체념상태에 빠져 있는 모습으로 묘사되어 있다. 고독하고 상심한 모습에 면도도 하지 않고 그저 기본적인 옷만 걸친 채 침상에 앉아 있다. 우울증에 빠진 사람이 취하는 전형적인 자세이다. 창살 뒤에서 구경하는 사람들이 이러한 그를 보면서 마냥 놀라기만 하는 것인지 아니면 그에게 매료당한 것인지는 알기 어렵다. 어쨌든 그들은 무관심한 것 같지는 않다. 한 사람은 감방 안으로 손을 넣고 있는데, 검지손가락을 뻗어 방안에 흩어져 있는 타소의 원고로 보이는 여러 장의 종이 가운데 하나를 짚고 있다. 이 손은 일탈행위로 인해 불쾌감을 주는 시인을 꾸짖고 있는 손일까? 아니면 어떤 기념품이라도 집으려고 하는 것일까? 혹은 이 예술가에게 계속해서 창작할 것을 종용하고 있는 것일까?

이러한 질문은 세 가지 서로 다른 역사적 맥락을 제시한다. 근대 초기만 해도 "광인"을 여전히 악마에 씐 사람이라고 여겼는데, 타소의 행동에도 이와 같은 낙인이 찍혔다. 하지만 이와 동시에 신성한 광기라는 고대의 관념이 여전히 존재하기도 했다. 뛰어난 정신적, 예술적 재능은 천상의 불꽃에서 유래하는 것으로 여겨졌다. 계몽주의 시대에 와서 정신병을 당연히 설명할 수 있는 고통으로 인정하게 되자, 신성한 질병이라는 기존의 해석은 억압되었다. 그러다가 낭만주의 시대가 오니 이 해석이 다시 유행하게 되었다. 차가운 이성에 반대되는 상태를 더 선호하게 된 것이다. 꿈, 광기, 환상, 최면상태는 예술가의 창조력의 자양분으로 여겨졌다. 루드비히 티크Ludwig Tieck, 1773-1853의 소설 『윌리엄 로벨 씨 이야기Geschichte des Herrn William Lovell』(1795/96)는 정신병에 대한 부정적 평가와 긍정적 평가 간의 반목을 잘 그려내고 있다. 그 다음으로 에른스트 아우구스트 프리드리히 클링에만Ernst August Klingemann, 1777-1831(별칭은 보나벤투라Bonaventura)은 『야경Nachtwachen』(1804)에서 이러한 반목을 풍자적으로 조명한다. 그리고 호프만E. T. A. Hoffmann, 1776-1822의 『은자 세라피온Der Einsiedler Serapion』(1819)에서는 이성과 광기를 합리적으로 구분하는 것이 점차 어려워진다. 주인공 세라피온의 환상을 보는 능력은 열광적인 예언자로서의 시인의 이상을 만들어냈다.

13.1 신성으로 좀 더 가까이: 티크의 소설 『윌리엄 로벨』에 나오는 한 가지 사례

광기를 자연적인 원인에 의한 것으로 설명하려는 한편, 범죄, 비이성, 몽유 등과 같은 일탈행위를 인간 본성의 탐구 자료로 끌어다 쓰려는 계몽주의의 노력은 이 보완적인 현상들의 가치를 높이는 결과를 낳았다. 낭만주의 시대의 의학, 무엇보다도 메스머리즘(→12.3)이 유행하던 환경에서는 의식의 밤과 그림자의 측면을 점점 더 진지하게 받아들이게 되었다. 고트힐프 하인리히 슈베르트Gotthilf Heinrich Schubert, 1780-1860는 "정신의 본성의 [...] 상형문자언어"를 찾으면서 "깨어 있는 상태보다는 꿈을, 분별력이 있는 상태보다는 정신이 부재한 상태를" 더 우선시하는 의사들 중 하나였다(Schubert 1814, 1쪽 이하).

이러한 경향은 당연히 문학에도 그 흔적을 남겼다. 이는 지금부터 살펴볼 루드비히 티크의 데뷔소설 『윌리엄 로벨 씨 이야기』에 나오는 작은 에피소드를 통해 제시될 것이다. 이 편지 소설 제목에서 명시된 주인공은 고향인 영국을 떠나 파리와 로마를 여행한다. 이곳에서 그는 어느 미스터리한 비밀조직의 영향으로 점차 현실에 대한 환멸을 느끼고 인간 혐오적인 태도를 취하게 된다. 결국 그는 어느 경쟁자와 결투하다가 총에 맞아 죽게 된다. 본 장에서 고찰할 장면을 이해하기 위해서 소설 전체를 다 조망할 필요는 물론 없다.

우리가 주목할 인물은 소설에서는 주변 인물로 등장하는 사람이다. 그는 로벨이 파리에서 알게 된 발더Balder라는 독일인(1권 2부 17장)인데, 로벨을 따라 로마로 오게 된 인물이다(1권 3부 9장). 발더는 아내의 죽음으로 인해 깊은 우울에 빠져 있다. 그는 사람들을 점점 더 멀리하고 이 창조된 세계에서 오로지 무상함과 죽음만을 본다. 그는 스스로를 "견디지 못하고", "유령 혹은 상상력과 우울한 생각이 만들어 낸 공포스러운 영상들로" 고통스러워한다. 게다가 "악몽"을 꾸고 "괴물의 무리들"과 "유령들"도 눈에 보이게 된다. 발더의 의식에 각인된 것은 한마디로 "온 세상에 대한 혐오감"(Tieck 1999, 159, 174, 161쪽), 즉 삶에 대한 염증 혹은 무기력증/권태Taedium vitae이다(HWPh 1971-, 제11권, 8-11 단락 참조).

윌리엄 로벨은 계몽적 시각에서 이 모든 것을 "병든 상상력"에 항복한 것으로 여긴다. 그는 발더에게 "세계를 옳지 않은 관점에서" 보고 있다고 비난하고, "몸과 정신을 망치는" "그 골똘히 생각하는 태도를"

그만두라고 조언한다. 이에 더해 로벨은 심지어 "광기의 황홀함"을 비난한다(Tieck 1999, 164, 160쪽). 실제로 발더는 어느 긴 논쟁에서(1권 3부 11장) 아주 분명해 보이는 이성과 광기의 경계에 대해 비판적으로 의문을 제기해야 한다고 매우 단호하게 주장한다.

> 오 윌리엄, 우리가 이성이라고 부르는 것이 무엇인가? 이미 많은 사람들이 자신들의 이성을 숭배하고 지칠 줄 모른 채 이성을 탐구하는 데에 헌신했기 때문에 광인이 되었다네. [...] 지금 우리가 미쳤다고 부르는 그 사람처럼 말일세 – (Tieck 1999, 141쪽)

통용되고 있는 개념을 완전히 전복시키는 결론을 말하는 대신, 발더는 실제 있었던 한 사례 이야기를 통해 자신의 입장을 구체적으로 제시한다. 이 이야기가 바로 지금 우리가 살펴보려고 하는 이야기다. 그것은 빌트베르크Wildberg라는 이름을 가진 어느 독일 장교에 관한 이야기다. 그는 냉철한 이성의 소유자로 미신과 유령에 대한 두려움에 거부감을 드러낸다. 이에 대해 F***(프리트하임) 씨라는 또 다른 장교는 그의 생각을 반박하면서 그를 더욱 부추긴다. 이렇게 싸우던 중에 F*** 씨는 나중에 친구 빌트베르크 앞에 자신이 유령이 되어 나타나겠다고 위협한다. 그렇게 되면 결국에는 친구가 그의 오만한 "계몽주의 중독"(Tieck 1999, 142쪽)을 단념하게 될 것이라고 생각한다. 논쟁은 점점 더 격렬해지고 결국 결투로 끝이 난다. F***는 "몹시 화가 난 빌트베르크"가 쏜 총에 머리에 총상을 입고 죽는다. 그러자 곧이어 죽은 자의 예언이 성취된다. 빌트베르크는 환영을 보게 된다. 한밤중이 되면 늘 총구멍이 난 해골이 자신의 방안을 굴러다니는 게 보인다고 생각한다. 한 마디로, 초자연적인 모든 현상들을 단호하게 부인했던 자가 이제는 직접 유령을 보는 자가 된 것이다.

하지만 이것이 아직은 발더가 계몽주의의 추종자인 로벨에게 하고자 했던 이야기의 핵심은 아니다. 빌트베르크의 친구들은 이 현상을 양심의 가책의 표현으로, "우울증 환자의 상상력"으로, 즉 "일종의 광기"로 여긴다(Tieck 1999, 144쪽). 그들은 선의의 속임수라는 계몽된 치료법을 통해 치유를 시도한다. 그것은 두려움을 일으키는 고정관념의 대상을 가짜로 만들어 믿게 하고 (외견상) 사라지게 만드는 방법이다. 예를 들어 의사가 자칭 머릿속에 들어 있다고 하는 돌이나 목에 걸려 있다는 개구리를* 환자 앞에서 그릇에 담아 몰래 가지고 나간다거나, 속마음이 관찰당하고 있다고 두려워하는 환자에게는 유리로 되어 있다고 상상하는 환자의 가슴 위에다 의사가 반창고를 붙여주는 식이다 (→9.3). 이 소설에서는 자칭 치료사라고 하는 이들이 해골 하나를 끈에 매달아서 방안을 지나가게 만들었다. 그런데 결과는 전혀 예상치 못한 혼란을 야기하게 된다. 얼굴이 창백해진 빌트베르크는 떨면서 외쳤다. **"으악, 해골 두 개! 너희들 대체 나한테 뭘 원하는 거지?"**(Tieck 1999, 144쪽)

이 황당한 결과에 대해서는 생각해볼 필요가 있다. 결론적으로 유령이 나타나는 현상에 대해 이미 계몽주의 시대에 진지하고 비판적으로 논의되긴 했지만, 이해가 잘 되게 설명해주거나 혹은 반박하지는 못한

* '머릿속에 들어 있는 돌'(Stein im Kopf)이란 뜻은 미쳤다는 의미로, 예전에는 미친 사람의 머릿속에 정말로 돌이 들어 있다고 믿었다고 한다. 따라서 이 글에서는 실제 돌을 이용해서 이와 같은 고정관념에서 벗어나게 하려는 치료법을 말한다. '목에 걸려 있는 개구리'(Frosch im Hals)란 목이 쉬거나 잠겨 말을 하거나 음식을 삼키기 힘든 상태를 말한다. 이 경우에도 실제 개구리를 사용하여 고정관념에서 벗어나게 하려고 시도했음을 의미한다 – 역자주.

것이다. 가장 중요한 가설로 제안된 것은 죽은 자들의 귀환설이다. 즉, 유령이란 (흙과 물로 구성된 육체와는 반대로) 공기와 불에서 생성된 영체Astralleib(靈體)로 귀환한 것으로 시신이 부패할 때 증발된 것, 결국 인간이 아닌 물의 정령과 흙의 정령들을 말한다(Wübben 2007, 21–28쪽 참조). 이러한 설명보다 더욱 흥미로운 것은 티크의 작품에 들어 있는 짧은 내부이야기Binnengeschichte와 유사한 사례연구Fallstudie라는 장르이다. 특히 많이 논의되었던 르네상스 시대 철학자 마르실리오 피치노Marcilio Ficino, 1433-1499의 사례가 여기에 해당한다. 그는 자신의 사망 시간에 친구에게 유령으로 나타남으로써 친구로 하여금 플라톤의 영혼불멸설을 '믿게 했다'(Wübben 2007, 23–25쪽).

앞의 이야기에서 특이한 점은 해당 인물의 사실성과 이야기에 대한 편집인의 거리두기가 혼재되어 있음을 알려주는 서사적 내부시각Innenperspektive이다. 이로써 티크의 소설에 나오는 에피소드처럼 판단은 독자의 몫이 된다. 즉, 발더는 빌트베르크의 시각에서 이 에피소드를 이야기하고 있으며, 많은 말로 에피소드에 살을 붙인다. 상상해낸 해골과 직접 보게 된 해골을 이중적으로 감지한다는 핵심 내용은 "아슬아슬하게" 흔들리는 계몽주의의 이성은 언제라도 "광기의 영역 속으로 떨어질" 위험이 있다는 성찰적인 결론을 지지하고 있다.

> 유령의 제국은 이런 사람들에게 열린다. 그들은 자연의 숨겨진 법칙을 꿰뚫어 보고, 그들의 감각은 생각하지 못한 것을 파악한다 [...] 그들은 신성에 더 가까이 다가가 있다. 그들은 지상으로의 귀환을 망각해버린다. 닫혀 버린 감각은 대담한 횡포로 그들의 지혜를 **광기**로, 그들의 황홀을 **미친 짓**으로 낙인찍는다. (Tieck 1999, 145쪽)

광기에 대한 부정적인 왜곡상을 상대화시키려는 발더의 시도는 로벨에게는 강한 인상을 남긴다. 그는 발더와 기억에 남을 만한 대화를 나눈 직후 직접 유령이 나타나는 것을 보았다는 고백으로 이 장을 마무리한다. 유령은 그가 아이였을 때 아버지의 화랑에서 늘 두려움과 공포를 느끼며 보았던 어떤 초상화와 똑같은 모습이었다고 한다. 이로써 이성과 광기를 정말로 엄격하게 구분할 수 있을까 하는 의심을 독자들도 품게 된다.

13.2 광기는 더 높은 차원의 건강이다: 클링에만의 소설 『야경』

오랫동안 필명 '보나벤투라'로만 알려져 있던 에른스트 아우구스트 프리드리히 클링에만의 소설 『야경』에 대한 첫인상은 상당히 부정적인 인간학을 보여준다는 것이다. 야경꾼 크로이츠강Kreuzgang은 마술사와 집시 여인 사이에서 태어난 아들로서, 그의 이름은 한편으로는 버려진 아이였던 그가 발견된 장소의 이름에서, 다른 한편으로는 다중적으로 교차하는 줄거리와 모티프에서 따온 것이다. 야경꾼, 즉 빛을 비춰주고 제 시간을 알려주는 자로부터 본래는 계몽을 기대할 수 있겠지만, 이 작품에서는 오히려 계몽의 한계에 대해 듣게 된다.

인간을 혐오하는 크로이츠강은 무엇보다도 시인이며 "몽유병자"이자 "인형극 연출가"이며 배우이다(Bonaventura 2003, 24, 30쪽). 연극과 역할과 가면의 비유는 이 텍스트에서 중심이 되는 비유이다. 이는 드라마 작가이자 연출가로서 활동한 작가 클링에만의 흔적이기도 하다. 그로이츠강 역시 연극을 하는데, 극중극을 공연하는 셰익스피어의 햄릿 역을 맡는다. 이 역할은 크로이츠강에게 적합한 큰 역할이다. 역사적 인물인 토르콰토 타소와 비슷하게 사회를 조롱하는 방랑시인의 노래 때문에(일곱 번째 야경) 정신병원에 수감 되고 난 후, 그는 그의 상대역이었던 오펠리아를 연기한 배우를 다시 만나게 된다. 그녀는 자기 자신과 자신이 맡은 역할을 구분하지 못해 이성을 잃게 되어 정신병원에 수감되었다. 크로이츠강은 그녀를 사랑하게 되지만, 그녀는 크로이츠강과의 사이에서 낳은 아이와 함께 죽게 된다. 이로써 정체성의 위기와 주체의 상실이라는 주제가 도입된다. 정신병원에서는 이 주제가 중요한 역할을 한다(아홉 번째 야경).

곧이어 크로이츠강은 정신병원에서 "부간수"의 기능을 담당하게 된다. 그는 무지한 의사인 욀만 박사가 환자들을 회진할 때 동행하지만, 그와 동시에 그를 조롱한다. 이 의사는 "돈 주고 산" 박사학위 모자, 즉 돈으로 산 학위증만 소지하고 있는 의사이기 때문이다. 진찰을 받는 환자들은 "고정관념fixe Idee"에 사로잡힌 것으로 보이는 동시대의 정신 사조를 대표하는 자들을 캐리커처해 놓은 모습과 유사하다(Bonaventura 2003, 78쪽). 예를 들어 클링에만은 소변보는 것을 억제하는 요폐(尿閉)라는 고전적인 정신병의 사례를 포착한다. 동시에 그는 소변을 볼 때 대홍수(노아의 홍수)가 날 것 같은 두려움에 집착하는 것을 말라버린 작가의 펜의 잉크로 전이시킨다. 또 다른 예는 어느 관념론자의 철학적 캐리커처로서, 특히 1800년경 요한 고틀립 피히테 Johann Gottlieb Fichte, 1762-1814가 사용한 개념들을 차용하고 있다. 즉, 피히테에 따르면, 우리의 자아는 스스로를 자기 자신으로 놓기도 하지만, 어떤 때에는 자아와 구분되는 비(非)자아, 즉 세계로 놓기도 한다. 옛 의학 전문 서적에서 가져온 이 사례에 대한 클링에만의 해석에 따르면 이 관념론자는 "유리 엉덩이로" 인해 고통을 겪고 있어서 "자신의 자아를 한 번도 앉힌 적이 없다". 여기에 또 한 명의 계몽주의자가 합세한다. 그는 "지나치게 이성적이고 쉽게 연설을 해서 사람들이 정신병원으로 보낸" 사람이다(Bonaventura 2003, 79쪽). 프리드리히 슐레겔식의 진보적인 보편시학Universalpoesie을 대표하는 낭만주의자조차도 이곳에서는 무사히 빠져나갈 수 없다. 그는 "문학의 세계로 너무 높이 잘못 올라가는 바람에 뇌가 타버렸다"(Bonaventura 2003, 80쪽).

마지막으로 관념론의 자기과시가 절정에 이르러 광인이 된 어느 낭만주의자가 있다. 그는 자신을 세계의 창조자로 여긴다. 그는 철학에서 존재의 최소단위이자 피조 세계를 구성하고 있는 모나드와 동의어인 "분진Sonnenstäubchen"과 같은 인간을 창조한 강력한 프로메테우스(→7.3)로 등장한다. 숨 혹은 영혼을 불어 넣을 때에 "신성의 작은 불꽃Fünkchen Gottheit"도 함께 이 피조물에 들어가게 되었고, 이를 통해 새로 만들어진 인간은 미치게 되었다. 이 작은 불꽃 안에 오만과 자신의 한계를 넘어서려는 추구, 불멸에 대한 믿음의 싹이 들어 있기 때문이다. 자신의 정신병의 핵심을 어쩔 수 없이 이 불꽃으로 표현한 세계의 창조자는 이 신성한 첨가물을 넣은 것을 후회한다. 갑자기 "그 분진이 스스로가 신이라는 망상을 갖게 되었고, 스스로를 감탄하는 시스템을 구축했기" 때문이다(Bonaventura 2003, 80쪽 이하). 독백을 하는 동안 스스로를 세계의 창조자라고 고백한 그 사람은 지구라고 여기는 공 하나를 가지고 놀면서, 여러 나라와 도시 그리고 개미들(즉, 인간)을 짓밟아 버릴 수 있는 힘이 자신에게 있음을 즐거워한다. 천연두 예방접종(영국인 에드워드 제너가 1796년에 도입함)이 개발된 이래로 인류의 인구가 어쨌든 너무 증가했다는 것이다.

이 인물은 크로이츠강과 거의 유사한, 심지어 그의 거울상인 것 같다. 이 야경꾼 역시 스스로를 다른 사람들보다 우월하다고 믿고 있으며 모든 가치의 전면적 재해석을 옹호하고 있기 때문이다.

> 내가 내 자신을 시스템 안에서 연역된 이성보다 더 이성적이라고 여기고, 가르침 받은 지혜보다 더 지혜롭다고 여기는 것은 그야말로 나의 고정관념입니다. [...] 당신이 아시다시피 시스템과 자신을 일치시키지 않는다면, 그러니까, 심지어 더 높은 차원의 건강을 병으로 여기고 그 반대를 건강으로 여긴다면, 어떻게 병을 거부할 수 있을까요. (Bonaventura 2003, 85쪽 이하)

이 구절이 주장하는 바는 병은 더 높은 차원의 건강이라는 것이다. 클링에만은 정신병원 소설의 전형적인 성격을 뒤집어 놓았다(→3). 이 작품에서 말의 주도권을 가지고 있는 인물들은 외부세계에서, 그러니까 '정상 세계'에서 와서 정신이상자의 사례에 대해 이야기하는 교양소설에 나오는 여행자나 의사들이 아닌 크로이츠강과 또 다른 정신병원 수감자들인 것이다. 다양한 고정관념의 시각에서 보자면 일상적인 시민 세계는 전도된 세계로 실격된다. 야경꾼은 "어쩌면 정신병이 진실이고, 바보스러움이 지혜이며, 죽음이 삶"이 아닐까 골똘히 생각한다. 전통적인 체액설과 섭생법의 추종자인듯한 그야말로 무능한 저 의사는 이런 그를 보고 소화불량에 대한 처방으로 많은 운동을 하고 더 이상 생각하지 말 것을 처방한다. 결국 "지나친 지적 탐닉"이 모든 악의 근본이기 때문이라는 것이다(Bonaventura 2003, 86쪽).

"지속 가능한 유일한 시스템으로서 광기를 선택하겠다"(Bonaventura 2003, 112쪽)는 크로이츠강의 최종적 고백은 광기를 일종의 더 고차원적인 이성으로 끌어올리는 것이다. 이로써 "정신병원의 세계는 결코 정상성과 이성의 세계에 전적으로 대립되는 세계가 아니라, 그 세계를 모방한 세계로 파악되기도 한다. 즉, 일반적인 대(大)베들렘 안에 있는 소(小)베들렘인 것이다"(Reuchlein 1986, 309쪽). 이 구분은 리히텐베르크가 윌리엄 호가스가 그린 런던의 보호소인 베들렘 그림에 대해 논평한 것에서 언급되었다(→3). 이러한 구분이 말하고 있는 것은 정신병원 안이나 밖이나 똑같은 어리석음이 판을 치고 있다는 것이다. 이러한 의미에서 리히텐베르크는 어느 방문객이 병원수감자에게 그가 정신병원에 있다는 사실을 아느냐고 물었을 때 그 수감자는 "그러면 너는 **네가** 정신병원에 있지 않다고 확신하는가?"라고 대답했다는 글을 쓴 적이 있다(Lichtenberg 1968-, 제3권, 906쪽). 이처럼 모든 상식을 상대화시키는 더 높은 차원의 논리는 E. T. A. 호프만의 『은자 세라피온』에서도 뚜렷하게 묘사된다.

13.3 예언의 능력을 가진 광인: 호프만의 『은자 세라피온』

E. T. A. 호프만은 평생 티크나 클링에만보다 더 집중적으로 광기, 환상, 악몽 등과 같은 기괴하고 과도한 지각 현상에 몰두했다. 그는 심지어 이와 같은 극단적인 상태를 모든 예술 행위의 필수적인 자극제로 여겼다. 1829년 괴테가 남긴 "나는 고전주의를 건강한 것으로, 낭만주의를 병든 것으로 명명한다"(Eckermann 1975, 253쪽)라는 유명한

격언은 호프만의 경우 다음과 같이 변주될 수 있을 것이다. "나는 시민성을 건강한 것으로, 문학성을 병든 것으로 명명한다"(Lindner 2001, 195쪽). 호프만의 작품에는 광인, 신들린 자, 마술사, 강신술사, 몽유병자, 자살자 그리고 이들을 다루는 의사들로 넘쳐난다. 무엇보다도 호프만은 당대의 의학과 자연철학에 정통하고 있었다. 정신의학과의 창시자들인 필립 피넬과 요한 크리스티안 라일 그리고 동물의 자기력에 대한 이론가들인 칼 구스타프 카루스Carl Gustav Carus, 1789-1869와 고트힐프 하인리히 슈베르트를 그는 잘 알고 있었다(Reuchlein 1986, 222–365쪽; Barkhoff 1995, 195–237쪽; Lindner 2001 참조).

이에 대한 특히 적절한 예가 은둔자 세라피온에 대한 짧은 사례연구인데(Hoffmann 2001, 23–39쪽), 이는 연작소설인 『세라피온의 형제들Die Serapionsbrüder』(1819)의 제목이기도 하다. 이 소설집은 노벨레 장르의 전범인 이탈리아의 조반니 보카치오Giovanni Boccaccio, 1313-1375의 『데카메론Il Decamerone』(1350년경; 독일어 번역본 Das Dekameron, 1471)과 같은 방식으로 되어 있으며, 이는 1800년경에 재유행했던 방식이다. 하지만 이 소설집은 차례대로 노벨레를 이야기하면서 친구들끼리 시간을 보낸다는 내용 그 이상을 다루고 있다(Beck 2008). 이 이야기는 "사회적 규범의 경계 설정"의 수정을 목표로 한다. "[...] 즉, 예술가와 시민, 광기와 이성, 실재와 가상Sein und Schein, 꿈과 각성 사이의 경계"를 주제로 삼고 있다(Hoffmann 2001, 1,246쪽). 그러므로 각 이야기는 각각의 화자가 현실을 독자적으로 해석하는 하나의 명제를 제시하고 있다고 할 수 있다. 이야기를 이끌어가는 친구들은 이러한 문학적 요청을 세라피온의 사례에서 "세라피온의 원칙Serapiontisches Prinzip"으로 도출해낸다(Hoffmann 2001, 70쪽). 이 원칙은 최대한 강렬하게 "내면에서" 떠오르는 이미지들에 작가가 제대로 점화되었다고 느꼈을 때, 바로 그 때 비로소 작가는 이를 외부로 묘사해내야 한다는 의미이다(Hoffmann 2001, 69쪽). 이러한 강렬함의 계명과 특히 일치하는 것이 기괴하고 꿈과 같은 광기의 판타지이다. 이러한 판타지는 단지 이성적이기만 한 고루한 현실에 대항할 때에야 빛이 날 수 있다.

세라피온이라는 문학적 예를 보면 이러한 "공포의 시학"(Hoffmann 2001, 1247쪽)을 어떻게 이해해야 할지가 금방 명료해진다. 화자 치프리안Cyprian은 B*** 근처 숲에서 만난 어느 이상한 은둔자에 대해 이야기 한다. 수염과 외투를 보니 "살바토르 로사"(Salvator Rosa, 1615–1673)의 그림에서 튀어나온 사람 같았다(Hoffmann 2001, 24쪽). 실제로 이 이탈리아 화가가 그린 산악지역에 거주하는 은둔자들과 고독한 사상가들 그림이 몇 개 있기도 하다. 예를 들어 고대 그리스의 원자론자였던 데모크리토스를 그린 그림이 바로 그것이다(그림 36). 로사는 이 그림에다 죽은 자들의 해골, 유골 상자, 올빼미, 그리스어 마지막 알파벳인 오메가(Ω)와 같이 무상함에 대한 어두운 상징들을 그려 넣었다.

낭만주의 시대에는 이 모티프가 일반적으로 회화(예를 들면 칼 블레헨Karl Blechen)든 문학이든 어디에서나 인기가 있었다. 티크의 소설『윌리엄 로벨 씨 이야기』에 나오는 광인 발더 역시 이탈리아의 아페닌 산맥의 "숲이 우거진 산"속으로 들어가 칩거한다(Tieck 1999, 367쪽). 하지만 인물의 외향보다 더 중요한 것은 "환상을 보는 능력"이다. 이 능력을 가지고 세라피온은 자신의 대화 상대자들인 아리오스트와 단테 혹은 페트라르카를 "알아보며", 이 능력을 통해 직접 "가장 재치 있는 [이야기], 가장 뜨거운 판타지가" 장착된 이야기들을 만들어낸다. 호프만에게 세라피온은 낭만주의 작가의 모범이 된다. 그는 바로 자신의 영감과

〈그림 36〉 살바토르 로사: 명상에 잠겨 있는 데모크리토스, 동판화(1662)

자신의 "내면세계"를 굳게 믿고 이 "더 높은 차원의 인식"을 거부하는 그 어떤 주장도 허용하지 않기 때문이다(Hoffmann 2001, 30쪽).

치프리안은 모든 '정상인'들과 마찬가지로 이를 광기로 여기지만, 점점 더 열광과 광기의 논리에서 빠져나올 수 없게 된다. 그는 S** 박사에게 문의하던 중 그 운둔자가 M 출신의 P**백작임을 알게 된다. 이 남자는 어느 날 갑자기 티롤의 알프스 산지로 도피해 버린 사람이었다. 그곳에서 그는 3세기에 살았던 순교자 성 세라피온의 행세를 하며 지낸다. B** 정신병원에 수감 된 후 광분증상에서 회복된 그는 새로운 시대의 의학 정신에 따라 위험하지 않은 환자로 분류되어 퇴원하게 된다. 이 이야기의 실제 주인공이 누구인지는 구체적으로 알려져 있다. 즉, 의사 S**는 호프만의 친구인 밤베르크 출신의 프리드리히 슈파이어Friedrich Speyer, 1782-1839이고, B** 정신병원은 밤베르크에 있는 성 게트로이St. Getreu "정신병원"을 말한다. 게다가 이런 종류의 사례이야기는 나중에 치프리안이 숲속의 은자를 방문하기 전 미리 지식으로 무장하기 위해 탐독했던 전문서적에도 나와 있는 내용이다.

> 나는 세라피온의 고정관념을 그 뿌리까지 공격하는 것만을 염두에 두고 있었다. 나는 피넬의 책과 라일의 책을 읽었다. 광기를 다룬 책은 닥치는 대로 다 읽었다. 그러나 심리학의 문외한이자 아마추어인 나 같은 의사에게는 세라피온의 어두워진 정신에 한 줄기 빛을 비추는 일이 아마도 허락되지 않은 것 같았다. (Hoffmann 2001, 27쪽)

아마추어 의사의 시도는 완전한 실패로 끝난다. 그는 P** 백작에게 "파멸시키는 꿈"에서 깨어나라고 단도직입적으로 요구했지만, 백작은 “조롱하는 미소”(Hoffmann 2001, 29쪽)와 날카로운 반박으로 응했다. 그가 펼친 두 가지 논증은 설득력은 있지만, 잘못된 전제에 근거하고 있다는 점이 문제였다. 의학 비판적인 첫 번째 논증에 따르면, 만약 자신의 상태가 진짜 광기라면 (치료가) 어떤 식으로든 성공하리라 믿는 것은 상당히 순진한 태도라는 것이다. 이유는 다음과 같다. “만일 그것이 가능하다면 곧이어 이 지구상에는 광인이 하나도 없게 될 것이다”(Hoffmann 2001, 30쪽). 당연히 어떤 질병의 치유 가능성이 적다고 해서 그것을 질병으로 볼 필요가 없는 것은 아니기에 그의 논증은 잘못되었다. 그러나 그의 착상에는 유머가 있다. 이 유머의 핵심은 이미 치프리안이 공부한 라일의 연구서 〈심리치료법을 정신착란증에 응용하는 것에 대한 랩소디〉(1803)에 나오는 어떤 광인에게서 유래한 것이다. “어떤 바보에게 단순히 설득과 충고를 통해 그가 미쳤다는 것을 믿게 할 수 있다”는 생각은 바보 같은 짓이라는 것이다(Reil 1803, 316쪽).

세라피온의 두 번째 논증은, 앞의 논증과는 반대로 자신이 극히 정상인 경우라면, “나에게 이를 설득하면서 내가 M 출신의 P** 백작이라는 고정관념으로 나를 몰고 가려는 것은 어리석은 짓”(Hoffmann 2001, 30쪽)이라는 것이다. 타당한 여러 반박에도 불구하고 인간의 수명이 보통은 제한되어 있다고 하지만 실은 “개개의 인간의”(Hoffmann 2001, 31쪽) 수명을 알아야만 제대로 맞는 판단을 내릴 수 있다는 상대주의로 그는 논쟁에서 이긴다. 현대 학문의 이론으로 보자면 세라피온의 주장은 하나의 가정은 단 한 경우라도 이를 반박하는 가정이 나타날 때까지만 유효하다는 철저한 ‘오류가능주의Fallibilismus’를 따르고 있다. 이미 수 세기를 살아가고 있는 세라피온의 삶은 통용되는 기대수명에 대한 가정에 반대되는 단 한 가지 예라고 할 수 있다.

치프리안은 이러한 체계적인 예리함을 당해낼 수가 없었다. 그는 감히 "다시 심리학 의사 행세를" 하려 들지 않았다(Hoffmann 2001, 35쪽). 말하자면 경험을 통해 광기를 반박하려는 모든 시도는 세라피온의 근본적인 철학적 인식비판을 통해 거부당한 셈이다. 예를 들어 그는 B**로 함께 가지 않겠다고 말한다. 이 도시는 치프리안에게만 독일 도시로 보이지, 실은 알렉산드리아라는 것이다. 치프리안은 항복을 선언하고 은자를 작지만 정말로 목가적으로 묘사된 그의 세계에 머물게 한다. 3년 후 치프리안은 은자를 다시 방문하지만 그는 막 평화롭게 죽은 모습으로 발견된다. 그는 이 사례를 통해, (티크의 소설에 나오는) 발더의 이야기를 통해 로벨이 그랬던 것처럼, 전체적으로 깊이 숙고하게 되었고, 계몽주의자들이 바라듯 이성과 광기가 실제로 정확히 구분될 수 있는지에 대해 생각해보기 시작했다. 그러나 모든 인간학자들처럼 치프리안은 "자연은 다름 아닌 비정상적인 사람을 통해 자신의 가장 무서운 심연을 드러낸다"고 확신하게 된다(Hoffmann 2001, 37쪽).

질문과 쟁점

- 이 장 초두의 들라크루아의 그림을 한 번 더 감상해 보자. 이 그림에서 계몽주의를 찬성하는 입장과 낭만주의를 찬성하는 입장은 각각 어떻게 묘사되어 있는가?
- 티크의 소설 『윌리엄 로벨 씨 이야기』에 등장하는 발더는 어느 사례 이야기를 가지고 광기에 대해 그릇된 판단을 내리고 있는 친구의 생각을 돌이키려고 시도한다. 그가 끌어온 논증은 어떤 것들인가?
- E. T. A. 호프만이 말하는 "세라피온의 원칙"이 무엇인지 설명해 보자. 이 원칙을 티크나 클링에만의 작품에도 적용할 수 있을까?
- 은둔자 세라피온이 펼치고 있는 논리에 대해 서술해 보자. 그가 항상 옳은 것처럼 보이는 이유는 무엇인가?
- 클링에만의 『야경』 제9장에서 순회하면서 묘사된 스무 가지의 정신병 사례들의 특징을 몇 개의 핵심어를 가지고 각각 설명해 보자.
- 클링에만의 소설에 등장하는 세계창조자라는 광인의 전능 환상은 지구본을 가지고 노는 장면에서 가장 분명하게 표현된다. 찰리 채플린은 이 모습을 히틀러를 캐리커처한 영화 〈위대한 독재자Der große Diktator〉(1940)에서 재현하고 있다. 광기를 평균적인 재능이 (천재적으로) 상승한 것으로 해석하는 '이해하는' 정신의학의 한계와 위험에 대해 토론해 보자.

추천문헌

- Bonaventura (Ernst August Friedrich Klingemann): Nachtwachen. Im Anhang: Des Teufels Taschenbuch, hg. v. Wolfgang Paulsen, Stuttgart 2003 (RUB 8926).
- E. T. A. Hoffmann: Die Serapionsbrüder (= Sämtliche Werke in sechs Bänden, Bd. 4), hg. v. Wulf Segebrecht, Frankfurt a. M. 2001, 23-39쪽, 1257-1267쪽.
- Ludwig Tieck: William Lovell. Roman, hg. v. Walter Münz, Stuttgart 1999 (RUB

8328).

- Michel Foucault: Wahnsinn und Gesellschaft. Eine Geschichte des Wahns im Zeitalter der Vernunft, Frankfurt a. M. 1995.

☞ 기득권을 가진 정신의학사에 의해 침묵하도록 판결받은 광기에 대한 푸코의 비판적 서술. 1961년에 나온 푸코의 침묵의 고고학은 이성과 비이성의 분열 이전 시기로 소급해가면서 광기의 진정한 언어를 찾는다.

- Wolfgang Lange: Der kalkulierte Wahnsinn. Innenansichten ästhetischer Moderne, Frankfurt a. M. 1992, 43-73쪽.

☞ 들라크루아의 타소 그림에 대한 상세한 해석과 광기에 대한 유용하고 담론 분석적인 서술.

- Lothar Pikulik: Die Erzählung vom Einsiedler Serapion und das Serapion(t)ische Prinzip – E. T. A. Hoffmanns poetologische Reflexionen, in: Interpretationen: E. T. A. Hoffmann. Romane und Erzählungen, Stuttgart 2004 (RUB 17526), 135-156쪽.

☞ 호프만의 시학은 내면의 관조에서 예술 창작으로 이어진다. 그 결과로 만들어진 생동감과 암시가 풍부한 형식은 좀처럼 빠져나올 수 없는 강렬함을 만들어 낸다.

- Roy Porter: Wahnsinn. Eine kleine Kulturgeschichte, Frankfurt a. M. 2007.

☞ 최고의 의학사학자가 쓴 입문서로 초보자에게 가장 적합한 책이다. 특히 광기를 악마 혹은 신에 의한 것으로 이해하다가 정신질환을 합리적으로, 결국에는 과학적으로 다루기까지의 역사를 기술하고 있다.

- Georg Reuchlein: Bürgerliche Gesellschaft, Psychiatrie und Literatur. Zur Entwicklung der Wahnsinnsthematik in der deutschen Literatur des späten 18. und frühen 19. Jahrhunderts, München 1986, 239-243쪽, 256-262쪽, 305-311쪽.

☞ 티크의 발더, 호프만의 세라피온 그리고 클링에만의 야경꾼에 대한 세 개의 짧은 글은 계몽주의에서 낭만주의로 넘어가면서 정신질환에 대해 점점 더 이해하는 시각을 갖게 되었다는 이 책의 주장을 확증하고 있다. 광기는 심지어 예술과 인식의 원천으로 여겨지게 된다.

- Monika Schmitz-Emans: Einführung in die Literatur der Romantik, Darmstadt 2004, 106-115쪽.

☞ 클링에만의 소설 『야경』에 나타나는 계몽주의와 낭만주의 간의 갈등을 뚜렷이 보여주는 글. 세계를 풍자하는 거울로서 특히 연극(정체성의 위장), 정신병원(정지된 이성), 공동묘지(일반적인 소멸)에 주목한다.

제14장

사실주의: 인간학의 결론

제14장

사실주의: 인간학의 결론

〈그림 37〉 영화 〈보이첵〉(1979)에서 클라우스 킨스키

1978년 베르너 헤어초크Werner Herzog, 1942~는 게오르그 뷔히너Georg Büchner, 1813-1837의 드라마 『보이첵Woyzeck』(1836/37)을 영화로 제작한다. 배우 클라우스 킨스키Klaus Kinski, 1926~1991가 평범한 군인 프란츠 보이첵Franz Woyzeck 역을 맡았다. 특유의 고통스러운 표정을 지으며 킨스키가 연기하는 보이첵은 특히 현대 과학의 대상물로서 온갖 일을 겪는다. 보이첵은 더 저렴한 군식량을 마련하려는 목적으로 행해진 군의관의 실험에 자원하여 매일 단돈 2그로셴(약 5유로)을 받으며 실험대상이 된다. 구체적으로 말하자면, 육식을 전혀 하지 않고 완두콩만 먹었을 때 인체에 어떤 작용이 일어나게 되는지 군의관은 실험하고 싶어 했다. 체계적인 관찰과 측정이라는 분석적인 방법으로 그는 보이첵의 소변과 맥박, 눈을 검사한다. "보이첵이라는 놈은 흥미로운 케이스야. 특별수당 줄게. 말 잘 들어. 맥박을 보여주라고!"(Büchner 1999, 23쪽).

문학적 인간학은 육체와 정신의 통일체이자 여러 민족과 문화 사이에서 다양하게 변이되는 존재인 '전인'과 함께 삶의 현실과 경험의 극대치에 가장 크게 주목한다. 말하자면, 인간의 본성에 대한 정확한 관찰과 내밀한 지식을 토대로 한 구체성과 현장감, 심리학과의 일치성과 개연성, 사변이 아닌 사실지향성, 중립적이고 다각적인 산문형식의 서술 방식, 현실과 밀착된 연극의 언어 및 신체언어, 사회 각계각층에 속한 인물들 그리고 사회성이 결여된 인물들을 배제하지 않는 것 등이 주된 관심 영역이다. 앞의 장들에서는 이와 같은 기준들에 대해 다루었고, 이제 이 요소들은 19세기 작가인 게오르그 뷔히너의 작품에서 다시 한번 재현된다. 예를 들어, 미완성 드라마인 『보이첵』에서는 실제 일어난 범죄 사건을 토대로 어느 아웃사이더의 살인 행위가 재구성된다. 또한 단편소설 『렌츠Lenz』(1839)에 나오는 '예술에 관한 대화' 장면에서는 반관념론적인 미학을 다루고 있다. 이 작품에서 전개된 사실주의적 글쓰기의 원칙들을 본서의 이 마지막 장에서는 문학적 인간학의 하나의 가능한 결론으로 소개하고자 한다. 물론 이 결론은 18세기와 19세기 초를 지나 지금까지도 여전히 유효하다.

14.1 생리현상이기에 어쩔 수 없다: 뷔히너의 『보이첵』

보이첵은 대체 어떤 사람인가? 그를 실험대상으로 삼은 군의관의 말대로 "보통 수준의 이성은 있지만 고정관념fixe Idee"으로 고통받는 사람인가? 아니면 "미친"(Büchner 1999, 23, 20쪽) 광인인가? 아니면 정상의 책임능력이 있는 사람인가? 늦어도 1978년 베르너 헤어초크의 영화가 나온 후부터는 의학에 문외한인 사람조차도 작품 속의 보이첵이라는 인물에게 적어도 감형의 여지를 주려는 경향을 갖게 되었다. 보이첵 역을 맡은 클라우스 킨스키는 영화 속에서 미쳐 날뛰는 맥박과 씩씩거리는 호흡, 그리고 끔찍하게 찡그린 표정으로 너무나도 거칠고 산만하게 이리저리 날뛴다. 내면의 목소리와 환영에 내몰려 횡설수설하면서 군대로 내몰리고 인간을 경멸하는 의학실험에 무력하게 내몰리다 마침내 저속으로 촬영된 영상속에서 거의 끝나지 않을 치명적인 칼부림 장면에 이르게 된다.

뷔히너의 이 문학적 심리기록Psychogramm은 적어도 세 가지 실제 범죄 사건에서 소재를 취하고 있다. 그중에서 제목이기도 한 중심이 되는 소재는 1821년 6월 2일 라이프치히에서 발생한 사건으로, 요한 크리스티안 보이첵Johann Christian Woyzeck, 1780-1824이 자신의 연인인 요한나 크리스티아네 보스트Johanna Christiane Woost를 죽인 살인사건이다. 재판이 3년 이상이나 걸린 이 범죄는 역사-비판본 뷔히너 전집Historisch-kritische Büchner-Ausgabe에 거의 완벽하게 기록되어 있다. 특히 당대 권위 있는 법의학자였던 요한 크리스티안 아우구스트 클라루스Johann Christian August Clarus, 1774-1854의 주판결문이 결정적으로 중요했다. 그는 백 페이지가량 되는 〈국가의학의 원칙에 따라 자료에 근거하여 입증된 살인범 보이첵의 책임능력Die Zurechnungsfähigkeit des Mörders Woyzeck nach Grundsätzen der Staatsarzneikunde aktenmäßig erwiesen〉(1825)에 관한 (두 번째) 감정 결과에서 왜 자신이 이 범죄자를 분명코 책임 능력이 있으며, 따라서 처벌받아 마땅하다고 여기는지 그 근거를 제시하고 있다. 1823년 2월 23일 판결문에 서명할 때 그는 자신의 서명이 사형판결을 의미함을 알고 있었다. 재확인 겸 혼자 부담을 지지 않기 위해 그는 라이프치히 대학 의학부의 동료 교수들에게 보완적인 추가적 입장 표명을 요청했고, 이들의 입장 표명 자료는 비교적 최근에서야 출간되었다(Steinberg/Schmideler 2006 참조).

오랫동안 분실된 것으로 간주 되었던 이 감정서에 서명한 의사들은 동료 클라루스의 전문가적 능력을 충실하게 확인해주었고, 이런 식으로 사형판결에 대한 책임을 서로 분담했다. 보이첵의 "불안정하고 사나우며 생각 없이 빈둥거리는 삶"을 의학적이기보다는 도덕적으로 비난하였고 그의 "도덕적 미개함을 한 단계 더 낮춘" 클라루스의 엄숙주의에 대해 여기에 소집된 의사들 가운데 그 누구도 의구심을 품지 않았다. 결국 이 범죄자가 "살인을 저지르기 바로 **직전**, 그리고 저지르던 **순간**과 그 **이후**에 정신이상 상태"였을 가능성은 무조건 배제된 것이다(Büchner 2000–, 제7.2권, 260, 295쪽).

반대로 개혁적인 범죄심리학자들은 클라루스의 보수적인 질병 이해를 비판하면서 이 사건을 아주 다르게 해석했다. 법의학자인 요한 크리스티안 아우구스트 그로만Johann Christian August Grohmann, 1769-1847은 예를 들면, 기록된 대로 클라루스가 단지 생리학적으로 혈액순환의 이상이라고 설명한 환각 현상을 "본격적인 광기가 시작되는 지점"으로서 범죄의 전조로 여겼다(Büchner 2000–, 제7.2권, 395쪽). 어쩌면 뷔히너의 작품은 기록된 증후들을 다시 관찰하고 책임능력의 부재 가능성을 다시 논의의 장으로 불러오는 보완의 성격을 띤 문학적 변론으로 읽을 수 있을 것이다. 그러나 의료감정서와 다르게 뷔히너는 어떤 판결도 내리지 않았으며, 법의학자들처럼 기록하려는 노력도 하지 않았다. 계몽주의 시대의 인간학자인 이야기꾼들처럼(→4) 그는 원천자료를 토대로 독자들을 재판정으로 소환하기 위해 하나의 예술작품을 창작했다. 방청객들은 라이프치히 대학의 의학부가 권위에 대한 신뢰와 동료로서의 연대감에서 그랬던 것처럼 단 하나의 '감정서'가 갖는 권위의 명령에 굴복하는 대신, 제시된 상황과 사실들을 가지고 직접 판결해야 하는 것이다.

본서에서는 1836년 6월과 1837년 1월 사이에 생성된 뷔히너의 미완성 드라마 『보이첵』을 복잡한 판본사와 전승사를 참조해가며 다룰 수는 없다(Büchner 1999, 필사본의 재구성 및 후기 참조). 우리의 유일한 질문은 『보이첵』이라는 작품으로, 다음과 같이 '전인'이라는 인간학적 구상 및 이에 대한 계몽주의 시대의 드라마적 형상화가 이 드라마를 통해 어느 정도로 도전받고 있는가 하는 문제이다.

1. 인물: 『보이첵』 이전에는 이처럼 권리를 박탈당하고, 혹사와 착취와 굴욕을 당하고, 빈궁하며, 정신이나 심적으로 결핍된 인간이 드라마의 주인공이 된 적이 없었다. 이 작품에서 신분에 맞는 인물을 요구하는 고전주의적 요구는 무력해진다(D'APRILE/SIEBERS, 10.1).
2. 소재: 아웃사이더인 하층민 보이첵은 자신에게서 돌아선 연인으로 인해 절망에 빠져 그녀를 칼로 찔러 죽인다. 지금껏 그는 박봉으로 그녀와 그녀와의 사이에서 낳은 아이의 생계를 책임졌다. 이를 두고 이 드라마를 질투극으로 규정하는 것은 너무 관습적인 범주화이다. 오히려 작품의 주제는 감정에 휩싸여 저지른 살인이라는 범죄이며, 이 감정은 사회적으로 짓눌리고 궁지에 내몰린 상황에서 유발된 감정이다. 실제 사건과 마찬가지로 작품에서도 범죄자의 심리적 책임능력의 문제가 중심이 되고 있다(→4.2).
3. (신체)언어: 뷔히너는 비극의 고상한 언어를 사용하지 않는다. 인물들은 단순하고 서민적이며 방언으로 말한다. 쫓기는 듯 다급하고 단편적인 언어와 동작의 흐름으로 인해 구조화된 줄거리가 스냅사진처럼 분절되는 것 역시 이제껏 그 예가 없는 점이다. 보이첵은 쉴 새 없이 무대 위를 뛰어다니며 어두운 힘(프리메이슨 단원)에 추격당하고 질투와 양심의 가책, 환각으로 고통당하며, 생계수단이 매우 열악한(군인, 쪼개진 막대기 수집, 이발 보조원, 의학실험의 피실험자) 상황에 내몰려 있다.
4. 인간의 위치: 인간이 계몽과 교육을 통해 좀 더 고차원적인 동물의 상태를 넘어 신을 닮아가는 방향으로 상승한다는 '창조의 사다리'의 숭고한 이념은(→7) 작품에서는 급진적으로 역전된다. 대

목장 장면에서 "문명의 진보"는 씁쓸한 패러디가 된다. "천문학에 정통한 말(馬)"은 그의 "동물적인 이성"을 드러내 보이며, 자신을 심지어 "사람"으로, 그러니까 희화화해서 표현한 자기만의 "동물형상학Viehsionomik"(→9)을 가진 "동물적인 인간"으로 입증한다. 반대로 보이첵은 인간의 존엄성을 가진 존재가 아닌 군대조직과 과학실험의 톱니바퀴 장치의 일부인 신체기계로 다루어진다.

계몽주의 인간학의 원칙에 대해 그 개념의 무게를 시험해보려고 하는 이 작품의 아이디어는 특히 의사와의 장면에서 입체적으로 묘사되고 있다. 전인성과 심신상관성을 지향한 18세기의 '철학 의사들'과 비교했을 때 이 의사는 실험적이고 도구적인 근대과학이라는 방향을 지향하고 있음이 분명하다. 이 장면을 부분적으로는 학자 패러디로 볼 수 있다는 주장은 합리적이기도 하고 어느 정도는 역사적 토대를 가지고 있기도 하다. 심지어 의사가 "재채기를 관찰하기 위해" 자신의 코를 햇빛속으로 내밀고 있는 실험이라든가 "섬모충류의 왼쪽 어금니"를 현미경으로 관찰하는 것과 같은 코믹한 세부 장면조차(Büchner 1999, 22쪽, 72쪽) 당대의 과학사적 논쟁에 기반을 두고 있는 것이다. 무엇보다도 보이첵을 대상으로 한 영양생리학 실험은 기센 출신 의학도인 뷔히너도 아는 사람이었으리라 추측되는 기센 출신의 화학자 유스투스 리비히Justus Liebig, 1803-1873를 토대로 한 것이다. 리비히는 군대에서 배급된 음식과 관련해 군인들의 배설물의 무게와 성분을 조사했다. 그와 동시대인인 프랑스의 화학자 줄리아 드 퐁트넬Jean-Sébastien-Eugène Julia de Fontenelle, 1780-1842과 프랑스의 의사 앙리 밀른 에드워즈Henri Milne-Edwards, 1800-1885는 뼈의 젤라틴의 영양적 가치를 두고 완두콩과 결합해서 조사하는 실험을 한 바 있다(Roth 2006 참조).

『보이첵』에 나오는 의사는 아마도 이와 같은 논쟁의 맥락에서 "과학에서의 혁명"에 기여할 수 있기를 희망한 것 같다. 이를 위해 그는 자신의 피실험자의 소변에서 "요소"와 "암모늄"(Büchner 1999, 21쪽)의 농도를 열심히 조사한다. 하지만 그날 피실험자는 검사용 소변을 제출할 수가 없었는데, 오는 길에 이미 "길거리에서 개처럼 벽에다 대고 오줌을 누었기" 때문이다. 소변을 참는 절제력을 잃어버린 것에 대한 보이첵의 변명은 "생리현상이기에 어쩔 수 없다wenn einem die Natur kommt"(Büchner 1999, 21쪽)는 것이다. 의사는 이러한 변명에 대해 인간이 그야말로 자유로운 존재라는 점에서 동물과 구분된다면 자신의 괄약근을 의지적으로 조절할 수 있다고 한마디로 일축해버린다. 이 짧은 대화는 단적으로 서로 상반되는 인간상에 대해 논쟁하는 장면으로 읽을 수 있다. 계몽주의의 '철학 의사'들은 실러의 박사논문 제목과 같이 '인간의 동물적 본성과 정신적 본성'의 관계를 강조했다. 임마누엘 칸트는 이와 반대로 『실용적 관점에서 본 인간학』에서 "자유롭게 행동하는 존재인 인간은 스스로를 무엇으로 만드는가"를 묻지 않고 거꾸로 단지 "생리적 본능은 인간을 무엇으로 만드는가"만을 탐구하는 이러한 "생리학적인 인간학"을 거부한다(Kant 1983, 6권, 399쪽).

『보이첵』에서 의사가 자유와 정신의 자율을 강조하는 칸트의 이상주의적 입장을 강조하고 있다는 것은 그리 쉽게 간과할 문제가 아니다. 어떤 행동을 하기 위한 자유의지와 의도는 형법상으로도 범죄자의 형량에 결정적인 기준이 되기 때문이다(→4, 12.3). 작품에서 보이첵은 신체에 대한, 즉 제어 불가한 (물리적, 심리적) 힘에 대한 의존성을 주장하면서 형벌을 면할 수 있는 논증을 펼치고 있다. 이러한 논증은 바로 실제 인물인 보이첵의 책임능력 문제를 둘러싼 논쟁에서 그로만과 같은 개혁적인 법학자들이 내세운 것이었다. 예를 들어 법의학자인 아돌프 헨케Adolph Henke, 1775-1843는 이 견해를 다음과 같이 서술하였다.

> 그로만은 "인간의 심리적 힘을 본능의 힘으로 간주한다. 그것은 물리적 힘과 마찬가지로 변질될 수 있는 힘이다. 그에게 자유의지인 도덕적 힘은 사실상 하나의 추상에 불과한 것이다. [...] 간단히 말해, 그는 심리적 힘을 본능의 힘과 전적으로 똑같은 것으로 상정하면서 본능이 위력을 발하는 곳에서 이성은 물러날 수밖에 없으며, 그렇기 때문에 인간 안에 있는 동물을 꾸짖거나 파괴된 것을 벌하는 것은 부당하다고 주장한다."(Henke 1825, Büchner 2000–, 7.2권, 383쪽)

뷔히너가 동물적인 인간의 본능을 옹호했다는 것에는 의심의 여지가 없다. 독문학자 칼 비에토르Karl Viëtor, 1892-1951는 정신의학자 클라루스가 역사적 인물인 보이첵의 "도덕적 타락"에 대해 내린 유죄판결을(Büchner 2000–, 7.2권, 260쪽) 심지어는 뷔히너의 작품이 생성된 계기로 보았으며 뷔히너의 "재판관들에 대한 재판"이라고 말했다(Viëtor 1949, 199쪽). 여기에서 의사 뷔히너에게 중요했던 것은 보이첵의 책임능력에 대한 법의학적 재검토 내지는 1834년 3월에 쓴 편지에서 던진 "우리 안의 무엇이 속이고, 살해하고, 도둑질하는가"(Büchner 1988, 288쪽)라는 질문에 대한 인간학적 관심이었다. 그러나 그것이 전부는 아니었다. 그에게 그 무엇보다도 중요했던 것은 현실을 살아가는 살아가는 인간의 미학이었다.

14.2 가장 보잘것없는 자의 삶: 뷔히너의 반(反)관념론적 미학

비천하고 일상적이고 추한 것을 포함하여 삶의 모든 세세한 것에 던진 뷔히너의 날카로운 시선은 미완성 드라마 『보이첵』에서 더욱 더 선명해진다. 독문학자 발터 힌더러Walter Hinderer, 1934- 는 이를 "생리학적 사실주의physiologischer Realismus"라고 표현했다. 이는 세계를 그 모순과 함께 묘사하고 현실을 왜곡하지 않는 "사실주의 미학"과 일치한다(Hinderer 1992, 31, 27쪽). 이러한 원칙이 뷔히너의 완결된 예술론으로까지 나아가지는 않았지만, 드라마 『당통의 죽음Dantons Tod』(1835, 2막 3장)과 소설 『렌츠』에서 허구적 인물들의 입을 빌어 남긴 몇몇 중요한 발언에서 나타난다. 세 번째 자료는 1835년 7월 28일 가족에게 보낸 편지인데, 이 편지에서 작가는 "역사 서술가Geschichtschreiber"로 규정된다. 즉, "관념적인 작가Idealdichter"와는 반대로, 작가는 도덕의 잣대를 대지 않으며, 지나간 시대를 살려내고, 세계를 "있어야 하는 대로"가 아닌, "있는 그대로" 보여주면서 "살과 피가 흐르는 존재로 인간"을 묘사하고, "[...], 그 인간의 고통과 기쁨을 함께 느끼게 만들고, 인간의 행동과 행위에 혐오감 혹은 경탄의 마음을 갖게 해주는 자이다."(Büchner 1988, 305쪽 이하)

사실주의로 단단히 무장한 예술을 옹호하는 뷔히너의 입장은 특히 소설 『렌츠』의 소위 '예술독백 장면'에서 나타난다. 이 소설의 대상은 슈투름운트드랑의 작가 야콥 미하엘 라인홀트 렌츠Jakob Michael Reinhold Lenz, 1751-1792로, 그는 때때로 거칠게 표현되는 현실감각을 특징으로 하는 작가이다. 예를 들어 한 편지에서 그는 자신을 "민중의 악취 나는 숨결stinkender Atem des Volks"(Lenz 1987, 제3권, 333쪽)이라고 불렀다. 그의 희곡 『가정교사 혹은 사교육의 장점Der Hofmeister oder Vorteile der Privaterziehung』(1774)은 인물묘사와 서민적인 언어로 심미적인 모든 관습을 가차 없이 파헤친다. 주인공인 가정교사는 자신의 여학생을 유혹한 후 스스로를 거세함으로써 자신에게 직접 벌을 준다(5막 3장). 에곤 귄터Egon Günther가 만든 영화 〈렌츠〉(1992)는 슈투름운트드랑이라는 거친 시기로 안내해주는 볼만한 영화이다. 유복한 시민계급의 아들인 괴테와 극명한 대조를 이루는 렌츠의 삶은 그 시대만큼이나 대담한 농담들로 가득하다(Höpfner 1995 참조). 특히 뷔히너가 열광한 주제는 역사적 인물인 렌츠의 광기(Reuchlein 1986, 373-403쪽 참조)인데, 귄터의 영화 역시 이를 감동적으로 그려냈다. 뷔히너가 사용한 주요 출처 자료는 요한 프리드리히 오벌린Johann Friedrich Oberlin, 1740-1826 목사의 기록(Büchner 1984, 35-50쪽 참조)이다. 그는 1778년도에 정신병에 걸린 작가 렌츠를 자신의 집에 유숙시키면서 돌보았다.

소설에서는 앞서 언급한 예술에 대한 렌츠의 독백 장면이 삽입되어 있다. 이 독백은 허구적인 것이지만 작가 렌츠의 실제 견해와 완전히 일치하는 것이라고 한다. 뷔히너의 렌츠는 "자연이 가장 현실적으로 나에게[뷔히너에게] 준 가장 사랑스러운" 예술가이다. 그는 현실을 미화하는 모든 예술에는 등을 돌리고 "가장 일상적인 인간"을 묘사할 것을 요구한다. "그 누구도 어떤 사람을 너무 하찮거나 너무 추하다고 여겨서는 안 됩니다. 그런 후에야 우리는 인간을 이해할 수 있습니다."(Büchner 1984, 14쪽 이하) 소설에서 사실주의 강령은 다음과 같이 관념론과 반대되는 특징을 갖는다.

이 관념론은 인간의 본성을 가장 치욕적으로 경멸하는 것입니다. 한번 해 보세요. 가장 하찮은 존재의 삶으로 내려가 그것을 재현해 보세요. 경련 속에서, 암시 속에서, 거의 알아챌 수 없는 온갖 미세한 표정 속에서. 이와 같은 시도를 한 작품이 바로 『가정교사』와 『군인들』이라고 할 수 있습니다. (Büchner 1984, 14쪽)

이미 계몽주의 작가들이 산문과 드라마, 연극에서 내면 심리를 표현하려고 애쓴 것처럼(→5, 10, 11) 뷔히너의 렌츠는 최고의 생동감을 추구하고, **외면** 대신 **내면** 상태의 가장 섬세하고 가장 하찮아 보이는 모습과 제스처까지도 묘사하는 것에 찬성한다. 한 마디로 단순한 "나무인형" 대신 "감정"과 "삶"을 묘사해야 한다는 것이다. 그렇게 해야만 작가는 "외부로부터 어떤 것을 본 떠오지 않고 자기 안에 있는 형상들을 밖으로 나오게"(Büchner 1984, 14쪽 이하) 할 수 있다는 것이다. 이미 실제 작가 렌츠는 "모든 사물의 가장 내밀한 것을 통찰하는" 이러한 시선을 추구했으며, "세계를 아는 지식을 [...] 가장 하찮은 존재의 이해력과 지각 능력을 아는 지식에까지" 확장시키고자 했다(Lenz 1987, 제3권, 370쪽).

이러한 논쟁이 오랜 전통을 갖는 세 가지 문체론genera dicendi과 연관이 있다는 사실은 너무도 분명하다. 특히 16, 17세기의 시학과 수사학은 비극의 고상한 언어, 즉 숭고체sermo sublimis와 천박하고 코믹한 오락적인 언어sermo humilis를 엄격하게 구분하였으며, 후자의 경우 이에 상응하는 대상과 장르genus humile에 사용되었다. 숭고체와 천박한 문체 사이에는 중간체genus mediocre가 있다(Keller, 5.1). 그러나 문예학자 에리히 아우어바흐Erich Auerbach는 그가 쓴 입문서인 『미

메시스. 서양문학에 묘사된 현실Mimesis. Dargestellte Wirklichkeit in der abendländischen Literatur』(1946)에서 이미 호머의 『오디세이』와 구약성서 이후 진지한 주제들은 언제나 천박한 장르와 결합되었으며, 따라서 사실주의적 글쓰기는 문학의 역사만큼이나 오래된 것임을 보여주었다. 그가 이해하는 사실주의는 문체를 혼합하고 각각의 시대적 상황과 생활세계에 개입해야 미화되지 않은 현실묘사가 가능하다는 명제를 토대로 하고 있다.

바로 이 점은 뷔히너에게도 그대로 해당된다. 작품에서 그는 일상적인 것, 민중, 역사적 현실의 영역과 언어를 중요한 삶의 문제들과, 예컨대 『보이첵』에서의 연민과 정의, 『렌츠』에서의 예술과 질병, 『당통의 죽음』과 『레옹세와 레나Leonce und Lena』(1836)에서의 개인과 정치적 실존과 결합시킨다. 뷔히너의 렌츠는 비천하고 평범한 것을 존중하는 뷔히너의 미학적 옹호를 미술사를 잠시 논하면서 보충하고 있는데, 아우어바흐 역시 미술사를 논의에 포함시켰다. 대부분 중간체로 보완되는 고상한 문체와 천박한 문체의 위치는 고유한 회화의 전통과 일치한다. 즉, 바로크 시대 홀란드의 장르화는 유기체의 허무함도 거칠게 재현하곤 했던 시골 풍경과 정물화를 선호한 반면, 르네상스 시대 이탈리아 화파는 성인들과 성서적 주제를 이상화시키고 고상하게 묘사하는 것을 전문으로 했다. 독일 미술은 그 중간에 위치한다. 뷔히너의 렌츠는 우리에게 "본성을 가장 현실적으로" 보여주는 화가들을 선호하면서 "나는 홀란드 화가가 이탈리아 화가보다 더 좋아요. 그들은 이해할 수 있는 유일한 화가들이기도 합니다"(Büchner 1984, 15쪽)라고 설명한다.

뷔히너가 본성에 충실한 사실주의의 가치를 높이고 관념적인 문체적 분리와 현실 미화를 단호하게 거부하고 있다는 점에는 의심의 여지가 없다. 그러나 중요한 것은 독문학자 쉥스Hans-Jürgen Schings가 강조했듯이, 이러한 "사실주의 계명"은 "인간애와 연민을 가지라는 계명"과 가장 밀접하게 연결되어 있다는 점이다. "본능에 충실한 보이첵은 시민계급의 사라 샘슨을 대신하는 인물이다."(Schings 1980a, 79, 83쪽) 뷔히너와 레싱은 연극을 통해 인간학을 가르치면서 관객에게 인간의 내적 본능을 들여다볼 수 있도록 허용하고 이에 관심을 갖도록 했다. 물론 뷔히너의 경우는 인간이 처한 상황을 이해하기 위해 고통받는 개개인과 그 어떤 동일시도 하지 않는다는 점이 다른 점이다. 예술독백 장면에서 했던 렌츠의 호소는 바로 이 방향을 가리키고 있다.

> 우리가 개개의 인간의 본래적인 본질 속으로 들어가기 위해서는 인간들을 사랑해야 합니다. 그 누구도 어떤 사람을 너무 하찮거나 너무 추하다고 여겨서는 안 됩니다. 그런 후에야 우리는 인간을 이해할 수 있습니다. (Büchner 1984, 15)

이러한 생각은 사실상 지금까지 이 책에서 다룬 모든 작가와 문학작품에 해당하는 것이다. 개별 사건을 보는 정확하고 비감상적인 시선과 대부분 재밌어하고 때로는 구경거리를 갈망하는 시선은 모든 인간이 똑같이 갖고 있다. 그 사건이 늑대 아이들과 야생의 존재에 대한 것이든, 범죄자와 병자 혹은 광인에 관한 것이든 혹은 아이들이나 여자들이나 몽상가에 관한 것이든 언제나 인간 본성을 알고 싶어 하는 호기심이 선행된다. 이런 의미에서 문학적 인간학은 타인과 자기 자신에 대해 더 많이 **아는 일**에 초점을 맞춘다. 그러다 보니 아주 자연스럽게 현실에 몰두하는 태도를 낳는다. 즉, 문예사조와는 완전히 무관한, 삶에 임하는 기본 자세로서의 사실주의는 문학적 인간학의 속성이다. 뷔히너라는 예는 예술의 이상을 추구한 고전주의를 제외하고는 이러한 구상이 계몽주의부터 19세기를 넘어서까지 지속되고 있음을 보여준다. 인간학에 대한, 특히 인간의 병리적인 어두운 면에 대한 관심이 19세기 시민적 사실주의에서는 그다지 중요하게 다루어지지 않은 반면, 1900년경에는, 특히 쇼펜하우어의 의지의 형이상학, 니체의 생철학Lebensphilosophie 그리고 프로이트의 정신분석학의 이름으로 분명한 르네상스를 맞이하게 된다.

볼프강 리델Wolfgang Riedel, 1952-은 그의 저서 『호모 나투라. 1900년경의 문학적 인간학Homo natura. Literarische Anthropologie um 1900』(1996)에서 문학적 인간학의 패러다임 전환에 대해 말한다. 1900년경, 육체와 성은 인간에 대한 관심의 새로운 발화점이 된다. 실러가 말한 인간의 '동물적 본성'은 그 어느 때보다도 강하게 문학과 심리학, 생철학이 맞추어 놓은 공통의 초점 속으로 들어오게 된다. 이미 계몽주의에서 발견된 인간의 충동본능, 꿈과 환상 그리고 에로틱한 판타지의 엄습은 이제 여러 층으로 약간은 속물이 된 19세기 말의 예술에서 놀랍고도 선동적인 해방을 경험하게 된다. 이러한 인상은 이미 토마스 만의 초기 단편소설이나 리하르트 베어-호프만Richard Beer-Hofmann, 1866-1945이나 호프만스탈Hugo von Hofmannsthal, 1874-1929의 중단편 소설에 나오는 디오니소스적 판타지, 혹은 슈니츨러Arthur Schnitzler, 1862-1931나 베데킨트Frank Wedekind, 1864-1918의 드라마에서 일탈적인 양상들이 묘사되는 데서 확인된다. 한 마디로 인간에 관한 그 어떤 것도 낯설지 않은* 인간의 본성에 대한 뜨거운 관심에는 끝이 없다. 그러므로 언제나 현실과 연관되는 문학적 인간학은 게오르그 뷔히너로 끝나지 않는다. 오히려 문학적 인간학은 역사와 문화에 따라 그때그때 강도가 다르게 발현되는 인간의 호기심의 표현으로 이해할 수 있을 것이다.

---

* 테렌티우스의 작품에 나오는 다음의 유명한 구절에서 인용함. "나는 인간이기에 인간에 관한 그 어떤 것도 낯설지 않다. Homo sum, humani nil a me alienum puto."(Ich bin ein Mensch, nichts Menschliches, denk ich, ist mir fremd.) –역자주

질문과 쟁점

- 게오르그 뷔히너의 미완성 드라마인 『보이첵』의 내용과 형식상의 특징을 열거해 보자.
- 뷔히너는 어떤 동기에서 『보이첵』과 『렌츠』에 나오는 실제 사건들을 문학적으로 각색하였는가?
- 『보이첵』의 여덟 번째 장면인 '의사 장면'에서 인간학적인 원초적 상황이 어느 정도로까지 다루어지고 있는지 설명해 보자.
- 문학과 미술에서 고상한 내지는 숭고한 문체와 천박한 문체는 어떻게 구분되는가?
- 사실주의적인 예술관과 관념론적인 예술관을 나누는 기준들을 작성해 보자.
- 베르너 헤어초크의 영화 〈보이첵〉을 감상하고, 거기에서 나타나는 인간탐구의 또 다른 양상들을 규정해 보자.

추천문헌

- Georg Büchner: Lenz. Studienausgabe, hg. v. Hubert Gersch, Stuttgart 1984 (RUB 8210). 비평본: Georg Büchner: Sämtliche Werke und Schriften. Historisch-kritische Ausgabe mit Quellendokumentation und Kommentar (Marburger Ausgabe), Bd. 5, hg. v. Burghard Dedner und Hubert Gersch, Darmstadt 2001.

- Georg Büchner: Woyzeck. Studienausgabe, nach der Edition von Thomas Michael Mayer, hg. v. Burghard Dedner, Stuttgart 1999. (RUB 18007).
비평본: Georg Büchner: Sämtliche Werke und Schriften. Historisch-kritische Ausgabe mit Quellendokumentation und Kommentar (Marburger Ausgabe), Bd. 7.2, hg. v. Burghard Dedner u. a., Darmstadt 2005.

- Hugo Aust: Probleme des Realismus – gestern und heute, in: Der Deutschunterricht 59, 2007, Heft 6, 2-15쪽.

☞ 사실주의 관련 주제를 안내하는 동시에 사실주의 연구에 대해 (참고문헌에서도) 신중하게 조망한다.

- Alfons Glück: Woyzeck. Ein Mensch als Objekt, in: Interpretationen: Georg Büchner, Stuttgart 1990, 177–215쪽 (RUB 8415).

☞ 뷔히너의 『보이첵』에 나오는 인간실험의 절정인 착취, 억압, 소외라는 비극적 토대를 압축해서 서술하고, 뷔히너의 영향전략에 대해서도 논하고 있다.

- Georg Reuchlein: ... „als jage der Wahnsinn auf Rossen hinter ihm". Zur Geschichtlichkeit von Georg Büchners Modernität: Eine Archäologie der Darstellung seelischen Leidens im Lenz, in: Barbara Neymeyr(Hg.), Georg Büchner. Neue Wege der Forschung, Darmstadt 2013, 172–195쪽.

☞ 1996년에 나온 논문의 축약 논문인 이 논문은 뷔히너의 소설 『렌츠』를 내부시각을 사용했기 때문에 질병 보고서가 아닌 병든 영혼을 면밀히 해부한 작품으로 풀어내고 있다.

- Hans-Jürgen Schings: Der mitleidigste Mensch ist der beste Mensch. Poetik des Mitleids von Lessing bis Büchner, München 1980, 68–84쪽, 107–113쪽.

☞ 이 중요한 장은 관념론적인 자율 미학의 역사적 전환점을 지나 뜻밖에도 계몽주의의 '구'연민시학을 뷔히너의 '신'"사실주의 계명"과 연결시킨다. 그런 다음 이에 부합하는 철학적 맥락과 미술사적 맥락으로(괴테, 헤겔, 루이 세바스티앙 메르시에, 장 파울) 옮겨간다.

- Peter Schott/Thomas Bleicher: Woyzeck (Georg Büchner – Werner Herzog). Zwischen Film und Theater, in: Interpretationen: Literaturverfilmungen, hg. v. Anne Bohnenkamp, Stuttgart 2005 (RUB 17257), 93–101쪽.

☞ 베르너 헤어초크의 영화 〈보이첵〉에 대한 간결한 해석으로 영화분석 입문을 위한 예시로 적합하다.

부록

참고문헌

참고문헌

[Adler 1988] Hans Adler: Fundus Animae – der Grund der Seele. Zur Gnoseologie des Dunklen in der Aufklärung, in: Deutsche Vierteljahrsschrift für Literaturwissenschaft und Geistesgeschichte 62, 1988, 197–220쪽.

[Ajouri 2009] Philip Ajouri: Literatur um 1900, Berlin 2009.

[Almanach 1807] Almanach für Theater und Theaterfreunde auf das Jahr 1807, von August Wilhelm Iffland, Berlin 1807, Web–Adresse: http://miami.uni–muenster.de/servlets/DSOViewerServlet?DocID=2955&DvID=3022.

[ALR 1794] Allgemeines Landrecht für die preußischen Staaten von 1794, mit einer Einführung v. Hans Hattenauer, 3. Auflage Neuwied/Kriftel/Berlin 1996.

[Alt 2002] Peter André Alt: Der Schlaf der Vernunft. Literatur und Traum in der Kulturgeschichte der Neuzeit, München 2002.

[Aufklärung 1974] Was ist Aufklärung? Thesen und Definitionen, hg. v. Ehrhard Bahr, Stuttgart 1974.

[Baasner 2003] Rainer Baasner: Alexander Popes „An Essay on Man“ in deutschen Übersetzungen bis 1800, in: Das achtzehnte Jahrhundert 27.2, 2003, 189–214쪽.

[Barkhoff 1995] Jürgen Barkhoff: Magnetische Fiktionen. Literarisierung des Mesmerismus in der Romantik, Stuttgart/Weimar 1995.

[Beck 2008] Andreas Beck: Geselliges Erzählen in Rahmenzyklen. Goethe – Tieck – E. T. A. Hoffmann, Heidelberg 2008.

[Begemann 1987] Christian Begemann: Furcht und Angst im Prozeß der Aufklärung. Zu Literatur und Bewußtseinsgeschichte des 18. Jahrhunderts, Frankfurt a. M. 1987.

[Bennholdt–Thomsen/Guzzoni 1982] Anke Bennholdt–Thomsen /Alfredo Guzzoni: Der Irrenhausbesuch. Ein Topos in der Literatur um 1800, in: Aurora. Jahrbuch der Eichendorff–Gesellschaft 42, 1982, 82–110쪽.

[Bennholdt–Thomsen 1982] Anke Bennholdt–Thomsen: Die Tradierung einer unbewiesenen Behauptung in der Kleist–Forschung, in: Euphorion 76, 1982, 169–173쪽.

[Benthien 2002] Claudia Benthien: Historische Anthropologie: Neuere deutsche Literatur, in: dies./Hans Rudolf Velten(Hg.), Germanistik als Kulturwissenschaft. Eine Einführung in neue Theoriekonzepte, Reinbek bei Hamburg 2002, 56-82쪽.

[Berg 2006] Gunhild Berg: Erzählte Menschenkenntnis. Moralische Erzählungen und Verhaltensschriften der deutschsprachigen Spätaufklärung, Tübingen 2006.

[Blanckenburg 1965] Friedrich von Blanckenburg: Versuch über den Roman, hg. v. Eberhard Lämmert, Stuttgart 1965.

[Blanckenburg 1997] Friedrich von Blanckenburg: Über Romane, Nachdruck hg. v. Matthias Wehrhahn, Hannover 1997.

[Blumenthal 2005] P. J. Blumenthal: Kaspar Hausers Geschwister. Auf der Suche nach dem wilden Menschen, München/Zürich 2005.

[Bödeker 2006] Hans Erich Bödeker: Die „Natur des Menschen so viel möglich in mehreres Licht setzen“: Ethnologische Praxis bei Johann Reinhold und Georg Forster, in: Jörn Garber/Tanja van Hoorn(Hg.), Natur - Mensch - Kultur. Georg Forster im Wissenschaftsfeld seiner Zeit, Hannover 2006, 143-170쪽.

[Böhr 2003] Christoph Böhr: Philosophie für die Welt. Die Popularphilosophie der deutschen Spätaufklärung im Zeitalter Kants, Stuttgart-Bad Cannstatt 2003.

[Bonaventura 2003] Bonaventura (E. A. F. Klingemann): Nachtwachen. Im Anhang: Des Teufels Taschenbuch, hg. von Wolfgang Paulsen, Stuttgart 2003.

[Borchmeyer 1984] Dieter Borchmeyer: „. . . Dem Naturalism in der Kunst offen und ehrlich den Krieg zu erklären . . .“. Zu Goethes und Schillers Bühnenreform, in: Unser Commercium. Goethes und Schillers Literaturpolitik, hg. v. Wilfried Barner u. a., Stuttgart 1984, 351-370쪽.

[Büchner 1984] Georg Büchner: Lenz. Studienausgabe, hg. v. Hubert Gersch, Stuttgart 1984.

[Büchner 1988] Georg Büchner: Werke und Briefe, hg. von Karl Pörnbacher u. a. (= Münchner Ausgabe), München 1988.

[Büchner 1999] Georg Büchner: Woyzeck. Studienausgabe, nach der Edition von Thomas Michael Mayer, hg. v. Burghard Dedner, Stuttgart 1999.

[Büchner 2000ff.] Georg Büchner: Sämtliche Werke und Schriften. Historisch-kritische Ausgabe mit Quellendokumentation und Kommentar, hg. v. Burghard Dedner u. a. (= Marburger Ausgabe), Darmstadt 2000ff.

[Cantarutti 1990] Giulia Cantarutti: Moralistik und Aufklärung in Deutschland. Anhand der Rezeption Pascals und La Rochefoucaulds, in: dies./u. a.(Hg.), Germania - Romania, Frankfurt a. M. 1990, 223-252쪽.

[Cicero 1986] Marcus Tullius Cicero: De Oratore. Der Redner [lat./dt.], hg. v. Harald Merklin, 2. Auflage, Stuttgart 1986.

[Claudius 1984] Matthias Claudius: Sämtliche Werke, Darmstadt 1984.

[Dane 2002] Gesa Dane: Gotthold Ephraim Lessing, Emila Galotti (= Erläuterungen und Dokumente), Stuttgart 2002.

[Dane 2005] Gesa Dane: „Zeter und Mordio". Vergewaltigung in Literatur und Recht, Göttingen 2005.

[D'Aprile/Siebers 2008] Iwan-Michelangelo D'Aprile/Winfried Siebers: Das 18. Jahrhundert. Zeitalter der Aufklärung, Berlin 2008.

[Diderot 1984] Denis Diderot: Ästhetische Schriften, Bd. II, hg. v. Friedrich Bassenge, Westberlin 1984.

[van Dülmen 1992] Andrea van Dülmen(Hg.): Frauenleben im 18. Jahrhundert, München 1992.

[Dürbeck 1998] Gabriele Dürbeck: Einbildungskraft und Aufklärung. Perspektiven der Philosophie, Anthropologie und Ästhetik um 1750, Tübingen 1998.

[Eckermann 1975] Johann Peter Eckermann: Gespräche mit Goethe in den letzten Jahren seines Lebens, hg. v. H. H. Houben, Wiesbaden 1975.

[Engel 1780] Johann Jakob Engel: Ueber die musikalische Malerey, Berlin 1780.

[Engel 1785] Johann Jakob Engel: Ideen zu einer Mimik. Erster/Zweyter Theil. Mit erläuternden Kupfertafeln, Berlin 1785/1786, Nachdruck Darmstadt 1968.

[Engel 1964] Johann Jakob Engel: Über Handlung, Gespräch und Erzählung [1774], hg. v. Ernst Theodor Voss, Stuttgart 1964.

[Engel 2002] Briefe Johann Jakob Engels an Bertram, Friedrich Wilhelm II und III, Meißner und Merkel, hg. v. Alexander Košenina und Dirk Sangmeister, in: Zeitschrift für Germanistik N.F. 12, 2002, 112-122쪽.

[M. Engel 1993] Manfred Engel: Der Roman der Goethezeit, Bd. 1: Anfänge in Klassik und Frühromantik, Stuttgart/Weimar 1993.

[M. Engel 2003] Manfred Engel: The Enlightenment and the Dream. Towards a Comprehensive Bibliography, in: ders./Bernard Dieterle(Hg.), The Dream and the Enlightenment/Le rêve et les lumières, Paris 2003, 325-344쪽.

[Erhart 1999] Walter Erhart: Nach der Aufklärungsforschung?, in: Holger Dainat/ Wilhelm Voßkamp(Hg.), Aufklärungsforschung in Deutschland, Heidelberg 1999, 91-128쪽.

[Ewers 1980] Hans-Heino Ewers(Hg.): Kinder- und Jugendliteratur der Aufklärung. Eine Textsammlung, Stuttgart 1980.

[Fichte 1960] Johann Gottlieb Fichte: Grundlage des Naturrechts nach Prinzipien der Wissenschaftslehre, hg. v. Fritz Medicus, Hamburg 1960.

[Fick 1993] Monika Fick: Verworrene Perzeptionen. Lessings „Emilia Galotti", in: Jahrbuch der Deutschen Schillergesellschaft 37, 1993, 139-163쪽.

[Forster 1967] Georg Forster: Reise um die Welt, hg. v. Gerhard Steiner, Frankfurt a. M. 1967.

[Friedrich 2002] Hans–Edwin Friedrich: „Geordnete Freiheit". Zur anthropologischen Verankerung der Verslehre in der poetologischen Diskussion des 18. Jahrhunderts, in: Aufklärung 14, 2002, 7–22쪽.

[Füssli 2005] Füssli – The Wild Swiss, hg. v. Franziska Lentzsch, Zürich 2005.

[Geitner 1992] Ursula Geitner: Die Sprache der Verstellung. Studien zum rhetorischen und anthropologischen Wissen im 17. und 18. Jahrhundert, Tübingen 1992.

[Gersdorff 1990] Dagmar von Gersdorff: Dich zu lieben kann ich nicht verlernen. Das Leben der Sophie Brentano–Mereau, Frankfurt a. M. 1990.

[Gilman 1981] Sander S. Gilman: Den Geisteskranken sehen: Henry Mackenzie, Heinrich von Kleist, William James, in: ders., Wahnsinn, Text und Kontext. Die historischen Wechselbeziehungen der Literatur, Kunst und Psychiatrie, Frankfurt/Bern 1981, 59–76쪽.

[Goethe 1887ff.] Johann Wolfgang Goethe: Werke, hg. im Auftrage der Großherzogin Sophie von Sachsen, Weimar 1887–1919 [= Weimarer Ausgabe], Nachdruck München 1987.

[Goethe 1982] Johann Wolfgang Goethe: Wilhelm Meisters Lehrjahre. Ein Roman, hg. v. Ehrhard Bahr, Stuttgart 1982.

[Goethe 1987] Johann Wolfgang Goethe: Gedichte 1756–1799, hg. von Karl Eibl (= Frankfurter Ausgabe, Bd. I, 1), Frankfurt a. M. 1987.

[Goethe 1998] Johann Wolfgang Goethe: Gedichte, hg. v. Stefan Zweig, Stuttgart 1998.

[Goethe 2001] Johann Wolfgang Goethe: Die Leiden des jungen Werther, hg. v. Ernst Beutler, Stuttgart 2001.

[Goetz 1986] Rainald Goetz: Irre, Frankfurt a. M. 1986.

[Goldmann 1985] Stefan Goldmann: Die Südsee als Spiegel Europas, in: Thomas Theye(Hg.), Wir und die Wilden. Einblicke in eine kannibalische Beziehung, Reinbek bei Hamburg 1985, 208–242쪽.

[Gräf 1919] Hans Gerhard Gräf: Nachträge zu Goethes Gesprächen, 1: Johann Kaspar Lavater, in: Jahrbuch der Goethe–Gesellschaft 6, 1919, 283–285쪽.

[Hacker 1989] Margit Hacker: Anthropologische und kosmologische Ordnungsutopien: Christoph Martin Wielands Natur der Dinge, Würzburg 1989.

[Halisch 1999] Alexander Halisch: Barocke Kriminalgeschichtensammlungen, in: Simpliciana 21, 1999, 105–124쪽.

[Haller 1983] Albrecht von Haller: Die Alpen und andere Gedichte, hg. v. Adalbert Elschenbroich, Stuttgart 1983.

[Hammerstein 1994] Katharina von Hammerstein: Sophie–Mereau–Brentano:

Freiheit – Liebe – Weiblichkeit. Trikolore sozialer und individueller Selbstbestimmung um 1800, Heidelberg 1994.

[Härle 1925] Heinrich Härle: Ifflands Schauspielkunst. Ein Rekonstruktionsversuch auf Grund der etwa 500 Zeichnungen und Kupferstiche Wilhelm Henschels und seiner Brüder, mit 238 Abbildungen, Berlin 1925.

[Harms-Ziegler 1997] Beate Harms-Ziegler: Außereheliche Mutterschaft in Preußen im 18. und 19. Jahrhundert, in: Frauen in der Geschichte des Rechts. Von der Frühen Neuzeit bis zu Gegenwart, hg. v. Ute Gerhard, München 1997.

[Harsdörffer 1988] Georg Philipp Harsdörffer: Der große Schauplatz jämmerlicher Mord-Geschichte, hg. v. Waltraud und Matthias Woeller, Leipzig/Weimar 1988.

[Hattori 1995] Natsu Hattori: ‚The pleasure of your Bedlam': the theatre of madness in the Renaissance, in: History of Psychiatry 6, 1995, 283–308쪽.

[Heinz 1996] Jutta Heinz: Wissen vom Menschen und Erzählen vom Einzelfall. Untersuchungen zum anthropologischen Roman der Spätaufklärung, Berlin/New York 1996.

[Hennings 1784] Justus Christian Hennings: Von den Träumen und Nachtwandlern, Weimar 1784.

[Herder 1985ff.] Johann Gottfried Herder: Werke in zehn Bänden, hg. v. Martin Bollacher u. a., Frankfurt a. M. 1985–2000.

[Hinderer 1992] Walter Hinderer: Die Philosophie der Ärzte und die Rhetorik der Dichter. Zu Schillers und Büchners ideologisch-ästhetischen Positionen, in: Wege zu Georg Büchner. Internationales Kolloquium der Akademie der Wissenschaften (Berlin-Ost), hg. v. Henri Poschmann, Berlin u. a. 1992, 27–44쪽.

[Hoffmann 2001] E. T. A. Hoffmann: Die Serapionsbrüder, hg. v. Wulf Segebrecht (= Sämtliche Werke in sechs Bänden, Bd. 4), Frankfurt a. M. 2001.

[Honegger 1991] Claudia Honegger: Die Ordnung der Geschlechter. Die Wissenschaften vom Menschen und das Weib 1750–1850, Frankfurt a. M./New York 1991.

[Hoorn 2004] Tanja van Hoorn: Dem Leibe abgelesen. Georg Forster im Kontext der physischen Anthropologie des 18. Jahrhnderts, Tübingen 2004.

[Höpfner 1995] Felix Höpfner: „Un enfant perdu". Anmerkungen zu Egon Günthers Lenz-Film und ein Gespräch mit dem Regisseur, in: Lenz-Jahrbuch. Sturm-und-Drang-Studien 5, 1995, 79–91쪽.

[Horaz 1984] Horaz: Ars Poetica/Die Dichtkunst, übersetzt u. hg. v. Eckart Schäfer, Stuttgart 1984.

[Humboldt 1806] Alexander von Humboldt: Ueber die Urvölker von Amerika, und die Denkmähler welche von ihnen übrig geblieben sind. In: Neue Berlinische Monatsschrift 1806 (1. Halbjahr), 177–208쪽, Web–Adresse: http://www.ub.uni–bielefeld.de/diglib/aufkl/berlmon/berlmon.htm.

[Humboldt 1969] Alexander von Humboldt: Ansichten von der Natur, hg. v. Adolf Meyer–Abich, Stuttgart 1969.

[Humboldt 2004] Alexander von Humboldt: Ansichten der Kordilleren und Monumente der eingeborenen Völker Amerikas, hg. v. Oliver Lubrich und Ottmar Ette, Frankfurt a. M. 2004.

[W. Humboldt 1967] Wilhelm von Humboldt: Ideen zu einem Versuch, die Grenzen der Wirksamkeit des Staates zu bestimmen, hg. v. Robert Haerdter, Stuttgart 1967.

[HWPh 1971ff.] Historisches Wörterbuch der Philosophie, hg. v. Joachim Ritter und Karlfried Gründer, 13 Bde., Darmstadt 1971–2007.

[Iffland 2008] August Wilhelm Iffland: Albert von Thurneisen. Ein Trauerspiel in vier Aufzügen, mit einem Nachwort hg. v. Alexander Košenina, 2. Auflage Hannover 2008.

[Jean Paul 1962] Jean Paul: Werke, hg. v. Norbert Miller, Bd. 4, München 1962.

[Joost 1992] Ulrich Joost(Hg.): Georg Christoph Lichtenberg, Fragment von Schwänzen. Faksimile der Handschrift und des ersten Separatdrucks mit einem Nachwort, Darmstadt 1992.

[Kant 1983] Immanuel Kant: Werke in sechs Bänden, hg. v. Wilhelm Weischedel, Darmstadt 1983.

[Kant 1997] Immanuel Kant: Vorlesungen über Anthropologie, bearbeitet v. Reinhard Brandt/Werner Stark (= Kants gesammelte Schriften, hg. von der Berlin–Brandenburgischen Akademie der Wissenschaften, Bd. 25), Berlin 1997.

[Keller 2008] Andreas Keller: Frühe Neuzeit. Das rhetorische Zeitalter, Berlin 2008.

[Kirchschlager 2002] Michael Kirchschlager(Hg.): Mörder, Räuber, Menschenfresser. Einhundert Biographien und Merkwürdigkeiten deutscher Verbrecher des 15. bis 18. Jahrhunderts, Arnstadt 2002.

[Kleist 1987ff.] Heinrich von Kleist: Sämtliche Werke und Briefe, 4 Bde., hg. v. Ilse–Marie Barth, Klaus Müller–Salget, Walter Müller–Seidel und Hinrich C. Seeba, Frankfurt a. M. 1987–97.

[Kleist 2004] Heinrich von Kleist: Die Marquise von O..., Das Erdbeben in Chili, hg. v. Sabine Doering, Nachwort v. Christian Wagenknecht, Stuttgart 2004.

[Kleist 2011] Heinrich von Kleist: Prinz Friedrich von Homburg. Ein Schauspiel. Studienausgabe, hg. von Alexander Košenina, Stuttgart 2011.

[Košenina 1989] Alexander Košenina: Ernst Platners Anthropologie und Philosophie.

Der ‚philosophische Arzt' und seine Wirkung auf Johann Karl Wezel und Jean Paul, Würzburg 1989.

[Košenina 1994] Alexander Košenina: Satirische Aufklärung. Johann Gottlieb Schummels „Spitzbart. Eine komi–tragische Geschichte für unser pädagogisches Jahrhundert", in: Lenz–Jahrbuch 4, 1994, 155–173쪽.

[Košenina 1995] Alexander Košenina: Anthropologie und Schauspielkunst. Studien zur ‚eloquentia corporis' im 18. Jahrhundert, Tübingen 1995.

[Košenina 2003] Alexander Košenina: Der gelehrte Narr. Gelehrtensatire seit der Aufklärung, Göttingen 2003.

[Košenina 2005] Alexander Košenina: Recht – gefällig. Frühneuzeitliche Verbrechensdarstellung zwischen Dokumentation und Unterhaltung, in: Zeitschrift für Germanistik N.F. 15, 2005, 28–47쪽.

[Košenina 2006] Alexander Košenina: Karl Philipp Moritz. Literarische Experimente auf dem Weg zum psychologischen Roman, Göttingen 2006.

[Košenina 2007] Alexander Košenina: Von Bedlam nach Steinhof: Irrenhausbesuche in der Frühen Neuzeit und Moderne, in: Zeitschrift für Germanistik N.F. 17, 2007, 322–339쪽.

[Košenina 2007a] Alexander Košenina: Es „ist also keine dichterische Erfindung": Die Geschichte vom Bauernburschen in Goethes „Werther" und die Kriminalliteratur der Aufklärung, in: Goethe–Jahrbuch 124, 2007, 189–197쪽.

[Krimmer 2004] Elisabeth Krimmer: Mama's Baby, Papa's Maybe: Paternity and Bildung in Goethe's „Wilhelm Meisters Lehrjahre", in: The German Quarterly 77.3, 2004, 257–277쪽.

[Kromm 2002] Jane Kromm: The Art of Frenzy. Public Madness in the Visual Culture of Europe, 1500–1850, London/New York 2002.

[Künzel 2003] Christine Künzel: Vergewaltigungslektüren. Zur Codierung sexueller Gewalt in Literatur und Recht, Frankfurt a. M. 2003.

[Lavater 1984] Johann Caspar Lavater: Physiognomische Fragmente zur Beförderung der Menschenkenntnis und Menschenliebe. Eine Auswahl, hg. v. Christoph Siegrist, Stuttgart 1984.

[Lavater 1991] Johann Caspar Lavater: Von der Physiognomik und hundert physiognomische Regeln, hg. v. Karl Riha und Carsten Zelle, Frankfurt a. M./ Leipzig 1991.

[Lazarowicz/Balme 1991] Klaus Lazarowicz/Christopher Balme(Hg.): Texte zur Theorie des Theaters, Stuttgart 1991.

[Lenz 1987] Jakob Michael Reinhold Lenz: Werke und Briefe in drei Bänden, hg. v. Sigrid Damm, Leipzig 1987.

[Lessing 1985ff.] Gotthold Ephraim Lessing: Werke und Briefe in zwölf Bänden, hg. v. Wilfried Barner u. a., Frankfurt a. M. 1985–2003.

[Lessing 1989] Gotthold Ephraim Lessing: Emilia Galotti. Ein Trauerspiel in fünf Aufzügen, Stuttgart 1989.

[Lichtenberg 1968ff.] Georg Christoph Lichtenberg: Schriften und Briefe, 6 Bde., hg. v. Wolfgang Promies, München 1968–92.

[Lindner 2001] Henriett Lindner: „Schnöde Kunststücke gefallener Geister". E. T. A. Hoffmanns Werk im Kontext der zeitgenössischen Seelenkunde, Würzburg 2001.

[Lütkehaus 1989] Ludger Lütkehaus(Hg.): „Dieses wahre innere Afrika". Texte zur Entdeckung des Unbewußten vor Freud, Frankfurt a. M. 1989.

[Lütkehaus 1992] Ludger Lütkehaus(Hg.): „O Wollust, o Hölle". Die Onanie – Stationen einer Inquisition, Frankfurt a. M. 1992.

[Mann 2002] Thomas Mann: Briefe I: 1889–1913, hg. v. Thomas Sprecher u. a. (&& Große kommentierte Frankfurter Ausgabe, Bd. 21), Frankfurt a. M. 2002.

[Marsch 1983] Edgar Marsch: Die Kriminalerzählung. Theorie, Geschichte, Analysen, München 1972, 2. Auflage 1983.

[Martinec 2003] Thomas Martinec: Lessings Theorie der Tragödienwirkung. Humanistische Tradition und aufklärerische Erkenntniskritik, Tübingen 2003.

[Meißner 2003] August Gottlieb Meißner: Ausgewählte Kriminalgeschichten, hg. v. Alexander Košenina, St. Ingbert 2003, 2. Auflage 2004.

[Mereau 1968] Sophie Mereau: Kalathiskos, Faksimiledruck nach der Ausgabe von 1801–02, hg. v. Peter Schmidt, Heidelberg 1968.

[Mereau 1997] Sophie Mereau–Brentano: Ein Glück, das keine Wirklichkeit umspannt. Gedichte und Erzählungen, hg. und kommentiert v. Katharina von Hammerstein, München 1997.

[Mereau 1997a] Sophie Mereau–Brentano: Das Blütenalter der Empfindung. Amanda und Eduard. Romane, hg. und kommentiert v. Katharina von Hammerstein, München 1997.

[Michelsen 1990] Peter Michelsen: Die Erregung des Mitleids durch die Tragödie. Zu Lessings Ansichten über das Trauerspiel im Briefwechsel mit Mendelssohn und Nicolai, in: ders., Der unruhige Bürger. Studien zu Lessing und zur Literatur des achtzehnten Jahrhunderts, Würzburg 1990, 107–136쪽.

[Moritz Magazin 1986] Karl Philipp Moritz(Hg.): ΓΝΩΘΙ ΣΕΑΥΤΌΝ oder Magazin zur Erfahrungsseelenkunde als ein Lesebuch für Gelehrte und Ungelehrte, Bd. 1–10 (1783–93), Nördlingen 1986.

[Moritz 1972] Karl Philipp Moritz: Anton Reiser. Ein psychologischer Roman, hg. v.

Wolfgang Martens, Stuttgart 1972.

[Moritz 1997/99] Karl Philipp Moritz: Werke in zwei Bänden, hg. v. Heide Hollmer und Albert Meier, Bd. 1/2, Frankfurt a. M. 1999/1997.

[Moritz 2006] Das Karl Philipp Moritz-ABC. Anregung zur Sprach-, Denk- und Menschenkunde, hg. v. Lothar Müller, Frankfurt a. M. 2006.

[Müchler 1812] Karl Friedrich Müchler(Hg.): Merkwürdige Kriminalgeschichten, Berlin 1812.

[Mühlmann 1986] Wilhelm E. Mühlmann: Geschichte der Anthropologie, 4. Auflage Wiesbaden 1986.

[Müller 1987] Lothar Müller: Die kranke Seele und das Licht der Erkenntnis. Karl Philipp Moritz' Anton Reiser, Frankfurt a. M. 1987.

[Müller 1996] Lothar Müller: Die Erziehung der Gefühle im 18. Jahrhundert. Kanzel, Buch und Bühne in Karl Philipp Moritz' Anton Reiser (1785-1790), in: Der Deutschunterricht 48, 1996, Heft 2, 5-20쪽.

[Nicolai 1807] Friedrich Nicolai: Ueber Eckhof, in: Almanach für Theater und Theaterfreunde auf das Jahr 1807, 1-49쪽.

[Nutz 1998] Thomas Nutz: Vergeltung oder Versöhnung? Strafvollzug und Ehre in Schillers „Verbrecher aus Infamie“, in: Jahrbuch der Deutschen Schillergesellschaft 42, 1998, 146-164쪽.

[Ohage 1999] August Ohage: „mein und meines Bruders Lavaters Phisiognomischer Glaube“, in: Wiederholte Spiegelungen. Weimarer Klassik 1759-1832, hg. v. Gerhard Schuster/Caroline Gille, München 1999, 127-135쪽.

[Pethes 2005] Nicolas Pethes: Vom Einzelfall zur Menschheit. Die Fallgeschichte als Medium der Wissenspopularisierung zwischen Recht, Medizin und Literatur, in: Popularisierung und Popularität, hg. v. Gereon Blaseio u. a., Köln 2005, 63-92쪽.

[Pethes 2007] Nicolas Pethes: Zöglinge der Natur. Der literarische Menschenversuch des 18. Jahrhunderts, Göttingen 2007.

[Pfotenhauer 1987] Helmut Pfotenhauer: Literarische Anthropologie. Selbstbiographie und ihre Geschichte - am Leitfaden des Leibes, Stuttgart 1987.

[Platner 1772] Ernst Platner: Anthropologie für Aerzte und Weltweise, Leipzig 1772, Nachdruck hg. v. Alexander Košenina, Hildesheim u. a. 1998.

[Platner 2007] Ernst Platner: Der Professor, mit einem Nachwort hg. v. Alexander Košenina, Hannover 2007.

[Pope 1993] Alexander Pope: Vom Menschen/Essay on Man, hg. v. Wolfgang Breidert, Hamburg 1993.

[Reiber 1999] Matthias Reiber: Anatomie eines Bestsellers. Johann August Unzers

Wochenschrift „Der Arzt", Göttingen 1999.

[Reil 1803] Johann Christian Reil: Rhapsodieen über die Anwendung der psychischen Curmethode auf Geisteszerrüttungen, Halle 1803, Nachdruck Amsterdam 1968.

[Reuchlein 1986] Georg Reuchlein: Bürgerliche Gesellschaft, Psychiatrie und Literatur. Zur Entwicklung der Wahnsinnsthematik in der deutschen Literatur des späten 18. und frühen 19. Jahrhunderts, München 1986.

[Riedel 1985] Wolfgang Riedel: Die Anthropologie des jungen Schiller. Zur Ideengeschichte der medizinischen Schriften und der Philosophischen Briefe, Würzburg 1985.

[Riedel 1994] Wolfgang Riedel: Anthropologie und Literatur in der deutschen Spätaufklärung. Skizze einer Forschungslandschaft, in: Internationales Archiv für Sozialgeschichte der deutschen Literatur, Sonderheft 6, 1994, 93-157쪽.

[Riedel 1994a] Wolfgang Riedel: Erkennen und Empfinden. Anthropologische Achsendrehung und Wende zur Ästhetik bei Johann Georg Sulzer, in: Hans-Jürgen Schings(Hg.), Der ganze Mensch. Anthropologie und Literatur im 18. Jahrhundert, Stuttgart/Weimar 1994, 410-439쪽.

[Riedel 1996] Wolfgang Riedel: „Homo natura". Literarische Anthropologie um 1900, Berlin 1996.

[Riedel 2004] Wolfgang Riedel: Literarische Anthropologie. Eine Unterscheidung, in: Wolfgang Braungart/Klaus Ridder/Friedmar Apel(Hg.), Wahrnehmen und Handeln. Perspektiven einer Literaturanthropologie, Bielefeld 2004, 337-366쪽.

[Roth 2006] Udo Roth: „Ihre Autopsie, die aus allem spricht, was Sie schreiben." Wissenschaft und Wissenschaftsverständnis im dichterischen Werk Georg Büchners, in: Dietrich von Engelhardt/Hans Wißkirchen(Hg.), Von Schillers Räubern zu Shelleys Frankenstein. Wissenschaft und Literatur im Dialog um 1800, Stuttgart/New York 2006, 157-190쪽.

[Rousseau 1978] Jean-Jaques Rousseau: Emile oder Über die Erziehung, hg., eingeleitet und mit Anmerkungen versehen v. Martin Rang, Stuttgart 1978.

[Rousseau 1983] Jean-Jaques Rousseau: Schriften zur Kulturkritik, hg. v. Kurt Weigand, Hamburg 1983.

[Salzmann 1785] Christian Gotthilf Salzmann: Moralisches Elementarbuch, Nachdruck der Auflage von 1785, mit 67 Illustrationen v. Daniel Chodowiecki, hg. v. Hubert Göbels, Dortmund 1980.

[Schiller 1992ff.] Friedrich Schiller: Werke und Briefe in zwölf Bänden (= Frankfurter Ausgabe), Frankfurt a. M. 1992-2004.

[Schiller 2001] Friedrich Schiller: Die Räuber. Ein Schauspiel, Stuttgart 2001.

[Schiller 2014] Friedrich Schiller: Der Verbrecher aus verlorener Ehre. Studienausgabe, hg. v. Alexander Košenina, Stuttgart 2014.

[Schings 1980] Hans-Jürgen Schings: Der anthropologische Roman. Seine Entstehung und Krise im Zeitalter der Spätaufklärung, in: Die Neubestimmung des Menschen, hg. v. Bernd Fabian u. a., München 1980, 247-275쪽.

[Schings 1980a] Hans-Jürgen Schings: Der mitleidigste Mensch ist der beste Mensch. Poetik des Mitleids von Lessing bis Büchner, München 1980.

[Schings 1984] Hans-Jürgen Schings: Agathon – Anton Reiser – Wilhelm Meister. Zur Pathogenese des modernen Subjekts im Bildungsroman, in: Wolfgang Wittkowski(Hg.), Goethe im Kontext. Kunst und Humanität, Naturwissenschaft und Politik von der Aufklärung bis zur Restauration, Tübingen 1984, 42-63쪽.

[Schings 1994] Hans-Jürgen Schings(Hg.): Der ganze Mensch. Anthropologie und Literatur im 18. Jahrhundert. DFG Symposion 1992, Stuttgart/Weimar 1994.

[Schmidt 1985] Jochen Schmidt: Die Geschichte des Genie-Gedankens in der deutschen Literatur, Philosophie und Politik 1750-1945, Bd. 1, Darmstadt 1985.

[Schmidt-Hannisa/Niehaus 1998] Hans-Walter Schmidt-Hannisa/Michael Niehaus(Hg.): Unzurechnungsfähigkeiten. Diskursivierungen unfreier Bewußtseinszustände seit dem 18. Jahrhundert, Frankfurt a. M. u. a. 1998.

[Schneider 2001] Peter K. Schneider: Wahnsinn und Kultur oder ‚Die heilige Krankheit'. Die Entdeckung eines menschlichen Talents, Würzburg 2001.

[Schößler 2008] Franziska Schößler: Einführung in die Gender Studies, Berlin 2008.

[Schott 1998] Heinz Schott(Hg.): Der sympathetische Arzt. Texte zur Medizin im 18. Jahrhundert, München 1998.

[Schubert 1814] Gotthilf Heinrich Schubert: Die Symbolik des Traumes, Bamberg 1814, Nachdruck Heidelberg 1968.

[Schulz 2007] Gerhard Schulz: Kleist. Eine Biographie, München 2007.

[Selg/Wieland 2001] Anette Selg/Rainer Wieland(Hg.): Die Welt der Encyclopédie, Frankfurt a. M. 2001.

[Sembdner 1984] Helmut Sembdner(Hg.): Heinrich von Kleists Nachruhm. Eine Wirkungsgeschichte in Dokumenten, Bd. 2, Frankfurt a. M. 1984.

[Sennett 1983] Richard Sennett: Verfall und Ende des öffentlichen Lebens. Die Tyrannei der Intimität, Frankfurt a. M. 1983.

[Spieß 1966] Christian Heinrich Spieß: Biographien der Wahnsinnigen, hg. v. Wolfgang Promies, Neuwied/Berlin 1966.

[Spieß 2005] Christian Heinrich Spieß: Biographien der Selbstmörder. Eine Auswahl, hg. von Alexander Košenina, Göttingen 2005.

[Steinberg/Schmideler 2006] Holger Steinberg/Sebastian Schmideler: Eine wiederentdeckte Quelle zu Büchners Vorlage zum „Woyzeck": Das Gutachten der Medizinischen Fakultät der Universität Leipzig, in: Zeitschrift für

Germanistik 16, 2006, 339-366쪽.

[Sucro 2008] Christoph Joseph Sucro: Versuche in Lehrgedichten und Fabeln [1747], hg. v. Yvonne Wübben, Hannover 2008.

[Thomé 1983] Horst Thomé: Tätigkeit und Reflexion in Goethes „Prometheus". Umrisse einer Interpretation, in: Gedichte und Interpretationen, Bd. 2, hg. von Karl Richter, Stuttgart 1983, 427-435쪽.

[Tieck 1999] Ludwig Tieck: William Lovell. Roman, hg. von Walter Münz, Stuttgart 1999.

[Uhlig 2004] Ludwig Uhlig: Georg Forster. Lebensabenteuer eines gelehrten Weltbürgers (1754-1794), Göttingen 2004.

[Unzer 2004] Johann August Unzer: Gedancken vom Schlafe und denen Träumen. Nebst einem Schreiben an N.N. daß man ohne Kopf empfinden könne, hg. v. Tanja van Hoorn, St. Ingbert 2004.

[Viëtor 1949] Karl Viëtor: Georg Büchner. Politik, Dichtung, Wissenschaft, Bern 1949.

[Weder 2008] Katharine Weder: Kleists magnetische Poesie. Experimente des Mesmerismus, Göttingen 2008.

[Wieckenberg 1992] Ernst-Peter Wieckenberg: Lichtenbergs Erklärungen der Hogarthischen Kupferstiche - ein Anti-Lavater?, in: Georg Christoph Lichtenberg, München 1992, 39-56쪽.

[Wieland 1778] Christoph Martin Wieland: Auszüge aus Forsters Reise um die Welt, in: Der Teutsche Merkur 1778. 3, 59-75쪽; 144-164쪽; 1778. 4, 137-155쪽, Web-Adresse: http://www.ub.uni-bielefeld.de/diglib/aufkl/teutmerk/index.htm.

[Wieland 1794ff.] Christoph Martin Wieland: Sämtliche Werke, Leipzig 1794-1811, Nachdruck Hamburg 1984.

[Wieland 1986] Christoph Martin Wieland: Geschichte des Agathon, hg. v. Klaus Manger, Frankfurt a. M. 1986.

[Wingertszahn 2002] Christof Wingertszahn: Anton Reiser und die „Michelein". Neue Funde zum Quietismus im 18. Jahrhundert, Hannover 2002.

[Wübben 2007] Yvonne Wübben: Gespenster und Gelehrte. Die ästhetische Lehrprosa G. F. Meiers(1718-1777), Tübingen 2007.

[Wünsch 1778-80] Christian Ernst Wünsch: Kosmologische Unterhaltungen für die Jugend, 3 Bde., Leipzig 1778-80.

[Zedler 1732ff.] Johann Heinrich Zedler(Hg.): Großes vollständiges Universal-Lexicon aller Wissenschafften und Künste, 64 Bde., Halle/Leipzig 1732-1750, Nachdruck Graz 1961-1984.

[Zelle 1984] Carsten Zelle: Strafen und Schrecken. Einführende Bemerkungen zur Parallele zwischen dem Schauspiel der Tragödie und der Tragödie der Hinrichtung, in: Jahrbuch der Deutschen Schillergesellschaft 28, 1984, 76-103쪽.

[Zelle 2002] Carsten Zelle: „Vernünftige Ärzte". Hallesche Psychomediziner und die Anfänge der Anthropologie in der deutschsprachigen Frühaufklärung, Tübingen 2002.

부록

색인

인명 색인

ㅈ

ㅊ

ㅋ

ㅌ

ㅍ

ㅎ

작품 및 저서 색인

ㅋ

ㅌ

ㅍ

ㅎ

기타

부록

용어 해설

용어 해설

감각 Sinne

계몽주의 시대의 인간학은 한 마디로 이성에 맞서 감각을 복권시켰다는 특징을 갖는다. 이 점에서 감상주의Empfindsamkeit 혹은 슈트룸 운트드랑의 문학 사조와 매우 유사하다. 하지만 인간학은 감각의 위계에 대해 비판적으로 논한 특별한 철학적, 의학적 감각 이론(감각론 Sensualismus)과도 연결된다. 예를 들어 요한 고트프리트 헤르더는 청각 그리고 특히 촉각을 변호하면서 시각의 주도적 역할에 이의를 제기했으며, 농아자와 선천적 시각장애인에 대한 실험을 통해 감각적 결함을 가지고 있는 사람에게 보상 및 학습 능력이 있음을 보여주었다. 따라서 고트홀트 에프라임 레싱만 회화와 문학과 같은 예술 장르의 경계에 관해 지각심리학적으로 규명한 것은 아니었던 것이다.

경험심리학 Erfahrungsseelenkunde

이 개념은 18세기에 새롭게 태동한, 경험에 토대를 둔 심리학을 말한다. 칼 필립 모리츠Karl Philipp Moritz는 이 개념을 자신이 편찬한 10권에 달하는 〈경험심리학 잡지Magazin zur Erfahrungsseelenkunde〉(1783-93)의 제목으로 사용하기 전에 이미 "실험심리학Experimentalseelenlehre"의 출현을 예고한 바 있다. 이 표현은 이미 할레 대학의 인간학자였던 요한 고틀롭 크뤼거Johann Gottlob Krüger가 『실험 심리학 시론Versuch einer Experimental-Seelenlehre』(1756)에서 사용하였으며, 1786년 요한 게오르그 줄처Johann Georg Sulzer 또한 '심리 실험물리학Experimental-Physik der Seele'이라는 아주 유사한 표현을 사용한 바 있다. 이와 유사한 제목을 가진 저서들이 증가했다는 사실은 새로운 인간학 및 심리학에 그리고 이론체계 대신 경험에 바탕을 둔 관찰과 실험을 지향하는 이 학문의 연구방법에 뜨거운 관심이 쏠렸음을 분명하게 보여준다.

(→ 1장)

계통발생Phylogenese / 개체발생Ontogenese

인간종의 역사(계통발생)와 개체의 발달(개체발생)을 구분하는 것은 18세기 인간학을 두 가지 방식으로 구분하는 것에서 잘 드러난다. 즉, 민족학(인종학)Völkerkunde/Ethnologie이 세계의 다양한 '인종'을 비교 연구한다면, 의학적 인간학과 철학적 인간학은 개체 인간의 발생과 발달, 교육, 인간의 능력, 행동양식 그리고 질병에 관심을 갖는다. 여기에서 인간 개체의 형성은 태초의 상태에서 문명으로 이어지는 종의 역사가 개체에게서 그대로 빠르게 반복되는 것으로 이해된다.

(→ 2장, 6장)

관상학Physiognomik / 감정기호학Pathognomik

인간과 동물의 외면을 보고 내면의 심리적, 성격적 혹은 병리적 특징까지도 해석하는 것을 고대 이래 관상학 혹은 감정기호학이라 불렀다. 관상학이 머리의 형태, 자세, 체격 혹은 움직이지 않는 상태의 얼굴 모습이라는 고정된 특징에 주목한 것이라면, 감정기호학은 현재 흥분하거나 행동하는 상태에서 나타나는 표정과 몸짓의 변화를 기술한다. 리히텐베르크나 실러 같은 작가들은 움직임이 점차 굳어져서 고정된 표현이 될 수 있다(습관화Habitualisierung)고 보았다.

(→ 9장)

광기Wahnsinn

18세기에 인간의 '평균적인' 본성은 주로 극단적인 경우와 비정상적인 경우를 기준으로 규정되었다. 정신적인 문제는 더 이상 악마에 사로잡혀 생긴 것이 아니라, 진단하고 이해하고 치료할 수 있는 '자연적인' 질병으로 간주되었다. 이에 대해서는 칼 필립 모리츠가 발행한 〈경험심리학 잡지〉에서 "정신병리학Seelenkrankheitskunde"에 대한 장이 따로 마련되었다는 것과 1800년경에 정신의학Psychiatrie이라는 새로운 분과 학문이 탄생했다는 것을 보면 잘 알 수 있다. 의학적인 관점으로 기록된 사례들은 문학작품의 다양한 소재가 되었다. 괴테의 『젊은 베르테르의 고통』(1774)뿐만 아니라 모리츠의 『안톤 라이저』(1785–90), 또는 뷔히너의 『보이첵』(1836)은 개인의 체험이나 병력Pathografien에 기반을 둔 작품들이다.

(→ 3장, 4장, 5장, 12장, 13장, 14장)

기질론Temperamentenlehre

네 가지 기질Temperament(라틴어 temperare는 '잘 혼합하다'라는 뜻임)은 고대 이래로 체액(체액병리학), 4원소(불, 물, 공기, 흙), 사계절, 특정 행성들 그리고 일차 성질(뜨겁고, 차갑고, 축축하고, 건조한)을 특징적으로 혼합하여 일목요연하게 만든 것에서 기원한다. 이는 낙천적인 다혈질Sanguiniker(라틴어 sanguis의 뜻은 '피'), 둔중한 점액질Phlegmatiker(그리스어 phlegma는 '점액'이라는 뜻), 성미가 급한 담즙질Choleriker(그리스어 cholé의 뜻은 '담즙'), 그리고 우수에 잠긴 우울질Melancholiker(그리스어 mélaina cholé는 '흑담즙'이라는 뜻)로 분류된다. 이와 같은 기질적 속성들은 괴테에서부터 토마스 만을 거쳐 현대에 이르기까지 문학에서도 여전히 사용되고 있다.

꿈 Traum

꿈의 기원을 신이나 악마에게서 찾는 태도와 달리 계몽주의 시대의 인간학은 꿈을 자연적이고 생리적인 것으로 설명하려고 시도했다. 꿈 이야기나 잠자는 사람에 대한 여러 관찰을 통해 육체에 미치는 생리적 영향의 논리와 함께 내면에서 일어나는 연상작용의 논리가 탐색되곤 했다. 예를 들면, 문란한 에로틱한 꿈을 꾸지 않게 하는 문제라든가 생활 태도(섭생법)와 관련된 문제조차도 논의의 대상이 되었다. 무엇보다도 영혼의 깊은 영역(영혼의 기체)은 이성의 통제나 영향을 받을 수 없다는 통찰은 근대 심리학의 탄생에 기여하게 된다.

(→ 12장)

메스머리즘 Magnetismus/Mesmerismus

의사 프란츠 안톤 메스머Franz Anton Mesmer는 18세기 말 자기력과 우주의 힘(유동체Fluidum)이 신체에 끼치는 작용을 연구했다. 그는 치료자로서 외적 힘과 내적 힘 간의 깨어진 조화를 신경삭을 따라 어루만져 주면 질병을 치료할 수 있다고 믿었다. 많은 사례이야기들은 그와 환자 개인 혹은 집단 전체 간에 형성된 이와 같은 '라포'를 통해 일어나는 최면상태 및 환각 상태에 대해 이야기해 준다. 이러한 논쟁적인 의학적 유행은 낭만주의 문학에서 뚜렷한 흔적을 남겼다(아힘 폰 아르님, E.T.A. 호프만, 장 파울, 하인리히 폰 클라이스트, 루드비히 티크).

(→ 12장)

몸과 마음의 문제 Leib-Seele-Problem → 상호영향관계

문학장르Literaturgattungen

자서전과 (장편)소설은 인간의 내면사를 위해 선호되는 장르로 문학적 인간학의 연구 방향을 설정하기 위한 출발점이 되었다. 그러나 심리적 발달과정(심리발생학Psychogenese)을 서술하는 의학 지식 및 문학적 방식은 점차 다른 장르에서도 연구되기 시작했다. 즉, 도덕 소설, 범죄 이야기, 인간학적 교훈시, 체험시 그리고 심리 드라마 및 이를 무대 위에서 사실적으로 연기하는 연기예술과 같은 것이다. 나아가 여행기, 일기, 편지, 아포리즘, 성찰의 기록과 같은 장르는 더욱 확장된 연구를 할 수 있는 영역을 제공해 준다.

(→ 2장, 4장, 5장, 7장, 10장, 11장)

민족학(인종학)Völkerkunde/Ethnologie

1775년 칸트의 『다양한 인종에 관하여Von den verschiedene Rassen der Menschen』의 제목이기도 한 다양한 인종에 대한 18세기의 탐구는 탐험 여행가들의 관찰과 보고를 토대로 한다. 처음으로 '비교인간학Vergleichende Anthropologie' 혹은 '자연지리학Physische Geographie'으로 인해 유럽인을 넘어 다른 인종을 볼 수 있는 시각이 체계적으로 확장되었다. 여기에서는 인류의 여러 계통과 피부색의 근원, 여러 문화와 문명

의 차이점들, 언어와 신화와 종교의 고유성 등에 대해 질문했다. 여러 논의 중에서 중요했던 한 가지는 계몽된 유럽인과 원주민이었던 "야만인", 심지어 유인원과의 구분이었다. 이 논쟁은 소위 본국에서 발견된 "늑대아이들Wolfskinder"을 데리고 교육실험을 하게 되면서 격화되었다.

(→ 2장)

범신론Pantheismus

유일한 인격신 사상을 거부하고 자연 전체에 신의 영혼이 깃들어 있다고 여기는 사상은 18세기 초 이후 범신론이라 불리었다. 인간에게 중심의 위치를 부여한 조화롭고 질서정연한 창조(존재의 대사슬)의 개념은 이 사상과 결합된 것으로, 계몽주의가 완성 가능성을 추구하도록 도전 의식을 심어주었다. 즉, 범신론의 의미에서 인간이 인간으로 규정되는 것은 자명하게 주어진 자연상수Naturkonstante에 의한 것이 아니다. 인간은 스스로가 인간임을 증명해야 하는 과제를 가지며, 야만에서 벗어나 계속해서 영혼을 연마해 나가야 한다. 이로써 인간학은 윤리적, 교육적 차원을 갖게 된다.

(→ 6장, 7장)

범애주의Philanthropismus

계몽주의 시대의 '범애주의자들Philanthropisten'이 일으킨 교육개혁운동은 인간애라는 고대 시대의 범애Philanthropie개념을 차용한 것이다. 이들은 권위적인 라틴어 학교에 반대하며 모든 기질과 충동을 정신적으로, 육체적으로, 실질적으로 교육하여 '전인Der ganze Mensch'이 되도록 하는 교육관을 확장시켰으며, 공감 교육, 아동에게 적합한 교육,

동기를 부여하는 교육을 추구하였다.

(→ 6장)

범죄Kriminalität

계몽주의 시대에는 범죄와 광기를 더 이상 악의 표현으로서 악마화하지 않고, 그 원인을 이해하려고 하면서 범죄자와 광인을 하나의 인간으로 다루기 시작한다. 법학에서도 범죄행위에 대해 법률적 시각과 함께 심리학적이고 도덕적인 시선도 똑같이 던지게 된다. 그 결과 예컨대 요한 크리스티안 고틀립 샤우만Johann Christian Gottlieb Schaumann의 저서 『범죄심리학Ideen zu einer Kriminalpsychologie』(1792)의 제목과 명칭이 같은 새로운 학문분과가 생겨났다. 범죄심리학이라는 새로운 관점으로 인해 한정된 책임능력Zurechnungsfähigkeit을 가진 경우 감형을 받을 수 있게 된다. 그러나 예를 들어 게오르그 뷔히너가 1836년에 문학으로 형상화한 실화 보이첵 사건은 실제로는 이러한 판결이 얼마나 논쟁적일 수 있는지를 잘 보여준다.

(→ 4장, 14장)

사례이야기Fallgeschichte

의학 및 법률 전문 서적에 나오는 규정과 법칙들은 흔히 여러 사례에서 발전되었거나 사례에 적용되어 표본적으로 설명되곤 한다. 중요한 사례집(예를 들어, 칼 필립 모리츠의 〈경험심리학 잡지〉나 피타발Pitaval의 〈유명하고 흥미로운 법률사례〉)은 전문교육을 하거나 혹은 다수의 독자에게 정보를 제공하는 데에 기여할 뿐만 아니라 문학의 소재로도 사용된다. 다수의 범죄이야기나 심리 소설, 도덕 소설 혹은 드라마는 이처럼 실제 일어난 사건의 기록물에서 창작되었다.

(→ 4장, 5.2장, 14.1장)

상상력Einbildungskraft/Imagination

상상력이라는 능력은 감각과 이성의 중간에 있다고 여겨졌다. 상상력이 긍정적으로 작용하면 천재성으로 상승할 수 있을 정도로 창조적인 정신의 생산 및 연상 능력을 보여주지만, 반대로 부정적으로 작용하면 악몽, 과도한 판타지 혹은 심리적 고통을 초래하는 병적인 잠재력으로 나타난다.

상호영향관계Influxus physicus

사물 간에는 상호영향관계가 있다는 논제에 따르면 몸과 마음은(육체와 영혼/정신은) 자연적으로 작용하는 힘들(라틴어: physice)간의 상호관계 속에 놓여 있다. 몸이 마음에 끼치는 작용은 몸의 영향Influxus corporis이라 하고, 반대의 경우는 마음의 영향Influxus animae이라고 한다. 이렇듯 자연에서 원인을 찾는 이론은 몸과 마음의 문제를 신에 의해 예정된 몸과 마음의 동시작동(예정조화prästabilierte Harmonie)이라거나 혹은 경우에 따른 신의 개입(기회원인론Occasionalismus)이라며 다투듯 설명해온 학설을 대체하고 있다. 인간학은 이러한 상호영향관계가 어떻게 작동할 수 있는가를 경험적이며 실험적으로 증명해 보이려고 노력한다. 즉, 신경액Nervensaft, 신경의 기운Nervengeist, 신경에테르Nervenäther 등과 같은 정신과 물질 간의 전달물질이나 이 둘을 매개하는 힘Mittelkraft에 대해 논한다.

(→ 1장, 10.2장)

상호작용 Wechselwirkung → 상호영향관계

생철학 Lebensphilosophie

19세기 쇼펜하우어와 니체의 생철학의 선구자들은 18세기 인간학에서 찾아볼 수 있다. 경험심리학자 칼 필립 모리츠는 『생의 철학에 대한 소고들Beiträge zur Philosophie des Lebens』(1780)과 함께 이 개념을 각인시킨 최초의 인물 가운데 하나이다. 이 개념의 배후에는 반체계적이고 생동하며 배회하는 사고라는 강령이 숨어 있는데, 이 강령은 당대의 대중철학과 유사하게 아포리즘, 편지, 소설, 에세이, 대화, 성찰 등과 같은 다양한 문학 형식(문학장르)에서 나타난다.

(→ 1장, 14장)

섭생법 Diätetik

건강한 생활방식(라틴어 diaeta)에 관한 고대 및 중세의 학설인 섭생법은 (영향받을 수 있는) 비자연적인 삶에 대한 여섯 가지 인간학적 기본원리로 요약된다. (무의식적이고 식물적인 자연적인 것res naturales과 반대로) 인간이 규제할 수 있는 여섯 가지의 비자연적인 것sex res non naturales은 다음과 같다. 1) 빛, 공기, 장소 2) 운동과 정지 3) 먹고 마시기 4) 자고 깨기 5) 채우고 비우기 6) 정동(춤, 음악, 문학 등을 통한 분산). 이들 간의 실제적인 균형을 이루는 것은 삶의 기술ars vivendi에 속하며, 이는 (외과, 약물요법과 함께) 의학의 3대 기본원리 중 하나로 여겨졌다.

(→ 5장)

성Geschlecht

'인간'에 대한 일반론은 계몽주의의 인간학자들에게서 점점 확장되고 있던 남자와 여자를 구분하려는 의식을 제대로 반영하지 못했다. 그러나 생명의 재생산에서 여성이 차지하는 몫은 특히 남자와 여자에게서 만들어진 배아(후성설Epigenesis)가 점차 인간으로 성장한다는 통찰을 통해 더욱 힘을 얻게 되었다. 이는 처음부터 분화된 개체가 존재한다는(전성설Präformation) 낡은 학설이 해체되는 결과를 낳았다. 점차 여성에 관한 특수인간학이 생겨나게 되었고, 기존에는 산파 혼자 감당했지만, 이제는 의학자들이 양성의 차이점, 여성 질환, 성, 임신 및 출산 문제들을 다루게 되었다. 그 결과 19세기에 들어서면서 부인과가 탄생하게 되었다.

(→ 8장)

심리소설Psychologischer Roman / 인간학 소설Anthropologischer Roman

칼 필립 모리츠의 소설 『안톤 라이저Anton Reiser』(1785–90)의 부제인 "심리소설psychologischer Roman"이라는 개념은 역사적 사실이고, 이와 반대로 "인간학 소설anthropologischer Roman"이란 독문학자인 한스–위르겐 쉉스Hans-Jürgen Schings가 1980년도에 사용한 표현이다. 이 두 가지 표현은 인간 내면의 발달을 인과론에 따른 심리로 공감할 수 있게끔 원인과 결과의 원칙에 따라 서술하는 소설에 대한 명칭이다. 이러한 서사 방식은 '실용적인pragmatisch'(그리스어 'πραγματικός': 행위 지향적, 삶에 유용한, 효과적인) 방식이라고 하며, '전지적 서술자'의 확정적인 판단보다는 오히려 행위의 결과의 역동성과 캐릭터의 내적 발달 논리에 적합한 대화나 3인칭 시점 혹은 1인칭 시점을 통해 잘 나타난다.

(→ 4장, 5장)

영혼의 기체(基體)Fundus animae

알렉산더 고틀립 바움가르텐Alexander Gottlieb Baumgarten의 『형이상학Metaphysik』(1739)에 따르면 영혼(마음)의 기저에는 어두운 지각들, 표상들 그리고 이성에 의해 쉽사리 통제되거나 해명될 수 없는 충동들이 활동하고 있다. 바움가르텐은 후에 지그문트 프로이트가 무의식이라는 용어로 말한 이러한 '하위 정신능력unteres Seelenvermögen'(Facultates inferiores)에서 '상위 정신능력oberes Seelenvermögen'(Facultates superiores)을 위한 귀중한 자원을 발견한다. 즉, 이곳에서 직관, 상상력, 즉흥성, 꿈, 미에 대한 감각 등이 생겨난다고 보았다. 요한 고트프리트 헤르더와 요한 게오르그 줄처는 마음의 이 어두운 영역을 인간의 마음의 힘이 나오는 사실상 인간학의 중심영역으로 선포하였다.

(→ 1.1장, 11.1장, 12장)

인간의 규정Bestimmung des Menschen

'인간의 규정' 혹은 이와 유사한 표현들이 18세기 중반 이래 많은 책의 제목으로 사용되면서 당대 신(新)인간학에 대한 관심이 증가하고 있음을 알 수 있다. 예를 들면 다음과 같은 책들이다. 알렉산더 포프Alexander Pope의 『인간론Versuch vom Menschen』(1740), 요한 요아힘 슈팔딩Johann Joachim Spalding의 『인간의 규정에 관한 고찰Betrachtumg über die Bestimmung des Menschen』(1748), 이작 이젤린Isaak Iselin의 『인류의 역사Geschichte der Menschheit』(1764), 헨리 홈Henry Home의 『인간의 역사에 대한 시론Versuche über die Geschichte des Menschen』(1774), 요한 카를 베첼Johann Karl Wezel의 『인간에 대한 지식Versuch über die Kenntniß des Menschen』(1784/85), 요한 고트프리트 헤르더의 『인류사의 철학에 대하

여Ideen zur Philosophie der Geschichte der Menschheit』(1784–91), 크리스토프 마이너스Christoph Meiners의 『인류사 개요Grundriß der Geschichte der Menschheit』(1785), 아돌프 프라이헤어 크니게Adolph Freiherr Knigge의 『인간을 대하는 법Über den Umgang mit Menschen』(1788), 페터 빌라우메Peter Villaume의 『인간의 역사Geschichte des Menschen』(1788), 요한 고틀립 피히테Johann Gottlieb Fichte의 『인간의 규정Die Bestimmung des Menschen』(1800).
(→ 1장)

자위행위Onanie

이 개념은 성경에 등장하는 인물인 오난Onan에서 연원하는 것으로, 오난은 임신을 막기 위해 수태를 방해하였다(창세기 38장 8–10절). 기독교 사상에서는 질외사정Coitus interruptus과 자위행위(마스터베이션)라는 죄는 서로 다르게 구분되었다. 1700년경 영국에서는 자위행위를 하나의 질병으로 선포하였다. 계몽주의 시대에 자위행위는 뜨거운 논쟁을 벌였던 주제로, 특히 교육학에서 격렬한 논쟁을 불러일으켰다. 말하자면, 인간의 본성에 대해 주저하지 말고 설명해주어야 한다는 요구는 자위행위 문제에서는 종교의 지배를 받았던 도덕의 한계에 부딪혔으며, 이러한 주제는 문학에서도 묘사되었다.
(→ 1.1장, 3.2장, 6.2장)

정동Affekt

느낌Empfindungen과 감정Emotionen은 계몽주의 시대에 의외의 주목을 받는다. 이것은 더 이상 바로크 시대처럼 비합리적인 충동과 통제를 상실한 표식으로 이해되지 않았다. 오히려 감정Gefühle과 열정

Passionen은 체계적으로 탐구되기 시작한다. 예를 들어 미학은 감각의 지각 및 감정의 논리를 연구하고, 비극이론과 음악이론은 영혼(마음)을 자극시킬 수 있는 가능성에, 연기예술은 마음을 표현하는 것에 몰두하였다. 또한 의학은 증후군이나 정동Affekt의 유해성 혹은 치유 작용에 대해 질문하게 되었다.

존재의 대사슬Great Chain of Being

조화로운 창조 질서라는 신플라톤주의의 이념은 영혼을 얼마만큼 갖고 있는가에 따라 정해지는 존재의 위계질서에 근거하고 있으며 존재의 사슬Wesenskette 혹은 존재의 사다리Wesensleiter라는 이미지로 표현된다. 이를 통해 전체의 기능을 위해 각각의 부분이 필수불가결하다는 것이 명백해진다. 돌에서부터 식물, 동물, 사람을 거쳐 천사 그리고 결국에는 신에 이르기까지 창조의 각 부분은 자연에서 각자의 자리를 갖고 있지만, 상승(완성Perfektionierung, 형성Bildung) 혹은 하강(쇠퇴Verfall)의 가능성도 있다. 이 생각은 많은 철학자들에 의해 변형되었으며, 여러 예술에서 활발하게 다루어졌다.

(→ 7장)

철학 의사Philosophische Ärzte

멜히오르 아담 바이카르트Melchior Adam Weickard가 발행한 정기 간행물의 제목인 〈철학 의사Der philosophische Arzt〉(1773–75)는 계몽주의 시대 인간학자들을 회고하며 이들을 칭하는 이름으로 사용되었다. 철학과 의학 두 분과 사이에서 이중직을 수행한 대표적인 인물은 라이프치히 대학 의과 교수였던 에른스트 플라트너Ernst Platner였다. 그는 1770년 정원외 교수로 초빙된 이후 철학부에서도 논리학, 미학 또는 도덕철학에 대한 공개 강의를 했으며, 1801년 철학과 교수로 추가 임명되었다. 심신상관(상호영향관계)이라는 인간학의 핵심 사상은 철학 의사가 맡은 이중역할과 떼려야 뗄 수 없는 관계이다. 에른스트 플라트너의 강령적인 저서인 『의사와 철학자를 위한 인간학Anthropologie für Ärzte und Weltweise』(1772)은 제목에서부터 이 두 분야를 결합시키고 있다.

(→ 1장)

체액병리학Humoralpathologie

체액(라틴어 'humores')과 네 가지 기질Temperament에 관한 학설은 고대부터 중세에 이르기까지 의학을 지배했다. 체액의 불균형은 질병의 원인이며, 체액의 균형은 건강을 의미한다. 체액의 균형은 이에 맞는 생활방식을 통해 유지될 수 있다(섭생법).

(→ 9장)

체액설Säftelehre → 체액병리학

표정Mimik / **몸짓**Gestik

연기 예술과 수사학에서 파생된 신체적 달변körperliche Beredsamkeit(라틴어 'eloquentia corporis')은 심리적인 내면을 들여다볼 수 있게 한다. 여기에는 문화 전반에 퍼져있는 아주 오래된 명제가 바탕에 깔려있는데, 영혼은 얼굴(표정)과 나머지 신체(몸짓)에 반사된다는 것이다. 이러한 관계는 '상호영향관계'를 근거로 인간학에서 상세하게 규명되었다. 드라마에서 신체언어는 연출자 혹은 독자가 어떤 식의 공연을 상상할 수 있게 해주는 지문 혹은 배우들에 대한 묘사에서 나타난다. 계몽주의 시대에는 꾸밈없는 연기와 심리를 사실적으로 그려내는 연기를 이상적인 연기로 여겼다면, 괴테가 연극을 주도하였던 바이마르 고전주의에서는 반자연주의적인 인위적인 연기를 선호하였다.

(→ 10장, 11장)

표현심리학Ausdruckspsychologie

인간의 마음속으로 들어가 볼 수 없다는 인간학적 통찰은 상호영향 관계에 기초하여 표정이나 감정기호학과 같은 외적 표시를 통해 심리의 내적 공간을 읽을 수 있다고 주장하는 해석기법을 낳게 된다(관상학/감정기호학). 그러므로 회화나 연극무대 혹은 문학에서의 예술적 묘사는 단순히 외면을 모방하고 모사하는 것을 넘어서 내면을 반영하는 세부적인 성격묘사와 심리 표현에 집중한다.

(→ 4장, 5장, 9.2장, 10.2장, 14.2장)

하위능력/상위능력 Untere/obere Vermögen → 영혼의 기체

해부 극장 Anatomisches Theater

15세기 말 이후 이탈리아를 선두로 고대의 원형극장을 본떠 인간의 육체를 해부하는 특별한 장소들이 생겨났다. 단지 이에 대한 교회의 유보적 태도를 의학적 관심이 관철시키기까지는 어느 정도 시간이 걸렸다. 그리하여 19세기에 이르기까지도 예를 들어 처형당한 자나 자살자의 시신만 해부할 수 있었다. 해부학자가 신체 내부의 비밀을 분

석적으로 파고드는 일은 말하자면 보이지 않는 마음에 대해 알아내려는 심리학자의 인식 충동과 같은 것이다. 르네상스 시대 이래로 이러한 호기심은 시각예술과 문학에서도 반영된다. 이는 프리드리히 실러의 여러 논문과 드라마에서 '해부'와 '발골'이라는 비유로 표현된다.

(→ 5장)

문학적 인간학

문학에서 인간을 새롭게 발견하다

초판 1쇄 2021년 12월 23일
초판 2쇄 2023년 12월 30일

지은이 Alexander Košenina
역자 서유정
발행인 고윤성
기획 신선호 박경민
편집장 장혜정
도서편집 박미현
디자인 정정은 김대욱 최재영
인사행정 이근영
재무회계 김문규 정예찬
전자책·사전 이지현
발행처 한국외국어대학교 지식출판콘텐츠원
02450 서울특별시 동대문구 이문로 107
전화 02)2173-2494~7
FAX 02)2173-3363
홈페이지 http://press.hufs.ac.kr
전자우편 press@hufs.ac.kr
출판등록 제6-6호(1969. 4. 30)
인쇄·제본 (주)트윈벨미디어 02)2088-1810

ISBN 979-11-5901-588-5 [93120] 정가: 23,000원

* 잘못된 책은 교환하여 드립니다.

HUEBOOKS는 한국외국어대학교 지식출판콘텐츠원의 인문학도서 Sub Brand이다. 한국외대의 영문명인 HUFS, 사람을 위하는 Humanism, 교육의 Education, 색조의 Hue의 다의적인 뜻으로 해석할 수 있으며, 인문학도서 출판에 대한 의지가 담겨있다.

* 본 역서는 2021년도 한국외국어대학교 교내연구비 지원을 받아 이루어졌음.